"十四五"职业教育国家规划教材

"十三五"职业教育国家规划教材

职业教育会计专业课程改革创新教材

会计信息化应用教程

第2版

（畅捷通T3-企业管理信息化软件教育专版营改增版）

主　编　张　梅

副主编　张琳琳　徐凤玲

参　编　王立峰　葛　军　彭巧静　蒋　颖

机械工业出版社

在全国推行营改增的大背景下，本书以职业教育会计电算化课程的培养目标为出发点，介绍了畅捷通T3-企业管理信息化软件教育专版营改增版的财务处理功能。本书体现了行动导向型编写理念，以任务为主线，以技能为载体，以学生为中心。本书共分九个单元，分别介绍了系统管理、基础设置、总账系统、财务报表系统、工资管理系统和固定资产管理系统的主要功能和处理方法，每个单元又根据内在联系分解为若干任务。编者在每个任务中设置了任务描述、任务目标、学时安排、情景导入、知识储备、教师演示、学生动手、举一反三、学习评价等环节。

本书可以作为中等职业教育和高等职业教育财经类专业及其他相关专业的教材，可以作为在职财会人员进行业务培训或自学的参考书，也可以作为零基础的非财会专业人员的自学用书。

图书在版编目（CIP）数据

会计信息化应用教程：畅捷通T3-企业管理信息化软件教育专版
营改增版/张梅主编. —2版. —北京：机械工业出版社，2018.8（2025.1重印）
职业教育会计专业课程改革创新教材
ISBN 978-7-111-60086-2

Ⅰ. ①会⋯ Ⅱ. ①张⋯ Ⅲ. ①财务软件－中等专业学
校－教材 Ⅳ. ①F232

中国版本图书馆CIP数据核字（2018）第113159号

机械工业出版社（北京市百万庄大街22号 邮政编码100037）
策划编辑：李 兴 责任编辑：贺瑞珍 徐永杰
责任校对：佟瑞鑫 封面设计：马精明
责任印制：常天培
固安县铭成印刷有限公司印刷
2025年1月第2版第8次印刷
184mm×260mm · 14.5印张 · 329千字
标准书号：ISBN 978-7-111-60086-2
　　　　　ISBN 978-7-88709-977-8（光盘）
定价：49.80元（含1DVD）

电话服务　　　　　　　　　网络服务
客服电话：010-88361066　　机 工 官 网：www.cmpbook.com
　　　　　010-88379833　　机 工 官 博：weibo.com/cmp1952
　　　　　010-68326294　　金 书 网：www.golden-book.com
封底无防伪标均为盗版　　机工教育服务网：www.cmpedu.com

关于"十四五"职业教育
国家规划教材的出版说明

为贯彻落实《中共中央关于认真学习宣传贯彻党的二十大精神的决定》《习近平新时代中国特色社会主义思想进课程教材指南》《职业院校教材管理办法》等文件精神，机械工业出版社与教材编写团队一道，认真执行思政内容进教材、进课堂、进头脑要求，尊重教育规律，遵循学科特点，对教材内容进行了更新，着力落实以下要求：

1. 提升教材铸魂育人功能，培育、践行社会主义核心价值观，教育引导学生树立共产主义远大理想和中国特色社会主义共同理想，坚定"四个自信"，厚植爱国主义情怀，把爱国情、强国志、报国行自觉融入建设社会主义现代化强国、实现中华民族伟大复兴的奋斗之中。同时，弘扬中华优秀传统文化，深入开展宪法法治教育。

2. 注重科学思维方法训练和科学伦理教育，培养学生探索未知、追求真理、勇攀科学高峰的责任感和使命感；强化学生工程伦理教育，培养学生精益求精的大国工匠精神，激发学生科技报国的家国情怀和使命担当。加快构建中国特色哲学社会科学学科体系、学术体系、话语体系。帮助学生了解相关专业和行业领域的国家战略、法律法规和相关政策，引导学生深入社会实践、关注现实问题，培育学生经世济民、诚信服务、德法兼修的职业素养。

3. 教育引导学生深刻理解并自觉实践各行业的职业精神、职业规范，增强职业责任感，培养遵纪守法、爱岗敬业、无私奉献、诚实守信、公道办事、开拓创新的职业品格和行为习惯。

在此基础上，及时更新教材知识内容，体现产业发展的新技术、新工艺、新规范、新标准。加强教材数字化建设，丰富配套资源，形成可听、可视、可练、可互动的融媒体教材。

教材建设需要各方的共同努力，也欢迎相关教材使用院校的师生及时反馈意见和建议，我们将认真组织力量进行研究，在后续重印及再版时吸纳改进，不断推动高质量教材出版。

机械工业出版社

第2版前言

经国务院批准，自2016年5月1日起，在全国范围内全面推开营业税改征增值税（以下简称营改增）试点。营改增深刻地影响了社会经济生活。为使会计人才的培养符合财税环境变化的要求，编者对本书第1版进行了修订。本书是贯彻行动导向型理念的教材，以营改增教学案例为主线，意在培养学生的实践能力、动手能力、自学能力和自我发展能力。同时，在获评“‘十三五’职业教育国家规划教材”后，依据教育部相关规定对本书进行了动态更新和完善，除修改了文字、标点错误外，还为本书重点任务配备了教学视频资源，以二维码的形式植入书中，更加有利于数字化教学的开展。

在动态修订过程中，本书深入贯彻党的二十大精神，以提高人才自主培养质量、造就拔尖创新人才为目标。坚持为党育人、为国育才。同时，推进会计信息化、数字化转型，也符合二十大报告中促进数字经济和实体经济深度融合、建设数字中国的要求；对于推动会计职能拓展、提升我国会计工作水平和会计信息化水平具有重要意义。

本书具有如下特点：

1. 行动导向型编写理念

本书体现了行动导向型编写理念，以任务为主线，以技能为载体，以学生为中心。这种模式并未减少传统教材中的知识点，而是按照项目归属对其进行重新组合，以激发学生主动参与教学的积极性，从而有助于实现“以学生为中心”的实践教学。

2. 实用性和针对性强，重点突出

本书的所有任务中都有任务描述、任务目标和情景导入环节，以实际需求为导向，更贴近企业的实际工作要求，使学习目标更加明确。本书以学生为中心，模块设置更突出学生在整个学习过程中的核心地位，突出了学生参与课堂、动手实践的环节。编者在教师演示环节后设置了举一反三环节，并辅以表格或图示对学生的练习步骤加以归纳，简明易懂，一目了然。编者在学习评价环节将小组评价和学生自评相结合，这样能比较客观地评价学生的学习效果，提升学生的学习热情。

编者在编写本书的过程中特别注意适度淡化理论，强化技能，并对重点内容进行了非常详细的讲解，如总账系统的凭证处理、账簿管理和期末处理等。编者在编写其他各单元时也注意对日常使用频率高的功能进行重点介绍，而对一些不常用的功能只进行简单提示。

3. 内容丰富、配套齐全

本书的正文架构清晰，内容详略得当，还以二维码的形式插入微课视频、新政速递、案例分享等内容。本书的配套资源包括：

❍ 畅捷通T3-企业管理信息化软件教育专版营改增版。学生按教材演示安装后就可以深入学习。

❍ 教材案例备份。编者编制了一个营改增版教学案例，贯穿全书。为此编者准备了重点任务的备份账套，当师生想要练习某个任务时，不必从初始设置开始，只需恢复对应的账套就可以开始。

○ 视频演示。为了便于学生课下自学，编者制作了视频演示文件，对书中各单元各任务的重点内容进行了实际操作演示，扫描书中二维码即可观看。学生可以利用它进行教学内容的预习、复习和巩固。各视频演示文件相互独立，可以单独运行。

○ 助教课件。本书配有助教课件，编者对教材中的重点内容进行了归纳和提示，既方便教师备课、授课，又方便学生课下自学和复习。

本书由张梅任主编，张琳琳、徐凤玲任副主编，参编人员有王立峰、葛军、彭巧静、蒋颖。第2版修订工作分工如下：王立峰修订第一、二单元，张琳琳修订第三、四单元，张梅、蒋颖修订第五、六、七单元，葛军修订第八、九单元。

在本书的编写过程中编者得到了畅捷通软件有限公司陈江北、蔡明辉、陈亮、郭玲的大力支持，同时沧州工贸学校、衡水科技工程学校、河北工业职业技术学院也为本书的编写提供了帮助，学校领导组织了优秀教师对本书的内容进行了研讨，提出了宝贵意见和建议，在此一并表示感谢。

凡选用本书作为教材的教师，均可登录机械工业出版社教育服务网（http://www.cmpedu.com）或加入会计教师交流群（QQ群号：124688614）免费下载配套资源。

由于编者水平有限，书中难免存在不妥之处，恳切希望读者朋友们对不足之处提出意见，希望我们能加强沟通，共同探讨。

编　者

第1版前言

近年来国家加大了对职业教育的重视程度,从政策支持到投资力度均大大加强。为使职业教育培养的人才更符合社会的要求,我们在职业教育中进行了大刀阔斧的教学改革,教材建设就是其中非常重要的内容。本书是贯彻行动导向型理念的教材,意在培养学生的实践能力、动手能力、自学能力和自我发展能力。

本书具有如下特点:

1. 行动导向型编写理念

本书体现了行动导向型编写理念,以任务为主线,以技能为载体,以学生为中心。这种模式并未减少传统教材中的知识点,而是按照项目归属对其进行重新组合,以激发学生主动参与教学的积极性,从而有助于实现"以学生为中心"的实践教学。

2. 实用性、针对性强,重点突出

本书的所有任务都设定了任务描述、任务目标和情景导入环节,以实际需求为导向,更贴近企业实际工作要求,使学习的目标更加明确。以学生为中心,模块设置更突出学生在整个学习过程中的核心作用,突出了学生参与课堂、动手实践的环节。教师演示环节后设置了举一反三环节,并辅以表格或图示的形式将学生的练习步骤进行归纳,简明易懂,一目了然。学习评价环节将小组评价和学生自评相结合,能比较客观地评价学习效果,提升学生的学习热情。

本书在编写过程中特别注意适度淡化理论,强化技能。在进行编写时对重点内容进行了非常详细的讲解。如对总账系统的凭证处理、账簿管理和期末处理作了细致周到的讲解,突出重点。其他各单元在编写时也注意对日常使用频率高的功能进行重点介绍,而对有些功能只进行简单提示。

3. 内容丰富、配套齐全

本书的正文架构清晰,内容详略得当,除此之外还配有非常丰富的配套资料,包括:

⭕ 畅捷通T3-企业管理信息化软件教育专版。学生按教材演示安装后可以畅游软件,进行软件的深入学习。

⭕ 教材案例备份。我们编制了一个教学案例,贯穿了本书全部的九个单元,题量非常大。为此我们准备了重点任务的备份账套,当需要练习某个任务时,不需要从初始设置开始,只需恢复对应的账套就可以开始练习,方便了教学工作。

⭕ 视频演示。为了便于学生课下自学,我们制作了视频演示文件,对书中各单元各任务的重点内容进行了实际操作演示。学生可以利用它进行教学内容的预习、复习和巩固。各视频演示文件相互独立,可以单独运行。

⭕ 助教课件。本书配有助教课件,将教材中的重点内容进行了归纳和提示,便于教

师备课、授课，便于学生课下自学和复习。

○ 财务练习题。本书配有课外练习题，尚有余力的学生可以进行额外的练习。

本书由张梅任主编，张琳琳、徐凤玲任副主编，参编人员有彭巧静、王立峰、葛军。具体编写分工如下：王立峰编写第一单元和第二单元，张琳琳编写第三单元和第四单元，彭巧静编写第五单元和第九单元，徐凤玲编写第六单元和第八单元，张梅和葛军共同编写第七单元，葛军完成助教课件的制作，张琳琳、葛军、王立峰和张梅共同完成视频演示文件的制作。

本书在编写过程中得到了畅捷通软件有限公司陈江北、蔡明辉、陈亮的大力支持，同时沧州工贸学校、衡水科技工程学校、河北工业职业技术学院、重庆财政学校也为本书的编写提供了大力帮助，组织了优秀教师对本书的内容进行研讨，提出了宝贵意见和建议，在此一并表示感谢。

凡选用本书作为教材的教师，均可登录机械工业出版社教育服务网（http://www.cmpedu.com）免费下载配套资料。

由于编者水平有限，书中难免存在不妥之处，恳切希望读者朋友们对不足之处提出意见，希望我们能加强沟通，共同探讨。

编　者

二维码索引

微 课 视 频

序号	名称	图形	页码	序号	名称	图形	页码
微课1	建立账套		8	微课8	报表数据处理		153
微课2	凭证类别的设置		33	微课9	利用报表模板生成报表		157
微课3	填制凭证		51	微课10	工资套的建立		161
微课4	凭证的修改		73	微课11	扣缴所得税设置		177
微课5	总账和余额表的查询		82	微课12	固定资产增减变动管理		204
微课6	往来管理		110	微课13	固定资产折旧处理		210
微课7	转账生成		125	微课14	批量制单		213

新 政 速 递

名称	图形	页码	名称	图形	页码
新政速递1		21	新政速递6		133
新政速递2		36	新政速递7		159
新政速递3		79	新政速递8		186
新政速递4		96	新政速递9		218
新政速递5		113			

案 例 分 享

名称	图形	页码	名称	图形	页码
案例分享1		21	案例分享5		159
案例分享2		79	案例分享6		186
案例分享3		113	案例分享7		218
案例分享4		133			

目　　录

第一单元 系统管理 *01*

任务一 系统安装

任务描述

运行畅捷通T3-企业管理信息化软件教育专版营改增版需要在计算机上安装数据库系统基础环境。此外，该软件在教学时一般是单机应用，因而还需要安装服务器端和客户端的全部组件。

任务目标

首先合理安装数据库（教学活动中一般使用MSDE2000软件，见配套光盘），然后安装畅捷通T3-企业管理信息化软件教育专版营改增版。

学时安排

1个学时（含教师演示和学生上机练习）。

情景导入

瑞兴木器有限责任公司要开展会计信息化工作，经市场调研和反复比较后选择了用友畅捷通T3软件。畅捷通软件有限公司的小冯来到瑞兴木器有限责任公司为他们安装软件并进行调试。

知识储备

畅捷通T3软件的运行环境见表1-1。

表1-1 畅捷通T3软件的运行环境

硬件及软件		配置情况
硬件环境	单用户版	处理器：800MHz或以上；内存：256MB或以上；硬盘：20GB或以上 鼠标：标准系列鼠标 显示器：Windows系统支持的显示器，可显示256色 打印机：Windows 9x、Windows Nt Server/Workstation 4.0、Windows 2000支持的各类打印机
	网络用户版	网络服务器处理器：1.4GHz或以上；内存：512MB或以上；硬盘：40GB或以上 工作站：同单用户版要求

（续）

硬件及软件		配 置 情 况
软件环境	客户端	Windows 98第二版、Windows 2000 Professional+ Sp4、Windows NT 4.0中文版、Windows 2000 Server + Sp4、Windows AD Server + Sp4、Windows XP + Sp2、Windows 2003 Server、Windows Vista（支持Home Premium Edition、Business、Ultimate）
	服务器端	Windows 2000 Server+Sp4、Windows 2003 Server、Windows AD Server+Sp4
	数据库环境	MSDE2000+MSDE Critical Update（关键更新）、SQL 2000、SQL 2005（支持Enterprise与Server 2005 Express）
	网络协议	TCP/IP、DCOM

提示

- MSDE2000是SQL Server数据库的数据引擎，只提供了最基本的SQL数据库功能，缺乏运用SQL数据库进行管理的许多工具，但足以支持畅捷通T3软件的运行。
- 畅捷通T3软件不能与用友其他版本的软件安装在同一个操作系统中。
- 不要用减号 "-" 等特殊字符作为计算机名。
- 安装产品之前请将防火墙和实时监控软件关闭。

教师演示

1．安装MSDE2000软件

（1）在配套光盘中找到MSDE2000RelA文件夹，执行setup.exe文件。

（2）稍后，系统自动完成数据库的安装。安装完毕，需要重新启动计算机。

2．安装畅捷通T3-企业管理信息化软件教育专版营改增版

（1）配套光盘自动运行后会弹出准备安装提示对话框，随后进入"企业管理信息化软件教育专版营改增版"安装对话框，如图1-1所示。

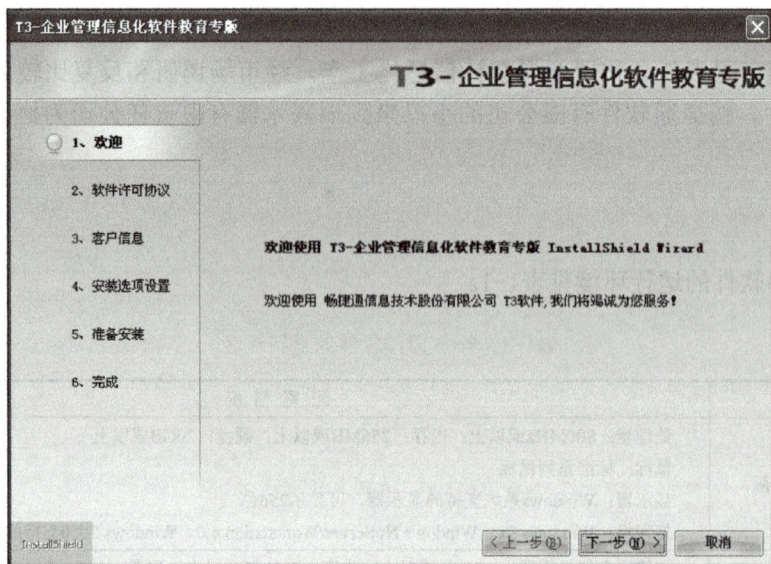

图1-1　软件安装初始对话框

（2）点击左侧"软件许可协议"选项，进入安装许可界面，选择"我接受许可证协议中的条款"，如图1-2所示。

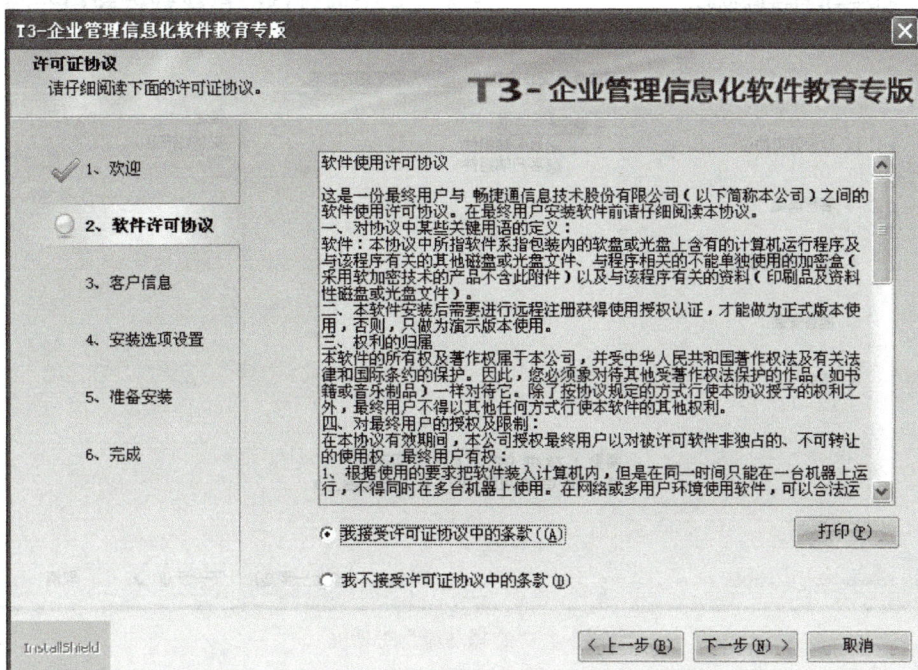

图1-2 "许可证协议"对话框

（3）点击"客户信息"进行设置，随后进行"安装选项设置"，如图1-3所示。接受默认安装路径或单击"浏览"按钮，选择安装路径后单击"下一步"按钮，如图1-4所示。

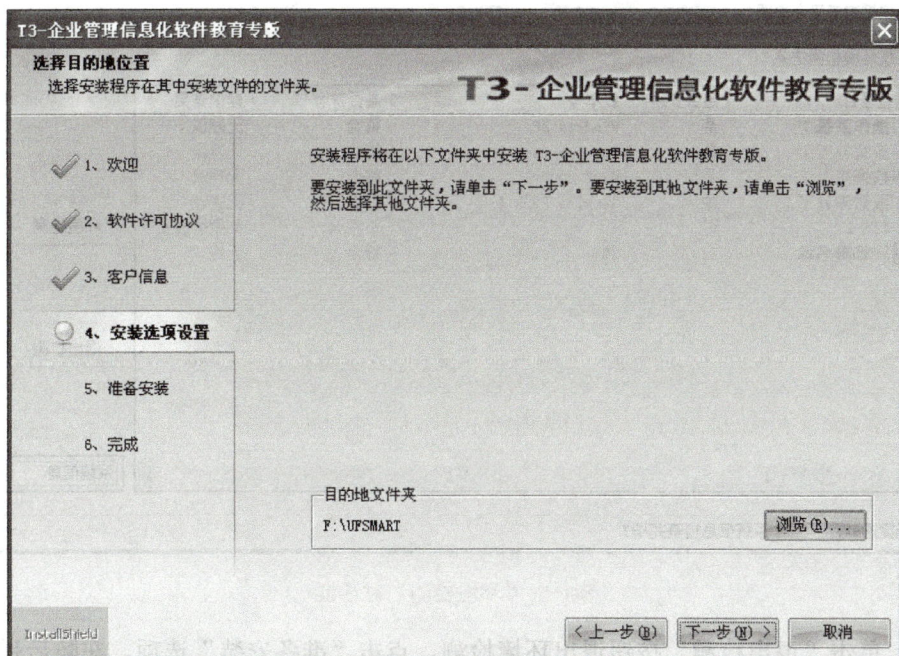

图1-3 "选择目的地位置"对话框

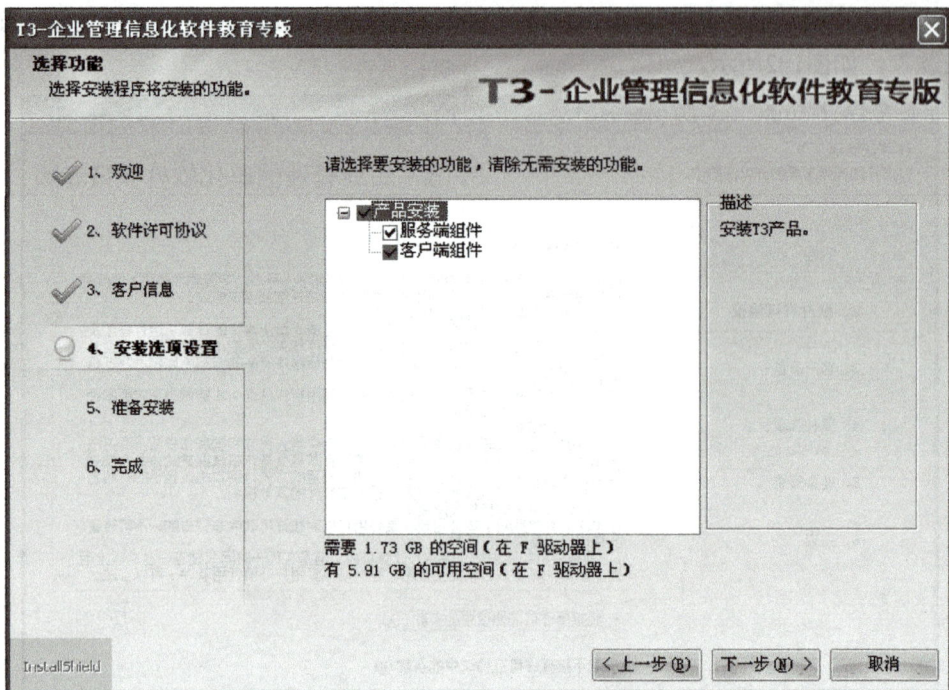

图1-4 "选择功能"对话框

（4）系统进行环境检测，若有不符合安装要求的项目则给予提示，如图1-5所示。

图1-5 "环境检测"对话框

（5）单击"退出检测"按钮退出环境检测，点击"准备安装"选项，在随后弹出的提示对话框中单击"下一步"按钮，系统进入安装状态，如图1-6所示。

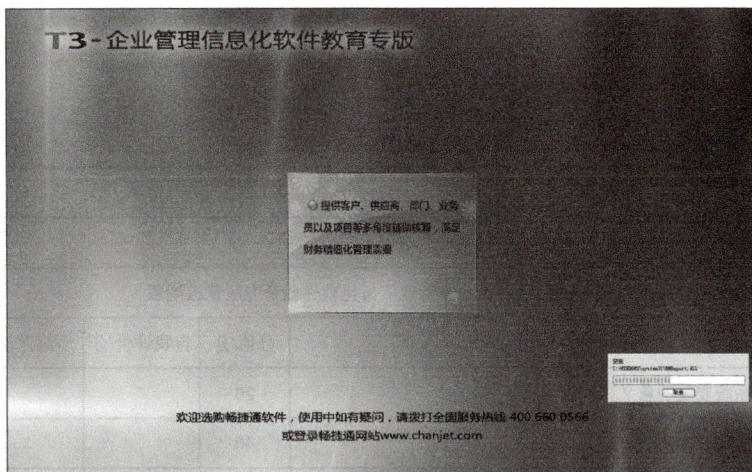

图1-6 畅捷通T3-企业管理信息化软件教育专版营改增版安装状态对话框

（6）安装完成后系统询问是否重新启动计算机，如图1-7所示。

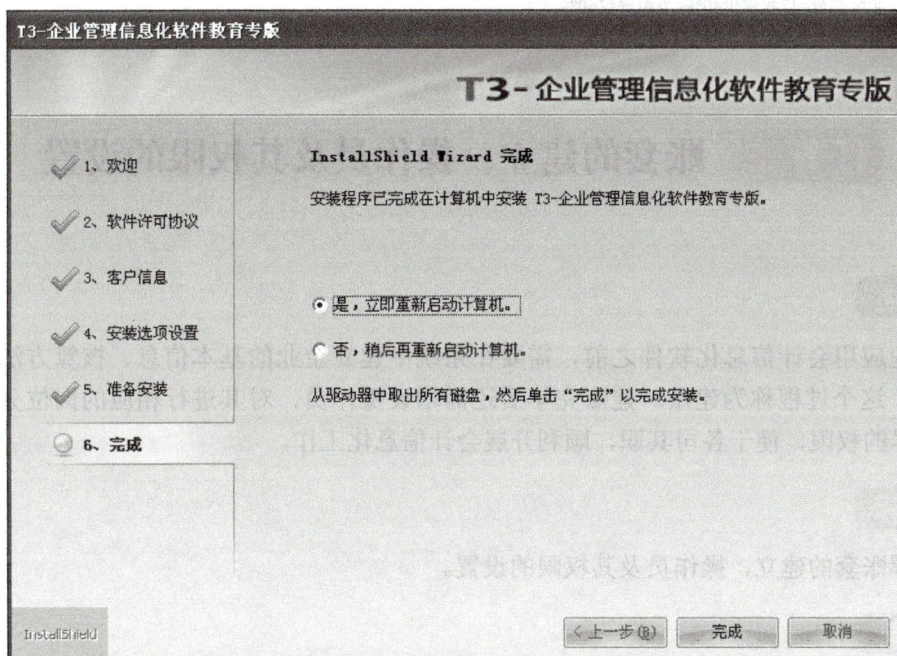

图1-7 畅捷通T3-企业管理信息化软件教育专版营改增版完成安装对话框

（7）重新启动计算机后就可以正式开始使用了。

学生动手

（1）安装MSDE2000软件。

（2）安装畅捷通T3-企业管理信息化软件教育专版营改增版。

举一反三

多次重复操作，熟练掌握系统安装。

学习评价

系统安装学习评价表，见表1-2。

表1-2 系统安装学习评价表

被考评人					
考评地点					
考评内容	安装MSDE2000软件，安装畅捷通T3-企业管理信息化软件教育专版营改增版				
考评标准	内　　容	分值/分	自我评价/分	小组评议/分	实际得分/分
	理解系统安装的意义和步骤	20			
	安装MSDE2000软件	40			
	安装畅捷通T3-企业管理信息化软件教育专版营改增版	40			
合　　计		100			

注：1. 实际得分=自我评价40%+小组评议60%。

2. 考评满分为100分，60～74分为及格，75～84分为良好，85分（包括85分）以上为优秀。

任务二 账套的建立、操作员及其权限的设置

任务描述

企业应用会计信息化软件之前，需要在系统中建立企业的基本信息、核算方法、编码规则等，这个过程称为建账。建账完毕后还需增设操作员，对其进行相应的岗位分工，并设置详尽的权限，便于各司其职，顺利开展会计信息化工作。

任务目标

掌握账套的建立，操作员及其权限的设置。

学时安排

1个学时（含教师演示和学生上机练习）。

情景导入

畅捷通T3软件安装完毕后，账套主管赵莹莹马上着手建立账套、增加操作员并赋予其各种权限，争取更快地开展会计信息化工作。

知识储备

1. 输入账套信息

输入账套信息，记录新建账套的基本信息。

（1）已存账套：系统将现有的账套以下拉框的形式在此栏目中表示出来，用户只能参照，不能输入或修改。一个系统中可以建立多个企业账套，账套号是区分不同账套数据的唯一标识，系统中最多可容纳999个账套。

（2）账套号：用来输入新建账套的编号。

（3）账套名称：用来输入新建账套的名称，一般是描绘账套的基本特性，也可以是单位的简称。

（4）账套路径：指明账套在计算机中的存储位置，既可使用系统默认的路径，也可以更改默认路径。

（5）会计期间设置：表明业务处理的起始时间，第一次初始设置时界定启用时间，以后不再更改，账套启用日期应该早于或等于系统日期。

2．输入单位信息

输入单位信息，记录本单位的基本信息。

（1）必须输入用户单位的全称。单位全称只在打印发票时使用，其余情况下全部使用单位简称。

（2）根据企业的真实资料详细录入单位简称、单位地址、法人代表、邮政编码、联系电话、传真、电子邮件，"备注一"与"备注二"输入用户认为有关该单位的其他信息。

3．输入核算信息

（1）本位币代码：用来输入新建账套所用的本位币的代码。用户必须明确指定本位币。通常系统默认为人民币，为满足外币核算，还设置了外币汇率的功能。

（2）本位币名称：用来输入新建账套所用的本位币的名称。

（3）企业类型：系统只提供了工业和商业两种企业类型。工业企业在会计信息系统中无法处理受托代销业务，商业企业在会计信息系统中无法处理材料出库业务和产成品入库业务。

（4）行业性质：表明企业所执行的会计制度。

（5）账套主管：建账时可以在下拉框中选择账套主管，也可以在系统管理赋权时由系统管理员指定账套主管。

（6）是否按行业预置科目：在该项前打勾则可使用按照行业性质设置好的总账科目和一级明细科目。

（7）科目预览：可以浏览所选"行业性质"中涉及的本行业会计科目。

4．输入基础信息

（1）存货是否分类：如果本单位的存货较多且种类繁多，可以在此选项前打钩，表明要对存货进行分类管理；如果本单位的存货较少且类别单一，可以选择不进行存货分类。

（2）客户是否分类：如果本单位的客户较多，并且希望进行分类管理，可以在此选项前打钩，表明要对客户进行分类管理；如果本单位的客户较少，可以选择不进行客户分类。

（3）供应商是否分类：如果本单位的供应商较多，并且希望进行分类管理，可以在此选项前打钩，表明要对供应商进行分类管理；如果本单位的供应商较少，可以选择不进行供应商分类。

（4）是否有外币核算：如果本单位涉及外币业务，可以在此选项前打钩，否则无须设置。

5．设置分类编码方案

设置分类编码方案是指为了能够更好地分级管理和核算，对企业的重要核算对象进行的分类级次和各级编码长度的界定。

通常，第一级科目编码的长度是受建账时选择企业的"行业性质"制约的，不能修改。如果要删除某个级次，一般要从最末一级开始删除。

6．设置数据精度

数据精度是指数据保留的小数位数。在实际的会计信息化处理中，企业对数量、单价的核算精度并不一致，有必要界定一致的保留位数，以便数据处理的高效一致。

7．增加操作员

（1）只有系统管理员才有权限设置操作员，可以随时增加操作员。

（2）操作员编号不能重复，必须是唯一的。

（3）只要操作员进行了业务操作，就不能再将其删除。

（4）在实际工作中，必须设置操作员密码以保证系统安全。

8．设置操作员权限

操作员权限设置功能只能由系统管理员或其指定的账套主管来进行操作。以系统管理员身份进行操作可以放弃或指定账套主管。

（1）增加权限：系统管理员可以指定某账套的账套主管，还可以对各个账套的操作员进行权限设置，而账套主管只可以对所负责账套的操作员进行权限设置。

提示

 ○ 系统默认账套主管自动拥有全部权限，因此对账套主管来讲，没有增加和删除自己权限的操作。

 ○ 非账套主管操作人员的设置：①点取操作员显示区中的非账套主管操作员所在行；②在账套选项下拉菜单中点取欲设置权限的账套；③单击"增加"按钮设置权限（既可通过双击子系统名称赋予操作员该子系统的全部权限，也可以在子系统右侧明细权限中设置适当权限）。

（2）删除权限：系统管理员或账套主管可以对非账套主管的操作员已拥有的权限进行删除。

教师演示

1．建立账套

（1）在系统管理窗口中，以系统管理员（admin）身份注册，单击"账套"菜单下的"建立"选项，系统弹出"创建账套"对话框，输入账套信息，账套号为"001"，账套名称为"瑞兴木器有限责任公司"，启用会计期为2019年1月，单击"下一步"按钮，如图1-8所示。

微课1
建立账套

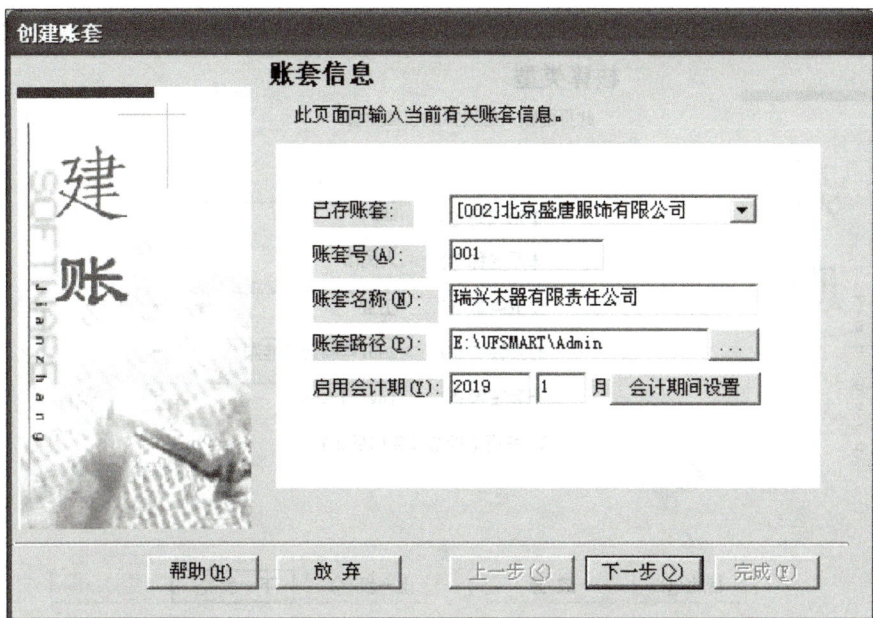

图1-8 "账套信息"对话框

（2）在"单位信息"对话框中，输入如图1-9所示的信息，完成后单击"下一步"按钮。

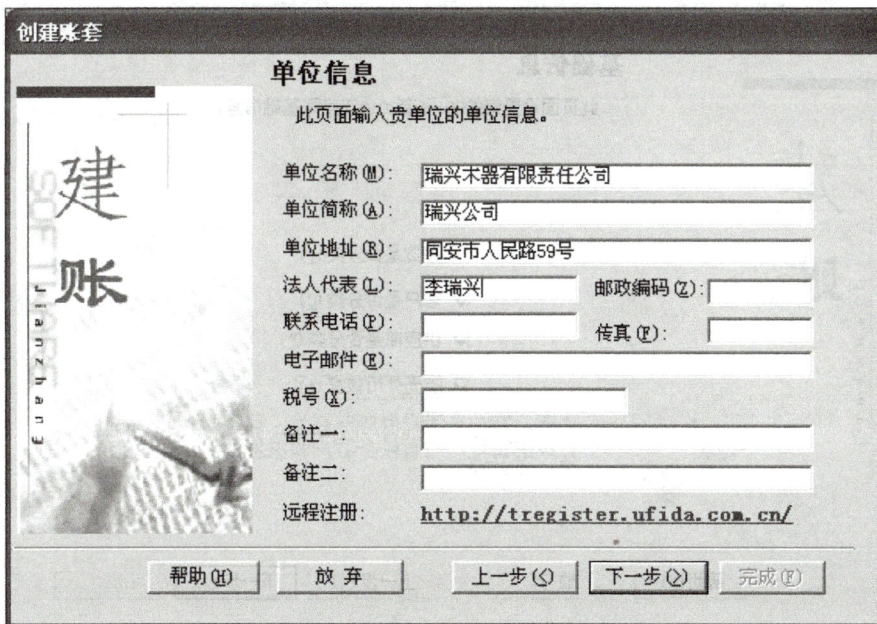

图1-9 输入核算类型

（3）在"核算类型"对话框中，按图1-10所示进行设置，完成后单击"下一步"按钮。

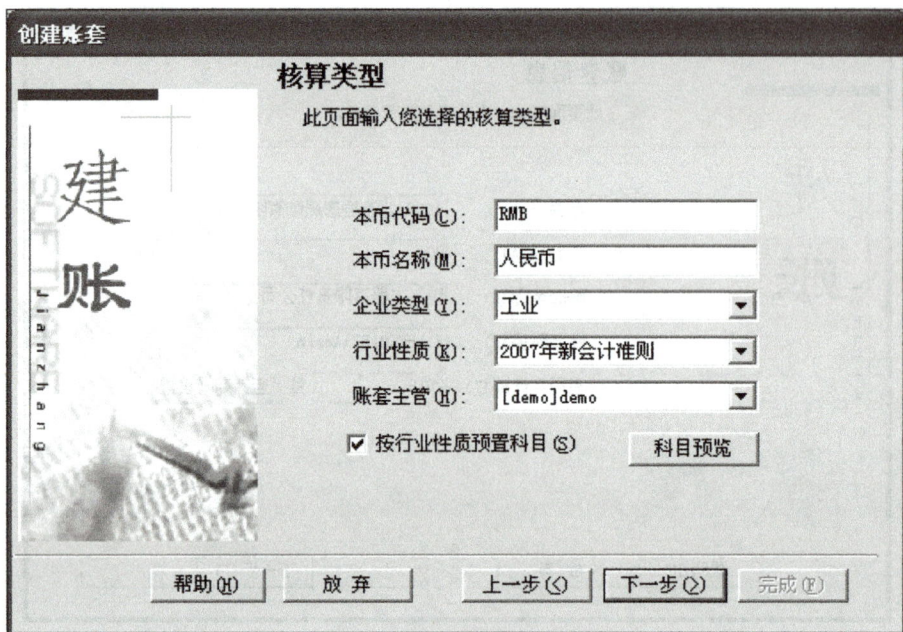

图1-10 "核算类型"对话框

（4）在"基础信息"对话框中，按图1-11所示进行设置，完成后单击"下一步"按钮。

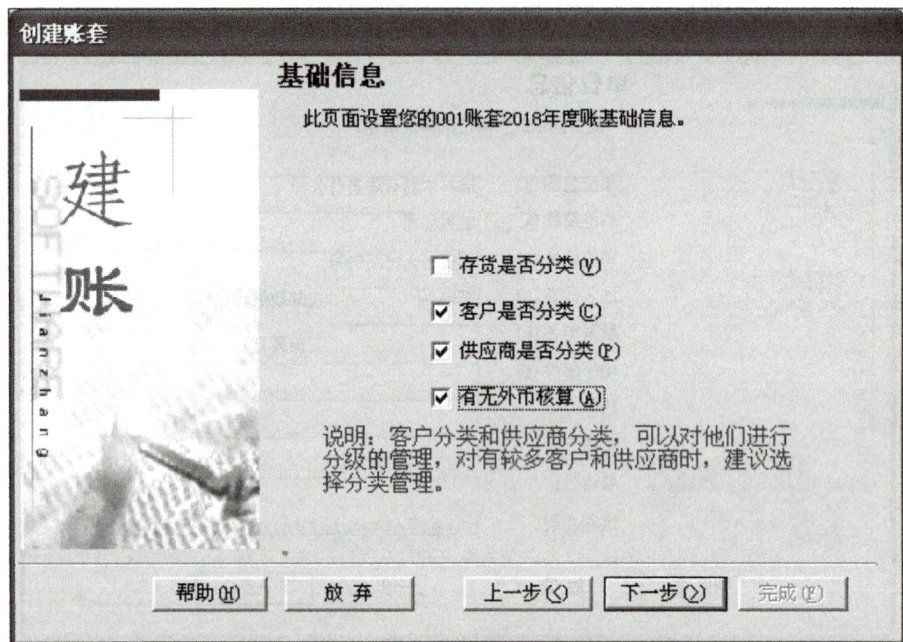

图1-11 "基础信息"对话框

（5）在"业务流程"对话框中，采购流程和销售流程均默认采用标准流程，完成后单击"下一步"按钮，如图1-12所示。

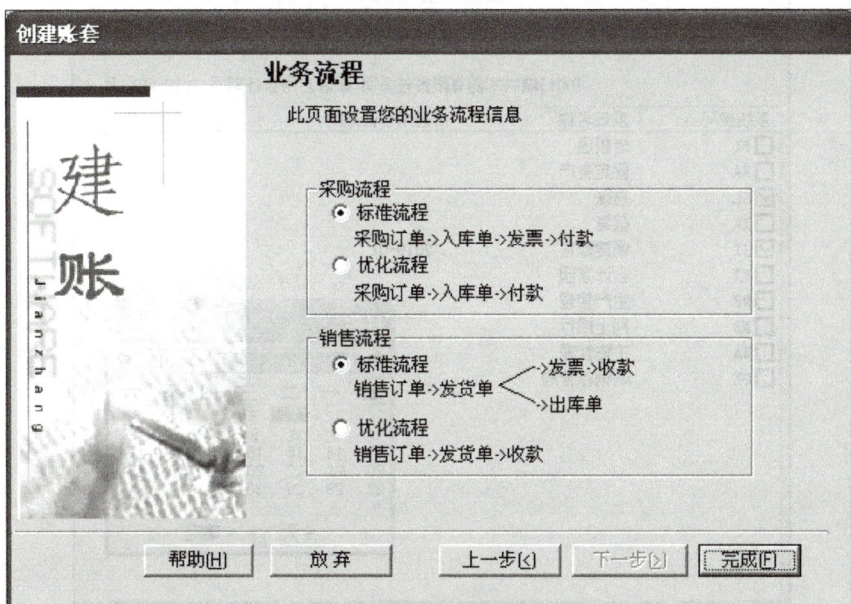

图1-12　"业务流程"对话框

（6）系统再次弹出"创建账套"对话框，单击"是"按钮，打开"分类编码方案"对话框，如图1-13所示进行设置，完成后单击"确认"按钮。

（7）进行数据精度定义，完成后单击"确认"按钮，如图1-14所示。

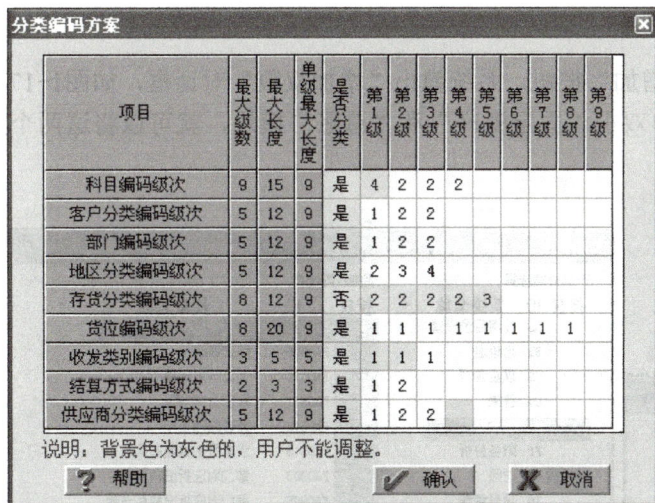

项目	最大级数	最大长度	单级最大长度	是否分类	第1级	第2级	第3级	第4级	第5级	第6级	第7级	第8级	第9级
科目编码级次	9	15	9	是	4	2	2	2					
客户分类编码级次	5	12	9	是	1	2	2						
部门编码级次	5	12	9	是	1	2	2						
地区分类编码级次	5	12	9	是	2	3	4						
存货分类编码级次	8	12	9	否	2	2	2	2	3				
货位编码级次	8	20	9	是	1	1	1	1	1	1	1	1	
收发类别编码级次	3	5	5	是	1	1	1						
结算方式编码级次	2	3	3	是	1	2							
供应商分类编码级次	5	12	9	是	1	2	2						

说明：背景色为灰色的，用户不能调整。

图1-13　"分类编码方案"对话框

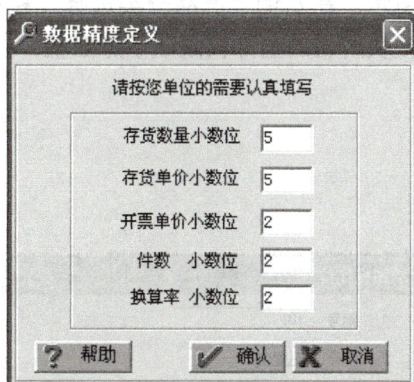

请按您单位的需要认真填写

存货数量小数位　5

存货单价小数位　5

开票单价小数位　2

件数　小数位　2

换算率　小数位　2

图1-14　"数据精度定义"对话框

（8）系统提示"是否立即启用账套"，单击"是"按钮，进入"系统启用"对话框。单击"总账"前的复选框，在弹出的"日历"对话框中，选择2019年1月1日，单击"确定"按钮，如图1-15所示，完成总账系统的启用设置，单击"退出"按钮。

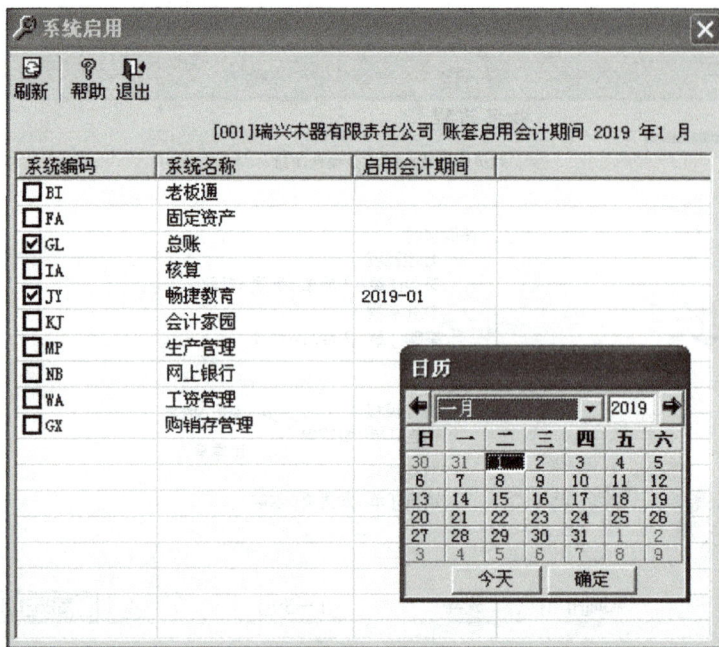

图1-15 "系统启用"对话框

2. 增加操作员

在系统管理窗口中，以系统管理员（admin）身份注册，单击"权限"菜单下的"操作员"选项，系统弹出"操作员管理"对话框，单击"增加"按钮。系统弹出"增加操作员"对话框后，按如图1-16所示增加操作员。

3. 增加操作员某项系统权限

单击"102陈亚楠"，再单击"增加"按钮，系统弹出"增加权限"对话框，如图1-17所示。在左侧"产品分类选择"栏中双击"固定资产"和"总账"模块，就可以将这两个模块所属的全部权限赋予陈亚楠。

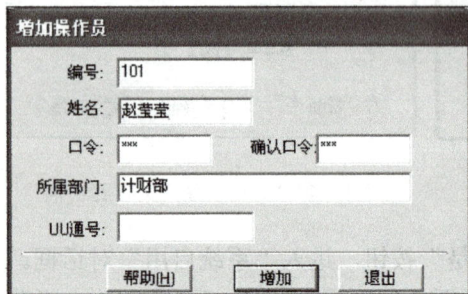

图1-16 "增加操作员"对话框

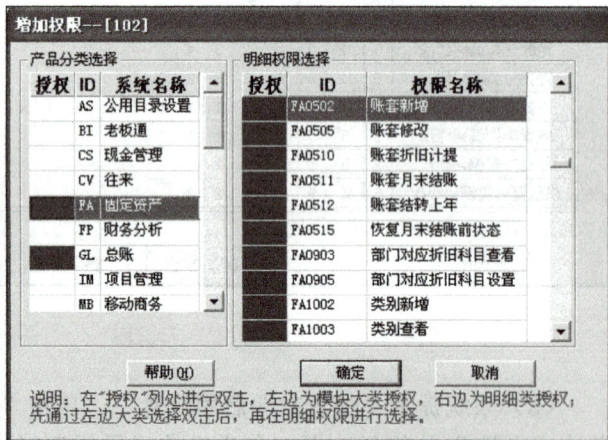

图1-17 "增加权限"对话框

学生动手

请同学们按图1-18所示的要求进行账套建立操作练习。

```
进入"创建账套"界面  →  设置账套信息和单位信息     完
                          设置核算类型和基础信息     成
                                                   账
                          设置业务流程和分类编码方案   套
                                                   建
                          设置数据精度和系统启用     立
                                                   内
                                                   容
                                                   后
                                                   退
                                                   出
```

图1-18　账套建立流程图

举一反三

新建账套号不能与已存在的账套号重复。账套名称应该是核算单位的简称。行业性质的选择决定着系统使用何种会计制度下的会计科目进行会计核算。账套主管可以在建立账套时确定，也可以在操作员权限设置功能中修改。账套中至少应该有一位账套主管管理整套账务，他拥有账套的全部权限，此外还应该设置操作员进行一些日常的账务处理，如"填制凭证""出纳签字"等。一个账套中必须至少有两名操作人员，在会计信息系统中，制单和审核不能为同一人。假设企业的规模不大，可以只有一名财务人员，但必须创建两个用户，进行制单和审核工作时，必须以不同的身份去登录系统进行操作。

学习评价

账套的建立、操作员及其权限的设置学习评价表，见表1-3。

表1-3　账套的建立、操作员及其权限的设置学习评价表

被考评人					
考评地点					
考评内容	能熟练地建立账套，增加操作员并赋予权限				
考评标准	内　　容	分值/分	自我评价/分	小组评议/分	实际得分/分
	准确录入本任务涉及的各类信息	30			
	熟练输入基础信息和单位信息	30			
	熟练进行增加和修改操作员的操作	20			
	能设置操作员的各种权限	20			
	合　　计	100			

注：1. 实际得分=自我评价40%+小组评议60%。
　　2. 考评满分为100分，60～74分为及格，75～84分为良好，85分（包括85分）以上为优秀。

任务三　账套的修改、启用、备份和恢复

任务描述

在会计信息系统中，经过一段时间的操作和运行使用，如果发现账套的某些信息需要修改或者补充，可以通过修改账套功能来完成，借助此功能还可以帮助用户查看任意账套的信息。此外，企业利用备份数据功能可以防止意外事件造成的数据丢失、篡改和破坏，并可以长期保存，当需要时还可以将备份的数据予以恢复。

任务目标

掌握如何以正确的身份修改账套和成功启用账套。掌握如何进行账套的备份和恢复，并理解账套的备份和恢复的重要意义。

学时安排

1个学时（含教师演示和学生上机练习）。

情景导入

实习生小平："赵主管，账套建立完成后，如果发现有些设置需要修改怎么办？"

主管赵莹莹："可以以主管身份进行账套修改，但不是全部内容都可以修改！另外，我再教你进行备份吧，这可是保证数据安全的重要手段，必要时可以利用备份将业务数据恢复到最近状态。"

知识储备

1. 修改账套的注意事项

（1）必须要以所需修改账套的账套主管身份进行登录，进入到系统管理操作环境中进行账套修改。

（2）账套主管如果设置了密码，在登录注册时应该输入正确的密码。

2. 账套启用的注意事项

（1）账套启用是指要设定账套中所涉及的相关操作子系统的开始使用日期，各系统的启用会计期间均必须晚于或等于账套的启用期间。

（2）账套启用有两种方法：一是在系统管理中创建账套时启用系统；二是在账套建立完成后，由账套主管登录到系统管理操作状态，进入相关操作环境进行系统启用的设置。

3. 账套的备份

应该定期将系统中的数据进行备份，在企业中应该在每个月末的结账前进行账套备

份。学生在学习和练习过程中可以阶段性地将操作结果进行备份，每次备份时最好新建一个文件夹，并标明此次备份的具体内容。

4. 账套的恢复

在企业实际业务日常运行中，恢复备份数据会将硬盘中现有的数据覆盖，没有发现数据毁损，不要轻易做此操作。备份的数据不能直接运行，只有在系统管理中进行恢复才能运行。

教师演示

1. 修改账套

（1）在系统管理对话框中，单击"系统"菜单中的"注册"选项，打开"注册【控制台】"对话框，在"用户名"栏录入"101"，输入密码"ZYY"，单击"账套"栏下三角按钮，选择"001瑞兴木器有限责任公司"，单击"确定"按钮。在系统管理对话框中，单击"账套"→"修改"选项，依次单击"下一步"按钮，根据需要进行修改。本例选择对存货进行分类，如图1-19所示。

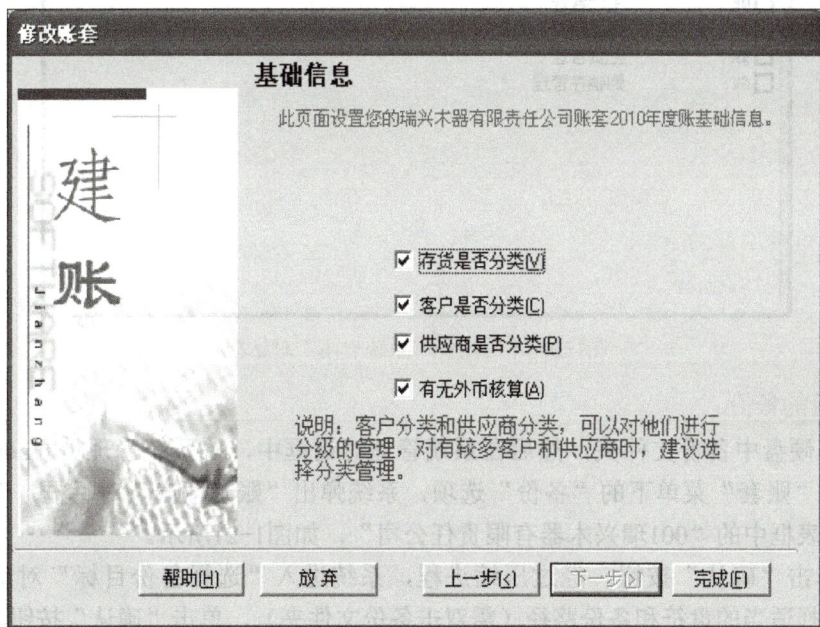

图1-19 "修改账套"对话框

（2）单击"完成"按钮，系统予以提示"确认修改账套了么"，单击"是"按钮，打开"分类编码方案"对话框，修改科目编码级次为"4-2-2-2-2-2"，存货分类编码级次为"1-2-2"，地区分类编码级次为"2"，单击"确认"按钮，打开"数据精度定义"对话框，再单击"确认"按钮，系统提示修改账套成功，单击"确定"按钮。

2. 启用账套

（1）在系统管理对话框中，单击"系统"菜单中的"注册"选项，打开"注册【控制台】"对话框，在"用户名"栏录入"101"，输入密码"ZYY"，单击"账套"栏下拉按钮，选择"001瑞兴木器有限责任公司"，单击"确定"按钮，进入到"用友畅捷通T3会计信息化软件（系统管理）"对话框中，选中"账套"选项中的"启用"选项，进入到"系统启用"对话框。

（2）单击"固定资产"前的复选框，弹出"日历"选择对话框，选中"2019年2月1日"，单击"确定"按钮，系统弹出"提示信息"对话框，单击"是"按钮，完成固定资产系统的启用设置，如图1-20所示。单击已启用模块前的复选框可以取消系统的启用。

图1-20 "固定资产系统启用"对话框

3. 账套的备份

（1）在硬盘中备份文件夹，然后在系统管理对话框中，以系统管理员（admin）身份登录，单击"账套"菜单下的"备份"选项，系统弹出"账套输出"对话框，选择"账套号"下拉列表框中的"001瑞兴木器有限责任公司"，如图1-21所示。

（2）单击"确认"按钮，经过压缩进程，系统进入"选择备份目标"对话框，如图1-22所示选择适当的盘符和备份路径（需双击备份文件夹），单击"确认"按钮。

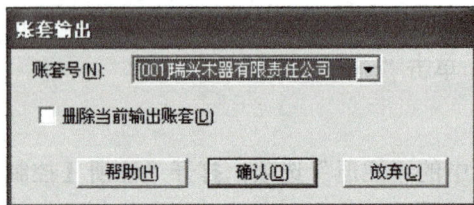

图1-21 "账套输出"对话框

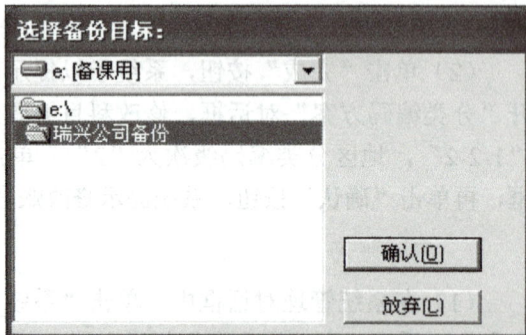

图1-22 "选择备份目标"对话框

4. 账套的恢复

（1）在系统管理对话框中，以系统管理员（admin）身份登录，单击"账套"菜单下的"恢复"选项，弹出"恢复账套数据"对话框，选择适当的备份路径，如图1-23所示。

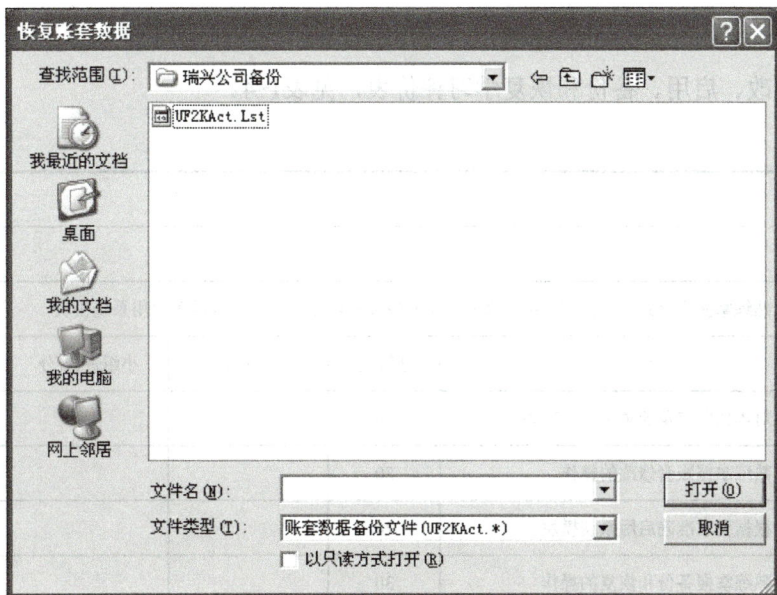

图1-23 "恢复账套数据"对话框

（2）双击"UF2KAct.Lst"文件（见配套光盘，余同）即可恢复备份，也可单击"UF2KAct.Lst"文件后再单击"打开"按钮。系统弹出账套恢复成功的对话框，至此账套已成功恢复。

学生动手

请同学们按如下要求进行账套的修改和启用：

（1）以账套主管101赵莹莹的身份登录系统管理对话框。

（2）按要求修改账套。

（3）按要求启用账套。

（4）在D盘中建立"001账套备份\建立账套备份"文件夹。

（5）以系统管理员（admin）身份登录，将001账套文件备份到"001账套备份\建立账套备份"文件夹中。

（6）以系统管理员（admin）身份登录，恢复刚备份的001账套文件。

举一反三

经过一段时间的运行，如果发现账套的某些信息需要修改或者补充，可以通过修改账套功能来完成，此功能还可以帮助用户查看账套的信息。如果要启用账套中的某个系统模块，可以在账套建立完成后，由需要启用系统的账套主管登录到系统管理对话框，单击"账套"菜单下的"启用"选项进行系统启用的设置。建议在每次备份时都新建一个文件夹，并标注本文件夹的内容，企业应该在每个月末结账前进行账套备份，同学们在学习过程中可以将阶段性的操作结果进行备份，以便机器出现故障或者临时更换机器时可以及时地引入备份数据继续进行操作。

学习评价

账套的修改、启用、备份和恢复学习评价表，见表1-4。

表1-4　账套的修改、启用、备份和恢复学习评价表

被考评人					
考评地点					
考评内容	熟练掌握账套修改的操作，熟练掌握备份和恢复的操作，根据要求准确启用系统模块				
考评标准	内　容	分值/分	自我评价/分	小组评议/分	实际得分/分
	对本任务涉及的菜单非常熟悉	20			
	熟练掌握账套修改的操作	30			
	根据要求准确启用系统模块	20			
	熟练掌握备份和恢复的操作	30			
合　计		100			

注：1. 实际得分=自我评价40%+小组评议60%。
　　2. 考评满分为100分，60~74分为及格，75~84分为良好，85分（包括85分）以上为优秀。

任务四　系统管理的其他功能

任务描述

畅捷通T3软件允许用户建立多个账套（最多999个），且每一个账套中可以存放不同年度的会计数据。这样的处理方式使得系统结构清晰、含义明确。对不同核算单位的账套只需通过设置相应的保存路径即可进行分别管理，而且由于系统保存了不同会计年度的历史数据，对利用历史数据的查询和比较分析也显得特别方便。此外，系统管理还可以对各个子系统的运行进行实时监控，当出现异常情况时进行清除。

任务目标

掌握如何进行年度账的处理，理解系统管理中视图功能的相关作用和具体操作。

学时安排

0.5个学时（含教师演示和学生上机练习）。

情景导入

　　赵莹莹找畅捷通软件有限公司的小冯了解系统管理中的其他功能，小冯主要介绍了年度账的处理和视图功能。

知识储备

1. 年度账的处理

　　（1）建立年度账：在系统中，用户不仅可以建立多个账套，而且每一个账套中可以存放不同年度的会计数据。这样一来，使系统的结构清晰、含义明确、可操作性强，对不同核算单位、不同时期数据的操作只需通过设置相应的系统路径即可进行，而且由于系统自动保存了不同会计年度的历史数据，对利用历史数据的查询和比较分析也变得非常方便。

　　（2）引入和输出年度账：年度账操作中的引入和输出与账套操作中的引入和输出的含义基本一致，所不同的是年度账操作中的引入和输出不是针对某个账套，而是针对账套中的某一年度的年度账进行的。年度账的引入操作与账套的引入操作基本一致，不同之处在于引入的是年度数据备份文件（由系统输出的年度账的备份文件，前缀名统一为"UF2KYer"）。年度账的输出操作也与账套的输出操作基本一致，不同之处在于输出的是年度账，在输出操作的对话框中选择的是具体的年度而非账套。

　　（3）结转上年数据：一般情况下，企业是持续经营的，因此企业的会计工作是一个连续性的工作。每到年末，启用新年度账时就需要将上年度中的相关账户的余额及其他信息结转到新年度账中。在结转上年数据时有以下三点需要特别注意。

　　1）在结转上年数据之前，首先要建立新的年度账。

　　2）建立新的年度账后，用户可以执行购销存系统（采购、销售、库存）、核算系统、应收应付系统、固定资产、工资系统的结转上年数据的工作。固定资产、工资系统的结转不分先后顺序，用户可以根据需要执行；购销存系统（采购、销售、库存）、核算系统、应收应付系统需要按照先后顺序执行。

　　3）如果用户在使用总账系统时，使用了工资系统、固定资产系统、核算系统、购销存系统，那么只有这些系统执行完结转工作后，才能执行结转；也可以根据需要直接执行总账系统的结转工作。

　　（4）清空年度数据：有时，用户会发现某年度账中错误太多，或不希望将上年度的余额或其他信息全部转到下一年度，这时候便可使用清空年度数据的功能。"清空"并不是指将年度账的数据全部清空，而是还要保留一些信息，主要有基础信息、系统预置的科目报表等。保留这些信息主要是为了方便用户使用清空后的年度账重新做账。

2. 视图功能

　　（1）使用刷新：系统管理的一个重要用途就是对各个子系统的运行实施实时的监控。为此，系统将正在登录到系统管理的子系统及其正在执行的功能在对话框中列示出来，以便系统管理员用户或账套主管用户进行监控。从对话框中可以看出，系统管理的功能列表分为上下两部分，上部列示的是正登录到系统管理的子系统，下部列示的是子系统中正在执行的功能。查看时，用户可在上部用鼠标选中一个子系统，下部将自动列示出该子系统中正在执行的功能。这两部分的内容都是动态的，它们都将根据系统的执行情况而自动变化，用户如果想看到最新的情况，就需要启用刷新功能来适时地刷新功能列表的内容。

（2）处理异常情况：如果某个子系统没有正常退出（如停电、死机等），则在运行状态处会显示"异常"字样，可能会影响到其他操作，因此必须清除该异常；或者要打开某功能时，提示该功能与其他功能冲突，而此时若没有使用其他功能就可能是有异常情况需要清除，要以系统管理员"admin"身份登录，选择"视图"下的"清除异常任务"或"清除单据锁定"命令对异常任务或者单据锁定进行清除。

（3）使用上机日志：为了保证系统的安全运行，系统随时对各个产品或模块的每个操作员的上下机时间、操作的具体功能等情况都进行登记，形成上机日志，以便使所有的操作都有记录、有迹可循。

教师演示

（1）以系统管理员（admin）身份登录系统管理。

（2）选择"视图"下的"清除异常任务"或"清除单据锁定"命令对异常任务或单据锁定进行清除，系统弹出"删除工作站的所有锁定"对话框，选择需要进行锁定删除的账套号及其账套年度的所在行次，单击"确定"按钮，进行删除锁定操作，如图1-24所示。

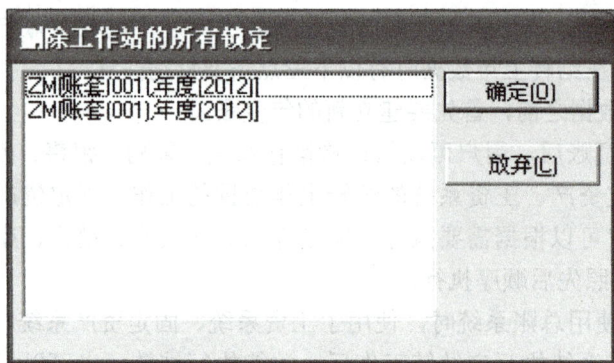

图1-24 "删除工作站的所有锁定"对话框

（3）完成一项锁定删除后可以重复同样的方法对其余没有删除锁定的内容进行操作。

学生动手

此部分内容需要同学们结合练习操作过程中出现的实际问题进行相应的理解和掌握，不布置相应的动手业务内容，以自己学习了解为主。

举一反三

在实际的操作过程中，操作错误、死机、网络阻断等有可能造成系统异常，针对系统有可能出现的异常情况，应该及时排除，释放异常任务占用的系统资源，尽快恢复工作。此外为了能够使系统安全运行，系统对各个产品或者模块的每个操作员的上下机时间、操作的具体功能情况都进行登记，有了上机日志资料，所有的相关操作都有记录可以查询。同学们在实际练习过程中除了理解系统的其他功能外，还可以浏览上机日志核查自己曾经的操作。

学习评价

系统管理的其他功能学习评价表，见表1-5。

表1-5　系统管理的其他功能学习评价表

被考评人					
考评地点					
考评内容	熟练掌握年度账的操作，掌握视图功能中删除锁定的操作				
考评标准	内　　容	分值/分	自我评价/分	小组评议/分	实际得分/分
	对本任务涉及的菜单非常熟悉	20			
	熟练掌握年度账的操作	40			
	掌握视图功能中删除锁定的操作	40			
合　　计		100			

注：1. 实际得分=自我评价40%+小组评议60%。

2. 考评满分为100分，60～74分为及格，75～84分为良好，85分（包括85分）以上为优秀。

扫码观看《会计信息化发展规划（2021—2023年）》主要内容介绍及国网新疆电力案例，并谈谈你的看法。

新政速递1

案例分享1

第二单元 基础设置 *02*

任务一 机构及往来单位设置

任务描述

畅捷通T3是财务业务一体化的信息系统，涉及众多业务部门，而且各部门的相关工作人员工作岗位任务不同，所以数据收集、整理工作量很大。企业必须科学设置部门档案和职员档案。此外为了管理客户、供应商，更方便地统计、分析业务数据，进行往来单位设置可以使企业明确洞悉所涉及的具有往来关系单位的具体核算和业务管理内容，因此意义深远。

任务目标

掌握机构设置的具体内容，学会设置部门档案和职员档案。掌握如何进行地区分类以及客户和供应商分类，如何增加客户和供应商档案。

学时安排

1个学时（含教师演示和学生上机练习）。

情景导入

账套建立完毕后，赵莹莹马上着手将提前整理好的基础档案录入系统。李总来到计财部检查工作："小赵，基础工作可是非常重要啊，手工会计处理时我们的基础档案条理不是很清晰，对有些客户和供应商的管理很不到位，以后可要规范管理啊！"

"您放心吧！"赵莹莹信心十足。

知识储备

1. 部门档案

核算单位下属的具有财务核算或业务管理要求的独立单元，未必是真实存在的部门机构。

（1）部门编码最多可以分为5级，长度最多为12位。

（2）部门编码和部门名称必须全部输入。

（3）部门档案资料一旦使用不能被修改或者删除。

2．职员档案

录入企业各职能部门中需要进行核算或业务管理的职员信息，不必将公司所有职员的信息全部录入系统。

（1）职员编号必须唯一。

（2）职员编号和职员名称必须输入。

（3）录入全部职员档案后，必须单击"增加"按钮（或按"Enter"键），增加新的空白行。否则，最后一个职员档案将无法保存。

（4）职员档案资料一旦被使用将不能被修改或删除。

3．地区分类

（1）地区分类最多有5级，企业可根据实际情况分类。

（2）在建立客户档案和供应商档案时，可以在"基本"选项卡中选择客户和供应商所属的地区码。

（3）地区分类编码必须唯一。

4．客户分类

（1）企业一般按行业、地区等标准进行划分。

（2）客户分类编码必须唯一，必须符合编码规则。

（3）客户分类和客户档案是分开设置的，根据不同的客户分类建立客户档案。

5．客户档案

（1）建立客户档案是为企业管理服务的，在填制销售出库单、销售发票进行销售结算、应收款结算和有关客户单位统计时都会用到客户档案。为了减少工作错误，要正确设置。

（2）客户档案必须在最末级客户分类下设置。

（3）若无客户分类，则系统将客户归入无客户分类项。

6．供应商分类

（1）企业一般按行业、地区等标准进行划分。

（2）建账时未勾选"供应商是否分类"，则不能使用本功能。

（3）供应商分类编码必须唯一，必须符合编码规则。

7．供应商档案

（1）建立供应商档案是为企业管理服务的，在填制销售出库单、销售发票进行销售结算、应收款结算和有关供应商单位统计时都会用到供应商档案。为了减少工作错误，要正确设置。

（2）供应商档案必须在最末级供应商分类下设置。

（3）若无供应商分类，则系统将供应商归入无供应商分类项。

（4）供应商档案编码必须唯一。

教师演示

1．部门档案录入

（1）双击桌面上的"畅捷通T3-企业管理信息化软件教育专版营改增版"图标，打开"注册【控制台】"对话框，在"用户名"栏录入"101"，在"密码"栏录入"ZYY"，选择"账套"下拉列表框中的"001瑞兴木器有限责任公司"及"会计年度"下拉列表框中的"2019"，选择操作日期为"2019-01-01"，单击"确定"按钮，打开"期初档案录入"对话框，单击"退出"按钮，打开"畅捷通T3-企业管理信息化软件教育专版营改增版"对话框，单击"总账"选项，出现总账系统操作流程图。

（2）在"畅捷通T3-企业管理信息化软件教育专版营改增版"对话框中，单击"基础设置"菜单，在下拉菜单中打开"机构设置"，选择"部门档案"命令，系统弹出"部门档案"对话框，单击"增加"按钮，输入部门编码"1"、部门名称"综合管理办公室"、助记码"ZH"、部门属性"行政管理"，如图2-1所示。

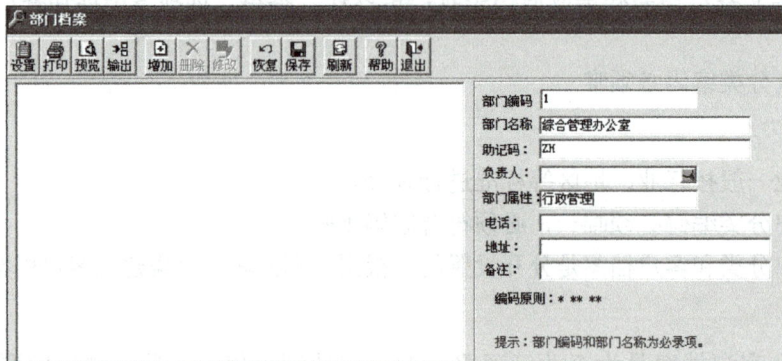

图2-1 "部门档案"对话框

（3）单击"保存"按钮。

2．职员档案录入

（1）在"畅捷通T3-企业管理信息化软件教育专版营改增版"对话框中，单击"基础设置"菜单，在下拉菜单中打开"机构设置"，选择"职员档案"命令，系统弹出"职员档案"对话框，输入职员编号"1001"、职员名称"孙洋"，系统默认职员助记码"SY"，单击所属部门栏参照按钮选择"综合管理办公室"，或输入综合管理办公室部门编码"1"，职员属性为"管理人员"，如图2-2所示。

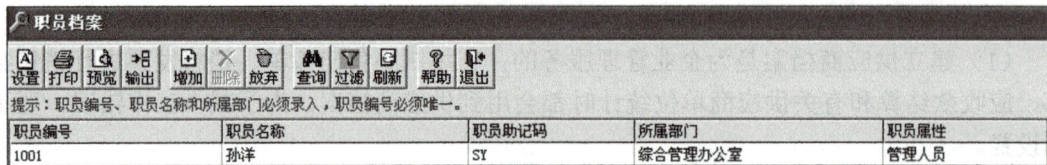

图2-2 "职员档案"对话框

（2）单击"增加"按钮或按"Enter"键，重复上述操作，录入其他职员信息，全部录入完毕后单击"退出"按钮。

3. 客户分类

（1）在"畅捷通T3-企业管理信息化软件教育专版营改增版"对话框中，单击"基础设置"菜单，在下拉菜单中打开"往来单位"，选择"客户分类"命令，系统弹出"客户分类"对话框，单击"增加"按钮，输入类别编码"1"、类别名称"家具商场"，如图2-3所示。

图2-3 "客户分类"对话框

（2）单击"保存"按钮保存设置，依次增加完所有客户分类内容后单击"退出"按钮退出客户分类设置操作状态。

4. 客户档案

（1）在"畅捷通T3-企业管理信息化软件教育专版营改增版"对话框中，单击"基础设置"菜单，在下拉菜单中打开"往来单位"，选择"客户档案"命令，系统弹出"客户档案"对话框，如图2-4所示。

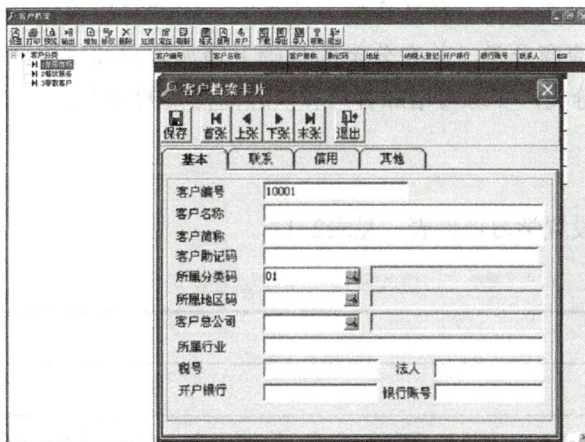

图2-4 "客户档案"对话框

（2）将光标移到左框的客户分类"家具商场"所在行（一般选择最末级客户分类），单击"增加"按钮，系统弹出"客户档案卡片"对话框，输入客户编码"001"、客户名称"东北临江市天丽家居装饰中心"、客户简称"天丽公司"、助记码"TL"，选择所属分类码为"1"，选择所属地区码为"03"，单击"客户档案卡片"对话框中的"信用"选项卡，录入信用等级"1级"、信用额度"500 000"，单击"客户档案卡片"对话框中的"其他"选项卡，设置发展日期为"2013-03-01"，选择专管业务员为"魏锋"，选择分管部门为"营销一部"，单击"保存"按钮保存设置，重复以上步骤录入其他的客户档案后单击"退出"按钮，退出客户档案卡片的设置操作状态。

5．供应商分类及供应商档案

供应商分类及供应商档案操作与上述操作大体雷同，在此不再赘述。

学生动手

请同学们按图2-5所示要求进行部门档案和职员的操作练习。

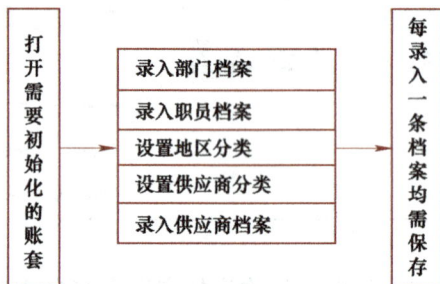

图2-5　机构及往来单位设置流程

举一反三

部门档案和职员档案可以在"基础档案录入"对话框中录入，也可以选择"畅捷通T3-企业管理信息化软件教育专版营改增版"对话框中"基础设置"菜单下的机构设置命令去录入，用户可以根据需要选择一种适合的方式录入。用户可以根据行业、地区等不同的分类标准进行客户和供应商分类，并在分类的基础上增加客户和供应商档案，请同学们注意选择适用的方法予以分类，多练习增加客户和供应商档案的操作。

学习评价

机构及往来单位设置学习评价表，见表2-1。

表2-1　机构及往来单位设置学习评价表

被考评人					
考评地点					
考评内容	熟练录入部门档案和职员档案，增加客户档案、供应商档案、客户分类和供应商分类				
考评标准	内　　容	分值/分	自我评价/分	小组评议/分	实际得分/分
	掌握机构设置信息的操作环境	30			
	熟练录入部门档案和职员档案	20			
	正确增加客户档案、供应商档案	30			
	设置客户分类和供应商分类	20			
合　　计		100			

注：1．实际得分=自我评价40%+小组评议60%。
　　2．考评满分为100分，60～74分为及格，75～84分为良好，85分（包括85分）以上为优秀。

任务二　会计科目设置及项目目录设置

任务描述

在现代企业的信息化管理进程中，会计科目是填制会计凭证、登记会计账簿、编制会计报表的基础，是对会计对象具体内容分门别类进行核算的前提。企业在实际业务处理中会对多种类型的项目进行核算和管理，项目可以是工程，可以是订单，也可以是产品。总之，可以把需要单独计算成本或收入的对象都视为项目。

任务目标

掌握如何增加、修改和删除会计科目。掌握如何定义项目大类，如何指定核算科目，定义项目分类以及定义项目目录。

学时安排

1个学时（含教师演示和学生上机练习）。

情景导入

会计科目的设置是非常重要的基础工作，设置完善的会计科目体系是进行会计核算的重要前提。赵莹莹根据瑞兴木器有限责任公司的具体情况开始了会计科目的设置，同时设置项目目录对某些科目进行项目核算。

知识储备

1．增加会计科目

（1）增加明细科目时，系统默认其与上级科目保持一致。

（2）已经使用过的末级会计科目不能增加下级科目。

2．修改会计科目

（1）已使用的会计科目不能修改科目编码。

（2）非末级会计科目不能再修改科目编码。

（3）已有数据的会计科目，应先将该科目及其下级科目余额清零后再修改。

（4）被封存的科目在制单时不可以使用。

3．删除会计科目

（1）删除的会计科目不能被自动恢复，但可以通过增加功能来完成。

（2）非末级科目不能删除。

（3）已有数据的会计科目，应先将该科目及其下级科目余额清零后再删除。

（4）被指定的会计科目不能删除，如要删除，应先取消指定。

4．项目大类设置应注意的问题

（1）定义项目大类：定义项目大类包括指定项目大类名称、定义项目级次和定义项目栏目3项工作，项目大类的项目级次可分为8级。

（2）指定核算科目：指定项目辅助核算的会计科目具体要核算哪一个项目，使项目和核算会计科目之间产生对应的关联。

（3）定义项目分类：在项目大类下定义项目小类，如"1建筑物""2设备大修工程"。

（4）定义项目目录：项目小类建立完成后，可以建立项目档案，将每个项目分类中所包含的具体项目录入系统。

教师演示

1．增加会计科目

（1）双击桌面上的"畅捷通T3-企业管理信息化软件教育专版营改增版"图标，打开"注册〖控制台〗"对话框，在"用户名"栏录入"101"，在"密码"栏录入"ZYY"，选择"账套"下拉列表框中的"001瑞兴木器有限责任公司"及"会计年度"下拉列表框中的"2019"，选择操作日期为"2019-01-01"，单击"确定"按钮，打开"期初档案录入"对话框，单击"退出"按钮，打开"畅捷通T3-企业管理信息化软件教育专版营改增版"对话框，单击"基础设置"菜单，在下拉菜单中打开"财务"，选择"会计科目"命令，系统弹出"会计科目"对话框，找到会计科目"1002银行存款"，选中该会计科目，单击"增加"按钮，打开"会计科目-新增"对话框，输入科目编码"100201"、科目中文名称"基本存款户"，其他项目默认系统设置，如图2-6所示。

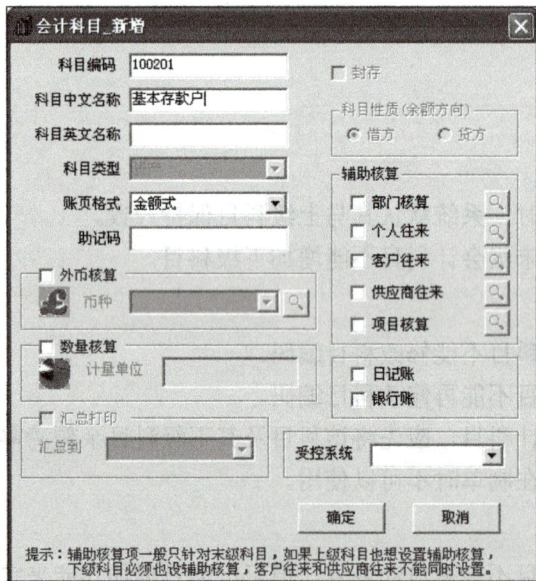

图2-6 "会计科目_新增"对话框

（2）单击"确定"按钮。

用此方法继续增加其他的会计科目。

2. 修改会计科目

（1）在"会计科目"窗口中，将光标移到"1121应收票据"科目所在行，单击"修改"按钮（或双击该会计科目），打开"会计科目_修改"对话框，再单击"修改"按钮，选中"客户往来"复选框，"受控系统"自动显示为"应收"，如图2-7所示。

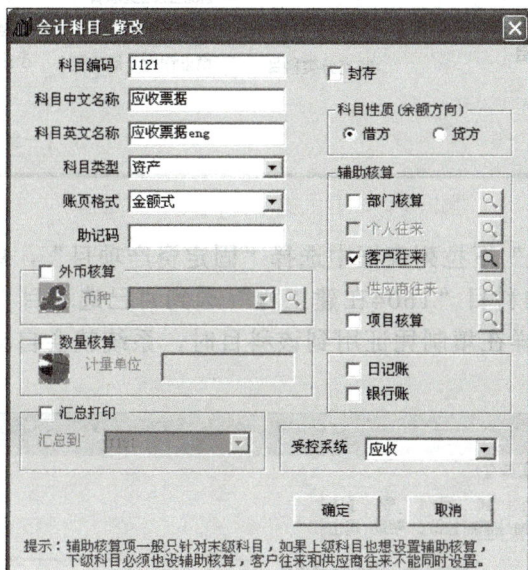

图2-7 "会计科目_修改"对话框

（2）单击"确定"按钮。用此方法修改其他的会计科目。

3. 删除会计科目

在"会计科目"对话框中，将光标移到"2203预收账款"科目所在行，单击"删除"按钮，系统弹出"记录删除后不能恢复！真的要删除此记录吗？"对话框，单击"确定"按钮。

4. 项目目录设置

（1）打开"注册【控制台】"对话框，在"用户名"栏录入"101"，在"密码"栏录入"ZYY"，选择"账套"下拉列表框中的"001瑞兴木器有限责任公司"及"会计年度"下拉列表框中的"2019"，选择操作日期为"2019-01-01"，单击"确定"按钮，打开"畅捷通T3-企业管理信息化软件教育专版营改增版"对话框，单击"基础设置"菜单，在下拉菜单中打开"财务"，选择"项目目录"命令，系统弹出"项目目录"对话框，单击"增加"按钮，打开"项目大类定义_增加"对话框，输入新项目大类名称"固定资产项目"，如图2-8所示。

（2）单击"下一步"按钮，打开"定义项目级次"对话框，设置项目级次：一级1位，单击"下一步"按钮，打开"定义项目栏目"对话框，对系统默认设置不做修改，单击"完成"按钮，退出"定义项目栏目"对话框。

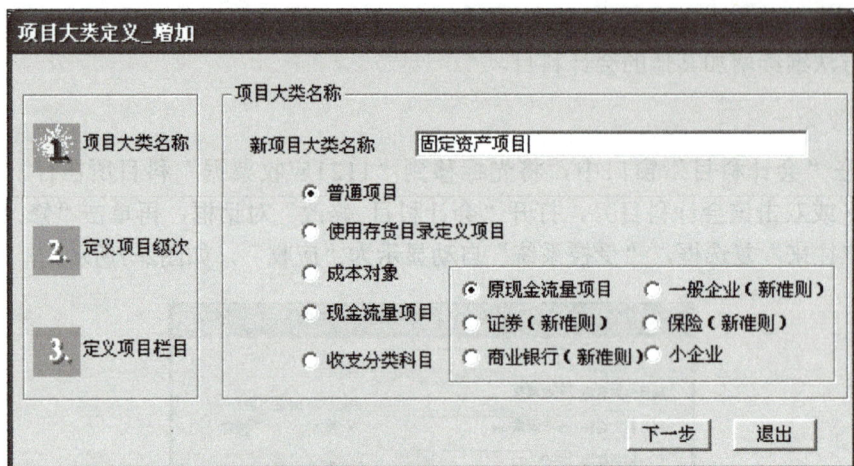

图2-8 "项目大类定义_增加"对话框

（3）从"项目大类"下拉列表框中选择"固定资产项目"，单击单箭头或双箭头按钮将"待选科目"中的科目"1604在建工程"选到"已选科目"中，单击"确定"按钮，如图2-9所示。这样在填制凭证用到该科目时，系统就会自动提示录入核算需要的项目目录。

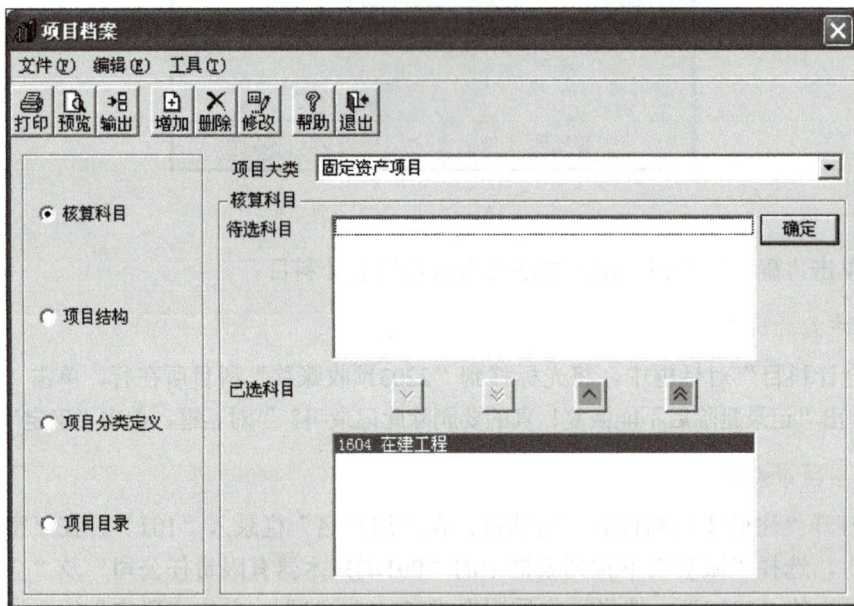

图2-9 在"项目档案"对话框中选择项目核算科目

（4）单击"项目分类定义"选项，在项目大类中选择"固定资产项目"；单击"增加"按钮，设置项目分类"1建筑物"和"2设备大修工程"，完成后单击"确定"按钮保存。

（5）单击"项目目录"选项，选择项目大类"固定资产项目"，单击"维护"按钮，系统弹出"项目目录维护"对话框，增加具体的项目档案：录入项目编号、项目名称，并选择适当的所属分类（若项目已完成，需对该项目设置结算标志），如图2-10所示。

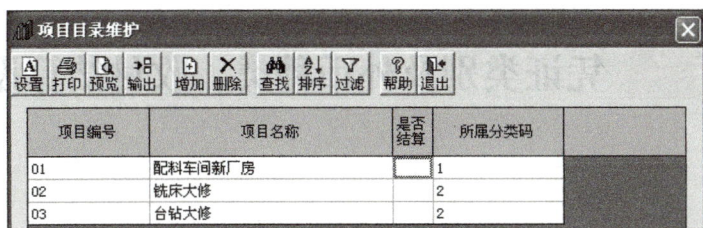

图2-10 在"项目目录维护"对话框中增加项目档案

操作完成后退出"项目目录维护"对话框，然后退出"项目档案"对话框，继而退出项目目录的全部操作设置内容。

学生动手

请同学们按图2-11所示要求进行项目目录的设置。

图2-11 项目目录设置流程

举一反三

会计科目辅助核算的内容对业务的影响比较大，要根据业务需要选择相应的辅助核算内容。会计科目涉及外币核算的，要选择外币核算内容；涉及数量核算内容的，要设置相关的计量单位；库存现金和银行存款这两个会计科目还应根据需要设置相关日记账和银行账的内容。同学们应注意项目栏目结构的含义：一个项目除了项目名称外，有时还应加一些其他备注说明，如课题核算除了课题名以外，还有如课题性质、课题承担单位、课题负责人等备注说明。

学习评价

会计科目设置及项目目录设置学习评价表，见表2-2。

表2-2 会计科目设置及项目目录设置学习评价表

被考评人					
考评地点					
考评内容	正确增加会计科目，正确删除和修改会计科目，正确设置项目目录				
考评标准	内　　容	分值/分	自我评价/分	小组评议/分	实际得分/分
	正确增加会计科目	30			
	正确删除和修改会计科目	20			
	正确指定核算项目	30			
	正确设置项目目录	20			
	合　　计	100			

注：1. 实际得分=自我评价40%+小组评议60%。

　　2. 考评满分为100分，60～74分为及格，75～84分为良好，85分（包括85分）以上为优秀。

任务三 凭证类别及外币种类、收付结算设置

任务描述

企业要根据自身管理和核算的需要，对记账凭证进行分类设置。选择了某一种凭证分类后，还应根据凭证分类的特点进行相应限制条件的设置。除此之外，企业如果需要外币核算，应做好外币和汇率的设置。收付结算设置的内容包括：结算方式、付款条件、开户银行。这些项目是企业同往来单位进行货币资金结算必须做好的设置。

任务目标

掌握如何定义凭证种类及外币种类的核算，掌握如何定义结算方式，能理解和操作付款条件以及开户银行的信息设置。

学时安排

1个学时（含教师演示和学生上机练习）。

情景导入

赵莹莹根据企业实际情况着手进行凭证类别设置。由于本企业有外币业务，还需事先定义外币种类，并确定外币业务的折算方式。

知识储备

1．凭证类别

（1）用户可以为凭证设置限制科目。限制科目可以设置一个，也可以设置多个。如果设置了多个限制科目，这些科目之间要用半角英文逗号分隔。

（2）凭证类别一旦在制单时被引用，就不能删除。

（3）可以通过凭证类别列表右侧的上下箭头按钮调整凭证列表中凭证的排列顺序。

2．外币设置

（1）只有在建账时选择了外币核算，才能使用本功能。

（2）使用固定汇率（即月初或年初汇率）作为记账汇率的用户，在填制每月的凭证前，应预先在此录入该月的记账汇率，否则在填制该月外币凭证时，将会出现汇率为零的错误。

（3）使用变动汇率（即当日汇率）作为记账汇率时，在填制每天的凭证前，应预先在此录入该天的记账汇率。

3．结算方式

（1）结算方式的编码必须符合编码规则。

（2）结算方式的录入内容必须唯一。

（3）结算方式最多可以分为2级。结算方式一旦被引用，便不能修改和删除。

4．付款条件

（1）系统最多同时支持4个时间段的折扣，条件一旦被引用，就不能删除和修改。

（2）付款条件的含义：比如付款条件"4/10，1/20，n/30"表示客户在10天内付款，可得到4%的折扣，即只付96%的货款；在20天内付款，可得到1%的折扣，即只付99%的货款；在30天以后付款，则不仅要全额支付货款，还可能要支付延期付款利息或违约金。

5．开户银行

（1）开户银行一旦被引用，就不能修改和删除。

（2）用户必须输入使用单位在开户银行中的账号名称，且必须唯一。

（3）用户必须输入使用单位的开户银行名称，名称可以重复。

微课2 凭证类别的设置

教师演示

1．凭证类别

（1）双击"畅捷通T3-企业管理信息化软件教育专版营改增版"图标，打开"注册【控制台】"对话框，在"用户名"栏录入"101"，在"密码"栏录入"ZYY"，选择"001瑞兴木器有限责任公司"账套及"会计年度"下拉列表框中的"2019"，选择操作日期为"2019-01-01"，单击"确定"按钮，打开"期初档案录入"对话框，单击"退出"按钮，打开"畅捷通T3-企业管理信息化软件教育专版营改增版"对话框，单击"基础设置"菜单，在下拉菜单中打开"财务"，选择"凭证类别"命令，系统弹出"凭证类别预置"对话框，在"凭证类别预置"对话框中，单击"收款凭证 付款凭证 转账凭证"按钮，如图2-12所示。

（2）单击"确定"按钮，进入"凭证类别"对话框，在收款凭证所在行双击"限制类型"栏，单击下拉列表框的下三角按钮，选择"借方必有"选项，双击"限制科目"栏，单击参照按钮，选择"1001库存现金"和"1002银行存款"（或直接输入"1001，1002"）。重复上述操作，将付款凭证的"限制类型"定义为"贷方必有"，"限制科目"定义为"1001，1002"，将转账凭证的"限制类型"定义为"凭证必无"，"限制科目"定义为"1001，1002"，如图2-13所示。

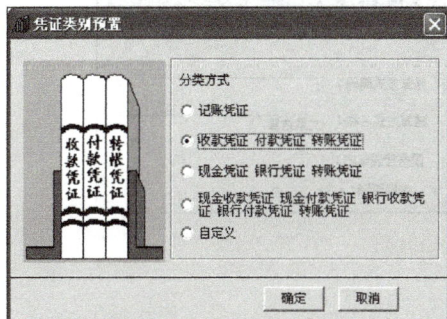

图2-12 "凭证类别预置"对话框

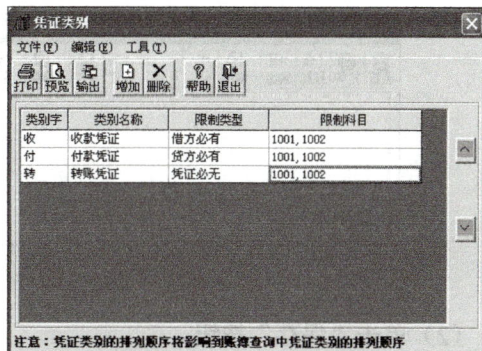

图2-13 "凭证类别"对话框

（3）单击"退出"按钮。

2．外币设置

（1）在"畅捷通T3-企业管理信息化软件教育专版营改增版"对话框中，单击"基础设置"菜单，在下拉菜单中打开"财务"，选择"外币种类"命令，系统弹出"外币预置"对话框。

（2）输入币符"$"、币名"美元"，其他项目采用默认值，单击"确认"按钮。

（3）输入2019年1月初的记账汇率为6.4040，按"Enter"键确认，如图2-14所示。

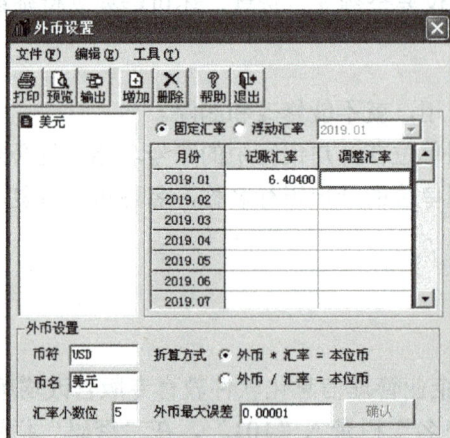

图2-14 "外币设置"对话框

（4）单击"退出"按钮，完成外币设置。

3．结算方式

（1）双击桌面上的"畅捷通T3-企业管理信息化软件教育专版营改增版"图标，打开"注册【控制台】"对话框，在"用户名"栏录入"101"，在"密码"栏录入"ZYY"，选择"账套"下拉列表框中的"001瑞兴木器有限责任公司"及"会计年度"下拉列表框中的"2019"，选择操作日期为"2019-01-01"，单击"确定"按钮，打开"期初档案录入"对话框，单击"退出"按钮，打开"畅捷通T3-企业管理信息化软件教育专版营改增版"对话框，单击"基础设置"菜单，在下拉菜单中打开"收付结算"，选择"结算方式"命令，系统弹出"结算方式"对话框，输入结算方式编码"1"、结算方式名称"支票结算"，如图2-15所示。

图2-15 "结算方式"对话框

（2）单击"保存"按钮。

4．付款条件

（1）打开"畅捷通T3-企业管理信息化软件教育专版营改增版"对话框，单击"基础设置”菜单，在下拉菜单中打开“收付结算”，选择“付款条件”命令，系统弹出“付款条件”对话框，在“付款条件编码”中输入“2”，在“信用天数”中输入“45”，在“优惠天数1”中输入“5”，在“优惠率1”中输入“3”，在“优惠天数2”中输入“10”，在“优惠率2”中输入“2”，在“优惠天数3”中输入“20”，在“优惠率3”中输入“1”，单击“增加”按钮保存设置，如图2-16所示。

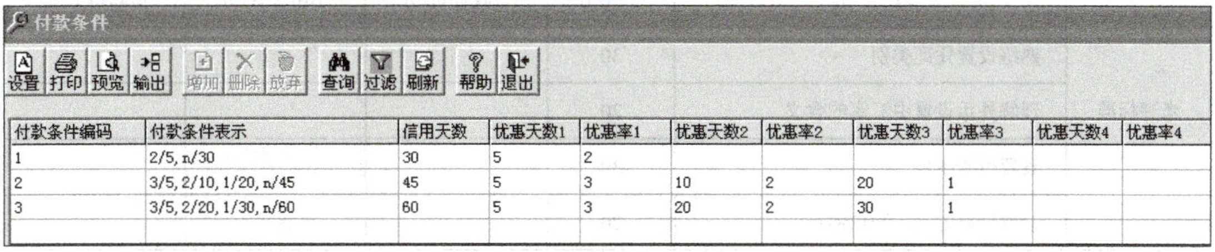

付款条件编码	付款条件表示	信用天数	优惠天数1	优惠率1	优惠天数2	优惠率2	优惠天数3	优惠率3	优惠天数4	优惠率4
1	2/5, n/30	30	5	2						
2	3/5, 2/10, 1/20, n/45	45	5	3	10	2	20	1		
3	3/5, 2/20, 1/30, n/60	60	5	3	20	2	30	1		

图2-16 “付款条件”对话框

（2）按上述录入方法依次录入全部付款条件内容。

5. 开户银行

（1）打开“畅捷通T3-企业管理信息化软件教育专版营改增版”对话框，单击“基础设置”菜单，在下拉菜单中打开“收付结算”，选择“开户银行”命令，系统弹出“开户银行”对话框。

（2）设置瑞兴木器有限责任公司的开户银行为“工商银行景安路支行”，账号为“886681234”，单击“增加”按钮保存设置，如图2-17所示。

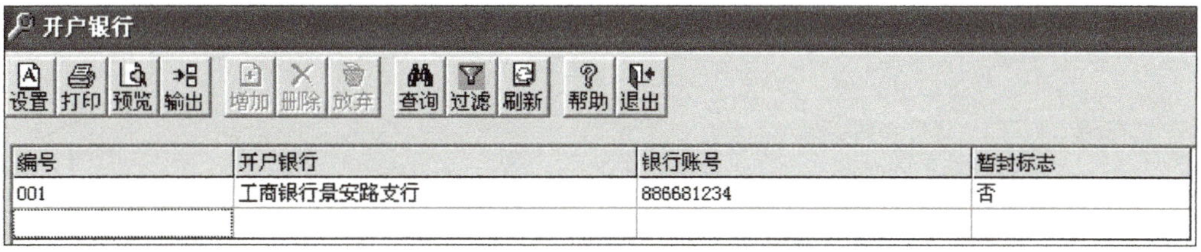

编号	开户银行	银行账号	暂封标志
001	工商银行景安路支行	886681234	否

图2-17 “开户银行”对话框

学生动手

请同学们分别进行凭证类别、外币种类和收付结算的设置。

举一反三

用户可按需要选择凭证类别，选择完毕后仍可进行修改。若选中“自定义凭证类别”，则完全由用户自行设置。设置付款条件的同时注意理解其在会计实务中的相应含义，即企业为了鼓励客户偿还货款许诺在一定期限内给予的折扣优惠。设置付款条件时注意不同还款期限对应不同的优惠比率。

学习评价

凭证类别及外币种类、收付结算设置学习评价表，见表2-3。

表2-3　凭证类别及外币种类、收付结算设置学习评价表

被考评人					
考评地点					
考评内容	熟练设置凭证类别、外币种类、付款条件、结算方式、开户银行				
考评标准	内　　容	分值/分	自我评价/分	小组评议/分	实际得分/分
	熟练设置凭证类别	30			
	理解外币设置中汇率的含义	20			
	设置付款条件	30			
	设置结算方式、开户银行	20			
合　　计		100			

注：1. 实际得分=自我评价40%+小组评议60%。

　　2. 考评满分为100分，60～74分为及格，75～84分为良好，85分（包括85分）以上为优秀。

　　　　扫码观看关于支持外经贸企业提升汇率风险管理能力的通知，并谈谈你的看法。

新政速递2

第三单元 总账业务的初始设置和凭证处理 *03*

任务一　总账选项的设置

任务描述

　　总账选项包含了总账模块进行业务处理的一些控制和设置，系统在建立新的账套后，由于具体工作的需要或业务变更，使得一些账套信息与核算内容不符，可以通过此功能进行总账选项的调整和查看。如制单是否序时，汇率方式采用固定汇率还是浮动汇率，明细账每页打印行数等。

任务目标

　　掌握总账选项设置的功能并能熟练地进行选项设置。

学时安排

　　1个学时（含教师演示和学生上机练习）。

情景导入

　　瑞兴木器有限责任公司刚刚采用了电算化会计处理，公司财务人员陈亚楠参加了此前财务软件公司的培训。为了加强内部控制，确定公司的会计业务处理的核算规则等，现在陈亚楠要根据在培训中所学习的内容并结合本公司的实际情况来完成公司账套的总账系统参数的设置工作，以便今后更好地进行相关业务处理。下面我们一起来看看陈亚楠是怎样完成总账选项设置的。

知识储备

　　总账设置选项包含了"凭证""账簿""会计日历""其他"四部分内容，可分别进行修改。

一、"凭证"页签

1. 制单控制

（1）制单序时控制：系统默认为制单时凭证编号按时间顺序排列，即制单序时。如要求制单不进行序时控制，则取消此选项即可。

（2）支票控制：若选择此项，在制单时录入了未在支票登记簿中登记的支票号，系统将自动弹出登记支票登记簿的对话框。

（3）资金及往来赤字控制：若选择此项，则在制单过程中，库存现金、银行存款以及往来科目的最新余额出现负数时，系统将予以提示。例如：用银行存款支付某供应商材料款100 000元，而银行实际存款不足100 000元，此时系统将自动弹出对话框予以提示。

（4）制单权限控制到科目：若选择此项，在制单时，操作员只能用具有相应制单权限的科目进行制单。

（5）允许修改他人填制的凭证：若选择此项，在制单时可修改别人填制的凭证，否则不能对别人填制的凭证进行修改。

（6）允许查看他人填制的凭证：此项默认为选择状态，表示可以查看到本人以外的操作员填制的凭证，否则相反。

（7）可使用其他系统受控科目：若某科目为其他系统的受控科目（如客户往来科目为应收受控科目），一般来说，为了防止重复制单，应只允许其受控系统来使用该科目进行制单，总账系统是不能使用此科目进行制单的，但如果希望在总账系统中也能使用这些科目填制凭证，则应选择此项。

（8）现金流量项目必录：若选择此项，当前是现金流量科目时，则必须录入现金流量项目。

2．凭证控制

（1）打印凭证页脚姓名：表示在打印凭证时，是否自动显示制单人、出纳、审核、记账人的姓名。在实际工作中，一般应选中此项。

（2）凭证审核控制到操作员：在实际工作中，有时需要对审核权限进一步细化，如只允许某操作员审核其所在部门填制的凭证，而不能审核其他部门填制的凭证，则应选择此项。具体权限设置可在"总账"→"设置"→"明细权限"中完成。

（3）出纳凭证必须经由出纳签字：若选择此项，则含有库存现金、银行存款科目的凭证必须由出纳人员进行核对签字后才能记账。

（4）未审核的凭证允许记账：若选择此项，则未经审核的凭证也可以进行记账。在实际工作中一般不选择此项。

（5）打印项目核算凭证时，显示项目分类编码：表示在打印有关项目核算凭证时，项目分类的编码可以显示。

3．凭证编号方式

（1）系统编号表示在填制凭证过程中每月按凭证类别自动连续编制凭证编号。

（2）手工编号是指填制凭证过程需要手工录入凭证编号。

4．外币核算

（1）如果在建账时选择了企业有外币核算，则应设置相应的汇率折算方式。

（2）系统提供了两种选择：固定汇率、浮动汇率。固定汇率即在制单时，只按月初设定的记账汇率折算本位币金额；浮动汇率即在制单时，按当时汇率折算本位币金额。

5．预算控制

如果用户通过财务分析模块对科目、部门、项目制定了相应的预算，那么在制单时可以对科目、部门、项目的发生额或余额进行预算控制。系统提供两种控制方式，即精细预算控制和粗放预算控制。

6．新增凭证时，自动带入的凭证日期

系统默认为系统登录日期，用户也可选择最后一张凭证的日期项。

7．合并凭证显示、打印

合并凭证显示、打印有两种方式，分别为按科目、摘要相同方式合并和按科目相同方式合并。

"凭证"页签的各项目，如图3-1所示。

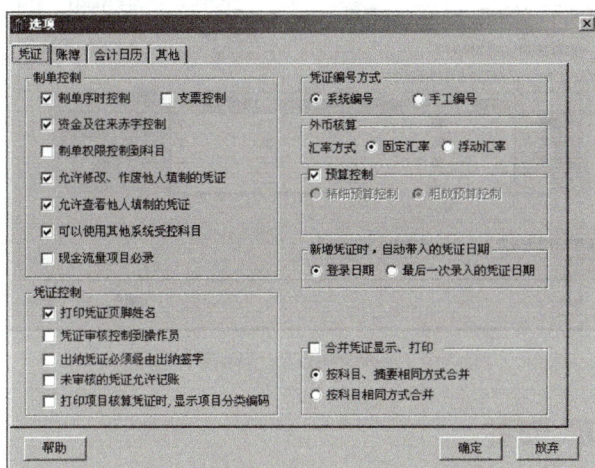

图3-1 总账选项——"凭证"页签

二、"账簿"页签

1．打印位数宽度

定义正式账簿打印时各栏目的宽度，包括摘要、金额、外币、数量、汇率、单价等。

2．明细账（日记账、多栏账）打印输出方式

打印正式明细账、日记账或多栏账时，其输出方式可设定为按年排页还是按月排页。

3．正式账每页打印行数

可对明细账、日记账、多栏账的每页打印行数进行设置。双击表格或按空格键对行数直接修改即可。

4．凭证打印行数

可对凭证打印时每页的行数进行设置，系统默认凭证的打印行数为五行。

5．凭证、账簿套打

打印凭证、正式账簿时是否使用套打纸进行打印。套打纸是指畅捷通软件有限公司为财务专门印制的各种凭证、账簿的标准表纸。选择套打印时，系统只将凭证、账簿的数

据内容打印到相应的套打纸上，而不打印表格线。

6. 明细账查询权限控制到科目

在实际工作中，有时需要对查询和打印权限进一步细化，如只允许某操作员查询或打印某科目的明细账，而不能查询或打印其他科目的明细账。在这种情况下，只需选择此项即可。具体权限设置可在"总账"→"设置"→"明细权限"中完成。

"账簿"页签的各项目，如图3-2所示。

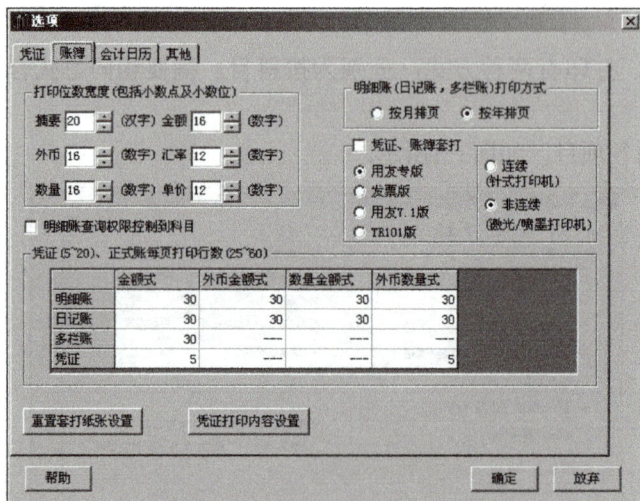

图3-2 总账选项——"账簿"页签

三、"会计日历"页签

通过此功能可查看账套的启用会计年度和启用日期以及各会计期间的起始日期和结束日期，但不进行修改。

四、"其他"页签

1. 账套信息

通过此功能可以查看企业有关建立账套时的信息，其中包括只能查看的信息（账套名称、单位名称、账套路径、行业性质、科目级长、本位币）及可以修改的信息（数量小数位、单价小数位、本位币精度）。

2. 部门、个人、项目排序方式

在查询或参照部门、个人、项目目录时，用户可根据自己的实际需要进行选择是按编码排序还是按名称排序。

教师演示

1. 打开总账选项

在"总账系统"主界面，单击"总账"→"设置"→"选项"即可打开总账选项设置功能。

2．总账选项内容

总账选项包含四部分内容，可通过鼠标单击各页签进行窗口切换。

（1）单击"凭证"页签，可查看及修改有关凭证的选项。

（2）单击"账簿"页签，可查看及修改有关账簿的选项。

（3）单击"会计日历"页签，可查看各会计期间的起始日期与结束日期以及启用会计年度和启用日期，如图3-3所示。

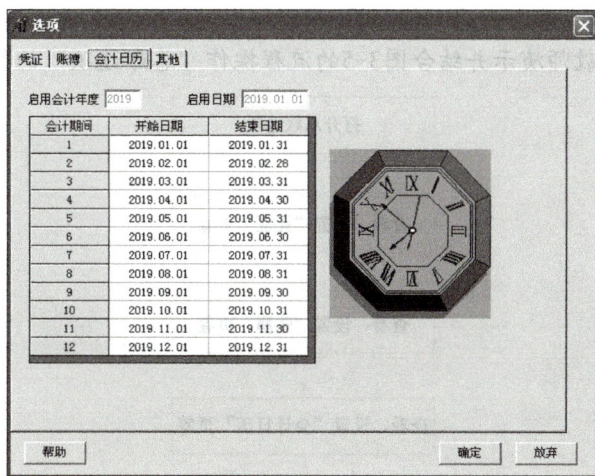

图3-3　总账选项——"会计日历"页签

（4）单击"其他"页签，可对系统的其他选项进行修改，如图3-4所示。

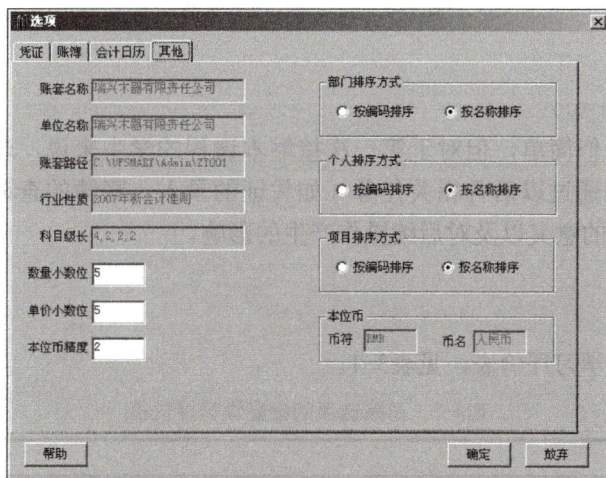

图3-4　总账选项——"其他"页签

提示

- 此处仅能查看会计日历的信息，如需修改，则需要到系统管理中进行设置。
- 总账系统的启用日期不能在系统的启用日期之前。
- 已录入汇率后不能修改总账启用日期。
- 总账中已录入期初余额，则不能修改总账启用日期。

- 总账中已制单的月份不能修改总账的启用日期，其他系统中已制单的月份不能修改总账的启用日期。
- 上年结账后下一年进入系统，不能修改总账的启用日期。
- 账套名称、单位名称、行业性质、会计主管等账套信息在此处只能查看，若要修改，可到系统管理中进行修改。

学生动手

请同学们参照教师演示并结合图3-5的流程操作"总账选项"的具体设置。

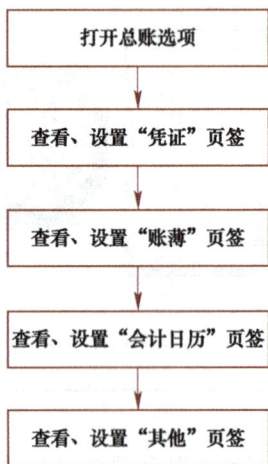

```
┌──────────────────┐
│   打开总账选项      │
└──────────────────┘
         │
         ▼
┌──────────────────┐
│ 查看、设置"凭证"页签 │
└──────────────────┘
         │
         ▼
┌──────────────────┐
│ 查看、设置"账薄"页签 │
└──────────────────┘
         │
         ▼
┌──────────────────┐
│查看、设置"会计日历"页签│
└──────────────────┘
         │
         ▼
┌──────────────────┐
│ 查看、设置"其他"页签 │
└──────────────────┘
```

图3-5 总账选项操作流程

举一反三

本任务的操作看似简单，但对于第一次接触本课程的学生来说，理解起来还是有一定难度的，需要同学们通过以后各相关任务（如凭证的录入、账簿的查询等）的学习，来充分理解总账选项设置的意义以及对后续操作产生的影响。

学习评价

总账选项的设置学习评价表，见表3-1。

表3-1 总账选项的设置学习评价表

被考评人					
考评地点					
考评内容	能熟练打开总账选项，了解选项的各功能，能熟练进行选项的设置				
考评标准	内　　容	分值/分	自我评价/分	小组评议/分	实际得分/分
	熟悉总账选项各页签的内容	40			
	能根据企业的实际情况对各页签进行熟练设置	60			
	合　　计	100			

注：1. 实际得分=自我评价40%+小组评议60%。

2. 考评满分为100分，60～74`分为及格，75～84分为良好，85分（包括85分）以上为优秀。

任务二　期初余额的录入方法

任务描述

事先手工整理好各账户的期初余额数据，准确地将各个账户相关的金额、数量、外币及辅助核算内容录入到"畅捷通T3-企业管理信息化软件教育专版营改增版"中，从而为电算化处理打下基础。

任务目标

能熟练、准确地录入各账户的期初余额，熟练掌握有数量核算、外币核算及辅助核算科目期初余额的录入方法，录入完毕期初余额后能够试算平衡。

学时安排

2个学时（含教师演示及学生上机练习）。

情景导入

瑞兴木器有限责任公司是一家生产加工家具的企业，2019年以前一直是手工会计处理，经过前期的一系列准备工作，公司财务人员陈亚楠已经将2019年1月手工账期初余额整理完毕。接下来，我们一起来看看小陈是怎样把手工账的期初余额录入到已经建好的公司账套中去的。

知识储备

提示

○ 当有外币或数量核算时，先输入人民币金额再输入外币或数量。

○ 删除时，应先删除外币或数量后再删除人民币金额。

期初余额是连接手工账和电算化账的桥梁，在启动会计信息化的同时，必须把经过整理的手工会计科目的期初余额输入到账套中才能完成后续的会计信息化操作。期初余额的录入分为两种情况：一是年初建账，此时直接输入各账户年初余额即可；二是年中建账，需录入启用账套月份的期初余额以及年初至启用账套月份前一月的借、贷方累计发生额，系统将自动计算年初余额。

如果系统中已有上年的数据，在使用"结转上年余额"功能后，上年各账户余额将自动结转到本年。一般情况下，资产、成本类科目余额在借方，负债、所有者权益类科目余额在贷方。期初余额录入完毕后，要进行对账以及试算平衡验证。

（1）年初启用总账时，只需录入最末级科目的余额和累计发生数，上级科目的余额和累计发生数由系统自动计算；若系统为年中启用，则需录入末级科目的期初余额及累计借、累计贷发生额，系统将自动计算出来年初余额。红字余额用负数表示。

（2）对于已经设置了辅助核算的科目，如个人往来、部门核算、客户往来、供应商往来及项目核算等，在录入期初余额时不能直接输入期初数据，而是通过补充辅助项资料来完成期初余额的录入。

（3）调整余额方向：一般情况下，软件默认资产类科目的余额方向为借方，负债及所有者权益科目的余额方向为贷方。当用户需要调整科目的余额方向时，可通过此功能完成。调整余额方向后，总账科目与其下级明细科目的方向必须一致。余额的方向应以科目属性或类型为准，不以当前余额方向为准。

（4）期初余额录入完毕后，应进行试算平衡，即"资产+共同+成本=负债+权益+损益"。如果期初余额试算不平衡，可以填制凭证，但不能将凭证记账；已经记过账之后，期初余额只能浏览查询，不能再进行录入、修改。

（5）对账：在录入期初数据时，经常会发生总账与辅助总账、总账与明细账数据错误，为了及时做到账账核对，尽快修正错误的账务数据，企业应该进行期初对账。期初对账由操作员向计算机发出指令后，计算机自动完成。

（6）清零功能：当某科目的下级科目的期初数据互相抵销使本科目的期初余额为零时，清除该科目的所有下级科目的期初数据。此功能只能在没有已记账凭证时使用。

教师演示

1．打开"期初余额录入"对话框

在"总账系统"主界面，单击"总账"→"设置"→"期初余额"即可打开如图3-6所示的"期初余额录入"对话框。

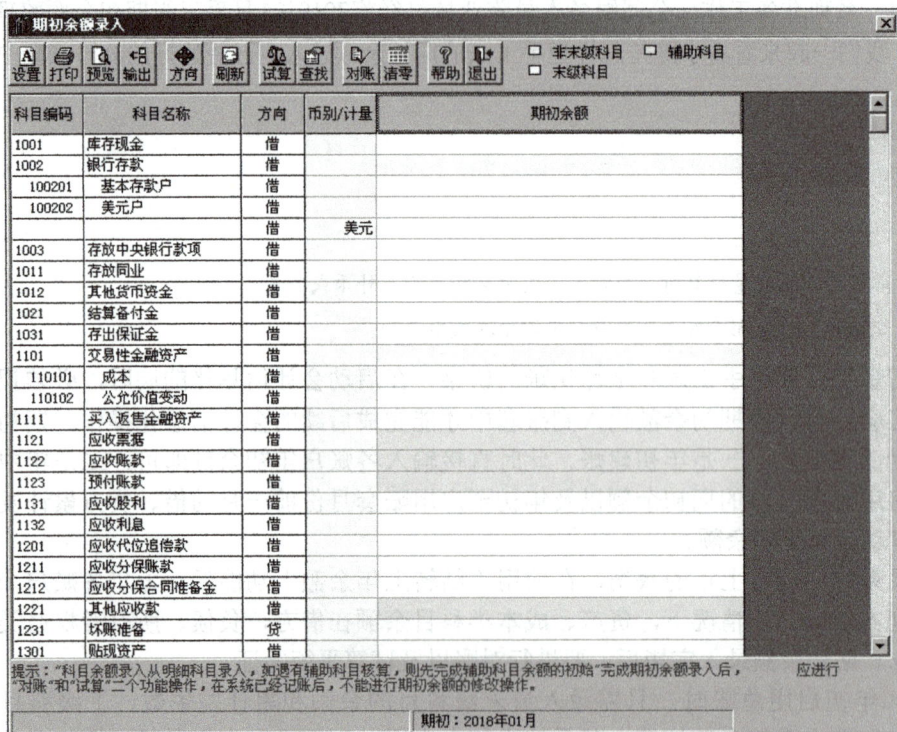

图3-6 "期初余额录入"对话框

提示

○　如辅助核算内容输入完毕后，不小心单击了"增加"按钮而不能退出时，可单击键盘上的"Esc"键完成退出。此方法适用于在其他地方出现类似情况的操作。

2．期初余额的录入

"期初余额录入"对话框呈现三种不同的颜色。

（1）白色：可以直接输入或直接修改期初余额。白色区域的科目没有设置辅助核算，也没有下级明细科目，可以在此直接输入或修改数据。如果一个科目设置了数量核算或外币核算，那么除了录入金额外，还需要录入数量和外币数据。

（2）黄色：表示有下级明细科目，通过下级明细科目自动汇总产生数据，不需录入。

（3）蓝色：表示有辅助核算的科目，当光标在蓝色区域移动时，会自动提示辅助核算的内容，需要双击鼠标进入辅助核算录入对话框来完成期初余额的录入。蓝色区域的辅助核算包括客户往来、供应商往来、个人往来、部门核算、项目核算。下面分别介绍这些辅助核算项目期初余额的录入方法。

1）客户往来。如果在会计科目设置时，设置了客户往来辅助核算，则双击鼠标进入"客户往来期初"对话框，通过"增加"按钮来完成辅助信息的录入，如图3-7所示。

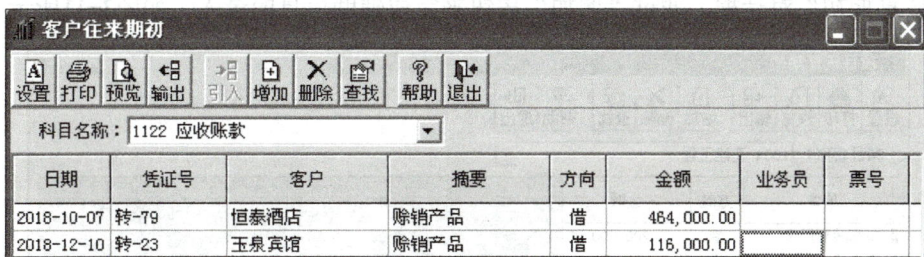

科目名称：1122 应收账款

日期	凭证号	客户	摘要	方向	金额	业务员	票号
2018-10-07	转-79	恒泰酒店	赊销产品	借	464,000.00		
2018-12-10	转-23	玉泉宾馆	赊销产品	借	116,000.00		

图3-7　"客户往来期初"录入对话框

2）供应商往来。如果在会计科目设置时，设置了供应商往来辅助核算，则双击鼠标进入"供应商往来期初"对话框，通过"增加"按钮来完成辅助信息的录入，如图3-8所示。

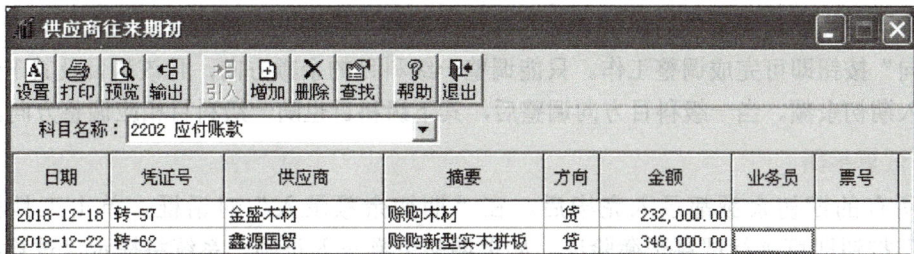

科目名称：2202 应付账款

日期	凭证号	供应商	摘要	方向	金额	业务员	票号
2018-12-18	转-57	金盛木材	赊购木材	贷	232,000.00		
2018-12-22	转-62	鑫源国贸	赊购新型实木拼板	贷	348,000.00		

图3-8　"供应商往来期初"录入对话框

3）个人往来。如果在会计科目设置时，设置了个人往来辅助核算，则双击鼠标进入"个人往来期初"录入对话框，通过"增加"按钮来完成辅助信息的录入，如图3-9所示。

4）部门核算。如果在会计科目设置时，设置了部门核算辅助核算，则双击鼠标进入

"部门核算期初"对话框，通过"增加"按钮来完成辅助信息的录入，如图3-10所示。

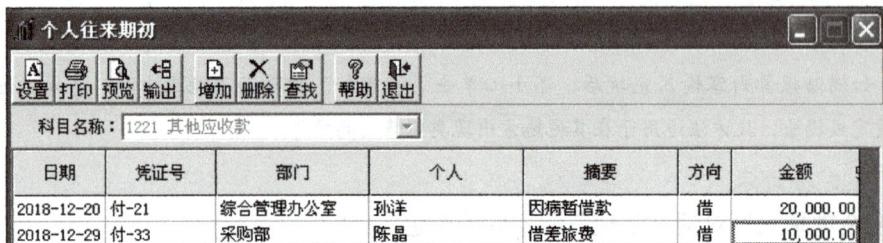

图3-9 "个人往来期初"录入对话框

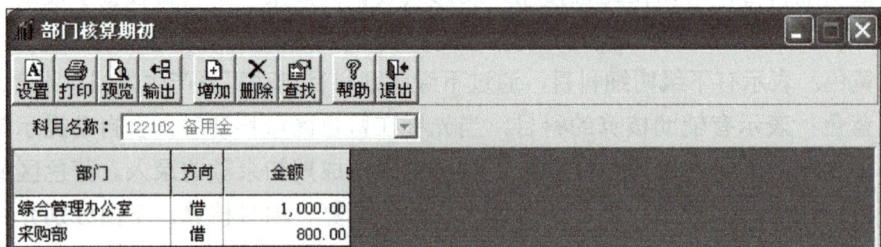

图3-10 "部门核算期初"录入对话框

5）项目核算。如果在会计科目设置时，设置了项目核算辅助核算，则双击鼠标进入"项目核算期初"对话框，通过"增加"按钮来完成辅助信息的录入，如图3-11所示。

图3-11 "项目核算期初"录入对话框

3．调整科目余额方向

如果用户需要对所输入的科目余额方向进行调整，只需在"期初余额录入"对话框，单击"方向"按钮即可完成调整工作。只能调整一级科目的余额方向，且该科目及其下级科目尚未录入期初余额。当一级科目方向调整后，其下级科目也随一级科目相应调整方向。

4．试算平衡

当所有的期初余额都录入完毕后，在"期初余额录入"对话框，单击工具栏上的"试算"按钮即可进行试算平衡验证。如果期初余额录入正确，系统将提示"试算结果平衡"，如图3-12所示。如果系统提示"试算结果不平衡"，则应返回"期初余额录入"对话框进行查错修改，直到试算结果平衡。

5．对账

对账包括总账上下级、明细账与总账之间对账，总账与辅助账之间对账。单击"对账"按钮，在弹出的对话框中单击"开始"按钮，对当前期初余额进行对账，如图3-13所示。如果对账后发现有错误，可单击"显示对账错误"按钮，系统将把对账中发现的问题列示出来。

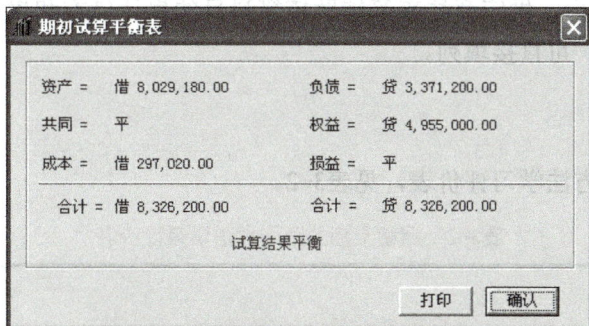

图3-12　"期初试算平衡表"对话框

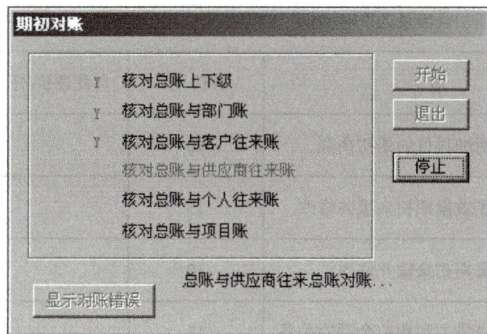

图3-13　"期初对账"对话框

学生动手

请同学们参照教师演示并结合图3-14进行期初余额的录入。

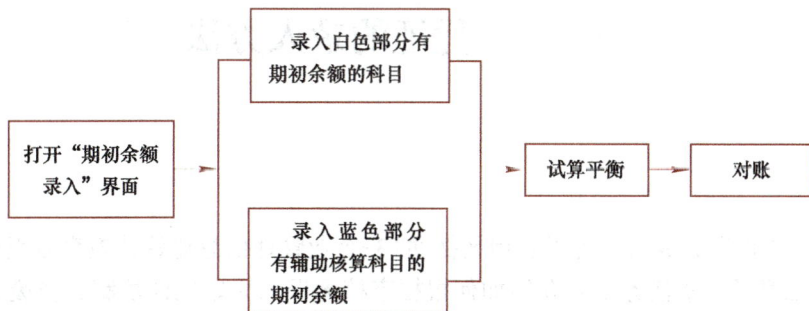

图3-14　期初余额录入流程

举一反三

请同学们在教师的指导下练习年中建账的账套期初余额的录入，并体会与年初建账期初余额录入的不同。

（1）如果是年中建账，在录入期初余额时，应分别录入累计借方、累计贷方发生额及期初余额。录入后，系统自动计算年初余额。

（2）在录入有客户、供应商往来等辅助核算科目的累计借方和累计贷方发生额时，不用通过补充资料录入，可直接填列。

学习评价

期初余额的录入方法学习评价表，见表3-2。

表3-2　期初余额的录入方法学习评价表

被考评人					
考评地点					
考评内容	能熟练地打开"期初余额录入"对话框，能熟练地录入各种期初余额并进行试算平衡、对账				
考评标准	内　容	分值/分	自我评价/分	小组评议/分	实际得分/分
	能准确录入末级明细科目的期初余额	40			
	能熟练录入外币和数量期初余额并修改	15			
	能熟练录入辅助账期初余额并修改	30			
	理解年初、累计借贷方和期初余额的关系	15			
合　计		100			

注：1. 实际得分=自我评价40%+小组评议60%。

2. 考评满分为100分，60~74分为及格，75~84分为良好，85分（包括85分）以上为优秀。

任务三　凭证的录入方法

任务描述

总账初始化设置完成后就可以利用畅捷通T3-企业管理信息化软件教育专版营改增版进行日常业务处理了。本任务主要介绍如何根据审核无误的原始凭证填制、作废、删除记账凭证以及生成与调用常用凭证。

任务目标

能够熟练地区分凭证类别；能准确地填制各类凭证；能熟练地操作凭证的作废与删除功能；能熟练地生成与调用常用凭证。

学时安排

6个学时（含教师演示及学生上机练习）。

情景导入

瑞兴木器有限责任公司小陈已经将手工账上的期初余额正确无误地录入到公司的账套中。于是，他开始进行会计日常账务处理的重要环节——凭证的录入。下面，我们一起来看小陈是怎样完成凭证录入工作的。

知识储备

日常业务处理是从填制记账凭证开始的。记账凭证是会计信息系统处理的起点，也是会计数据最主要的来源。在实行会计电算化后，账簿的准确与完整完全依赖于记账凭证，因而确保记账凭证录入的准确完整是非常必要的。在实际工作中，用户可直接在计算机上根据审核无误的原始凭证（报销单据）填制记账凭证。

一、凭证的填制

记账凭证一般包括两部分：一是凭证头部分，包括凭证类别、凭证编号、凭证日期和附单据数等；二是凭证正文部分，包括摘要、科目、借贷方向和金额等。通常情况下，在输入凭证时从凭证类别开始，通过回车键进行切换，依次进行录入，如果输入的会计科目有辅助核算要求，则在回车操作后自动弹出要求输入辅助核算内容的对话框，所输入的辅助核算内容显示在凭证的备注栏内。凭证录入完毕后，按保存键对凭证进行保存。

1. 凭证类别与凭证编号

凭证类别为初始设置时已定义的名称，可以通过"参照"按钮进行选择；凭证编号一般默认为自动编号，计算机自动按类别、按月分别连续进行编号，如果在选项中设置为手工编号，则需要手动输入凭证编号。

2. 凭证日期

系统自动显示登录日期为凭证的填制日期，用户可根据需要进行修改。

3. 附单据数

附单据数是指凭证所附原始单据的张数，直接输入数字即可，也可省略按回车键直接跳过。

4. 摘要

摘要是指分录的业务说明。输入摘要时要求简洁明了，摘要项不能为空，凭证中各行的摘要可以相同也可以不同。在录入过程中，按"Enter"键，系统将上一行摘要自动复制到下一分录行。

5. 科目名称

填制凭证时，用户录入的科目名称必须是末级科目的名称。用户可以直接输入中文科目名称，也可以输入科目编码、英文科目名称或助记码，还可以使用参照功能。如果用户输入了科目编码、英文科目名称或助记码，系统会自动将其转化成中文科目名称。

6. 辅助信息

在输入凭证分录过程中，当系统检测到当前科目带有辅助核算标记时，就会自动弹出辅助信息对话框，要求用户输入相应的辅助信息。

（1）结算方式：当录入银行存款科目时，系统会自动提示用户输入"结算方式""票号"及"发生日期"。其中，结算方式是指在初始设置中所设置的结算方式内容，可以直接输入结算方式编码，也可以单击查询按钮或按"F2"键参照输入；票号是指结算号或支票号；发生日期是指该笔业务发生的日期。

（2）个人往来：个人往来一般是指企业与企业内部职员之间发生的经济往来业务，当录入个人往来核算科目时，系统会自动提示用户输入"部门""个人"等信息，可以直接输入代码或名称，也可以单击查询按钮或按"F2"键参照输入。

（3）客户往来：当录入客户往来核算科目时，系统会自动提示用户输入"客户""业务员"及"票号"等信息。"客户"项可输入代码或名称，也可单击查询按钮或按"F2"键参照输入；"业务员"项可输入该笔业务的销售人员；"票号"项可输入往来业务的单据号。其中，"业务员"项和"票号"项可以省略。

（4）供应商往来：当录入供应商往来核算科目时，系统会自动提示用户输入"供应商""业务员""票号"等信息。"供应商"项可输入代码或名称，也可单击查询按钮或按"F2"键参照输入；"业务员"项可输入该笔业务的采购人员；"票号"项可输入往来业务的单据号。其中，"业务员"项和"票号"项可以省略。

（5）部门核算：当录入部门核算科目时，系统会自动提示用户输入"部门"信息。"部门"项可输入代码或名称，也可单击查询按钮或按"F2"键参照输入。

（6）项目核算：当录入项目核算科目时，系统会自动提示用户输入"项目"信息。"项目"项可输入代码或名称，也可单击查询按钮或按"F2"键参照输入。

（7）数量核算：当录入数量核算科目时，系统会自动提示用户输入"数量""单价"信息。系统根据数量乘以单价自动计算出金额，并将金额显示在借方，如果方向不符，可按空格键调整金额方向。

（8）外币核算：当录入外币核算科目时，系统自动将凭证格式改为外币格式，并根据外币金额及汇率自动计算出金额。如果系统有其他辅助核算，则需先输入其他辅助核算后再输入外币信息。

7. 金额

金额即该笔业务的借方或贷方本币发生额。金额不能为零。红字金额以负数形式输入，如果输入的方向不符，可通过空格键调整方向。若当前分录的金额为其他所有分录的借贷方差额，则在金额处按"="键即可。

提示

○ 在凭证的填制过程中，如发现某一张凭证漏掉，可以利用"制单"菜单下的"插入"功能进行添加。

○ 如果在"选项"中设置了"制单权限控制到科目"项，则在制单时不能使用无权限的科目进行制单。

○　在录入辅助信息时，名称必须前后一致。

○　项目核算的科目必须在项目定义中设置相应的项目大类，才能在制单时使用。

○　制单序时控制时，应按时间顺序填制凭证，凭证日期不能倒流。

二、常用摘要与常用凭证的使用

1. 常用摘要

在凭证的录入过程中，常常遇到业务内容相同或相似的核算业务，对于这些经常重复出现的常用摘要，如"销售产品""报销费用"等，可预先定义好这些常用摘要，再在凭证录入时的摘要处通过参照直接调用，这样可加快凭证的录入速度。

2. 常用凭证的生成与调用

在凭证的录入过程中，对于一些经常重复出现的凭证，可作为常用凭证进行保存及调用。

（1）常用凭证的生成。当用户认为某张凭证应作为常用凭证保存时，在凭证录入完成后，可通过"编辑"菜单下的"生成常用凭证"制作常用凭证，系统将提示用户给该张凭证确定一个代号和说明，然后该张凭证即被存入常用凭证库中，以后可按所存代号调用这张常用凭证。

（2）调用常用凭证。在填制凭证时，对于内容与常用凭证相同或相似的核算业务，可通过"编辑"菜单下的"调用常用凭证"来进行调用。系统将提示用户输入常用凭证的编号，可通过"参照"按钮来选择常用凭证的编号，确定后即可将常用凭证调出。若调出的常用凭证与当时的业务有部分出入或缺少部分信息，可直接将其修改成所需的凭证后进行保存。

三、凭证的作废与删除

1. 凭证的作废/恢复

在日常业务处理中，某张凭证若需要作废时，可在填制凭证中用鼠标单击"制单"菜单下的"作废/恢复"命令，凭证左上角显示"作废"字样，表示已将该凭证作废。作废凭证仍保留凭证内容及凭证编号。作废凭证不能修改，不能审核。记账时，作废凭证和其他凭证一起记账，但系统不对作废凭证做数据处理。在账簿查询时，也查不到作废凭证的数据。

若当前凭证已作废，用鼠标单击"制单"菜单下的"作废/恢复"命令，可取消作废标志，并将当前凭证恢复为有效凭证。

2. 删除凭证

有些作废凭证不想保留，可以通过凭证整理功能将这些凭证从系统数据库中彻底删除，并对未记账凭证重新编号。

若本月已有凭证记账，那么，本月最后一张已记账凭证之前的凭证将不能作凭证整理，只能对其后面的未记账凭证作凭证整理。

> **教师演示**

一、填制凭证

1. 打开填制凭证界面

在"总账系统"界面，单击"填制凭证"，进入"填制凭证"对话框，单击"增加"

微课3
填制凭证

按钮，如图3-15所示。

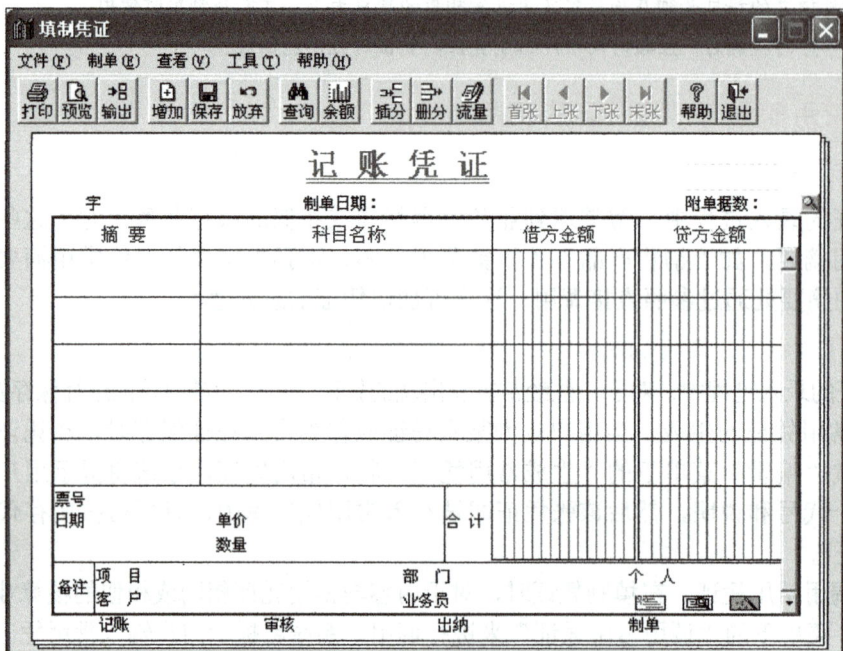

图3-15　"填制凭证"对话框一

2．输入凭证的信息

当单击"增加"按钮后，光标定位在凭证字处，用户可在此处开始录入新的凭证，凭证各项目通过回车键进行切换。下面通过几笔经济业务的处理来演示凭证信息输入的具体操作。

（1）录入凭证的基本信息。

【例3-1】2019年1月1日，瑞兴木器责任有限公司收回恒泰酒店30 000元货款，存入银行，结算方式为电汇1135号，附单据2张，如图3-16所示。

1）选择凭证类别：根据经济业务内容选择凭证类别，本例中选择"收"字。

2）输入制单日期：根据经济业务日期来修改凭证的日期，可以直接修改，也可以单击日期旁的"参照"按钮来参照输入日期。

3）输入附单据数：原始凭证的张数。

4）输入摘要：对经济业务的简要描述。可以直接输入，也可以选择提前设置好的常用摘要。

5）输入会计科目：会计科目通过科目编码或科目助记码输入，也可输入科目名称或参照录入。科目编码必须是末级科目的编码。输入后系统会自动显示科目的名称。

6）输入金额：直接通过键盘输入即可，金额不能为"零"，红字以负号"－"表示，如果所输入的金额方向出错，可按空格键切换，当输入最后一条分录金额时可按"＝"键完成。

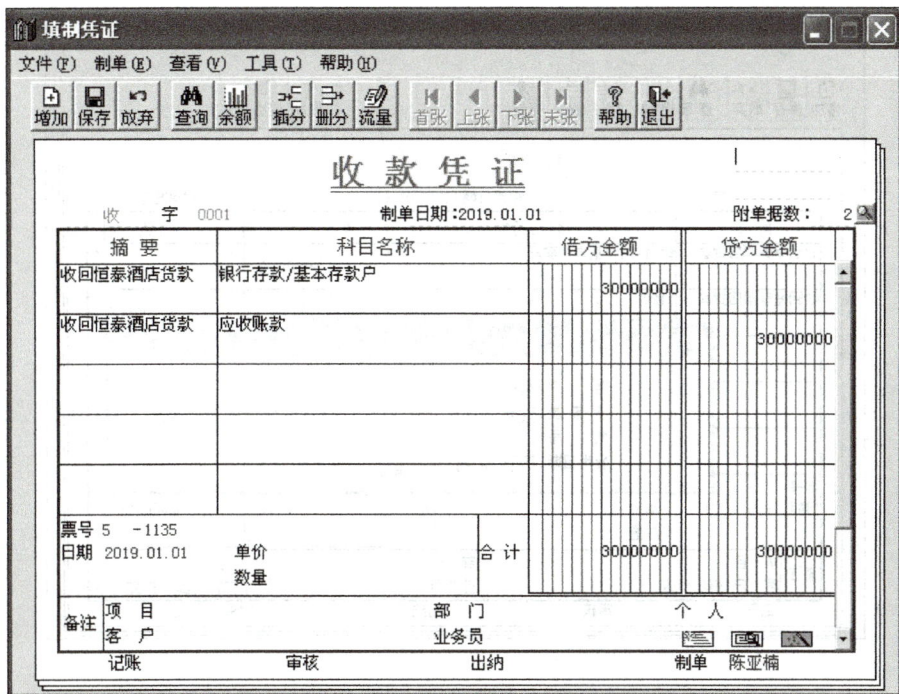

图3-16 "填制凭证"对话框二

（2）输入辅助核算信息——结算方式辅助项。当输入银行存款科目时，系统自动提示用户输入相应的辅助项。如本例中，当用户输入100201（银行存款/基本存款户）科目时，系统自动弹出如图3-17所示对话框，"结算方式"可通过查询按钮进行参照输入，"票号"需用户直接输入，"发生日期"系统默认为当前经济业务发生日期。输入完毕后单击"确认"按钮返回凭证录入界面。

图3-17 结算方式"辅助项"对话框

（3）输入辅助核算信息——客户、供应商往来辅助项。当输入的科目设置了客户往来、供应商往来辅助核算时，系统会自动提示用户输入对应的单位代码和业务员姓名。

在本例中，当用户输入1122（应收账款）科目时，由于该科目设置了客户往来辅助核算，则系统自动弹出如图3-18所示对话框，提示用户输入客户往来辅助项。

（4）输入辅助核算信息——部门辅助项。当所输入的科目已经设置了部门辅助核算时，系统自动提示用户输入相应的部门信息。输入部门名称有三种方法：一是直接输入部门名称；二是输入部门代码；三是参照输入。不管采用哪种方法，所输入的部门信息必须与预先定义好的部门编码及名称一致，否则系统会发出警告。

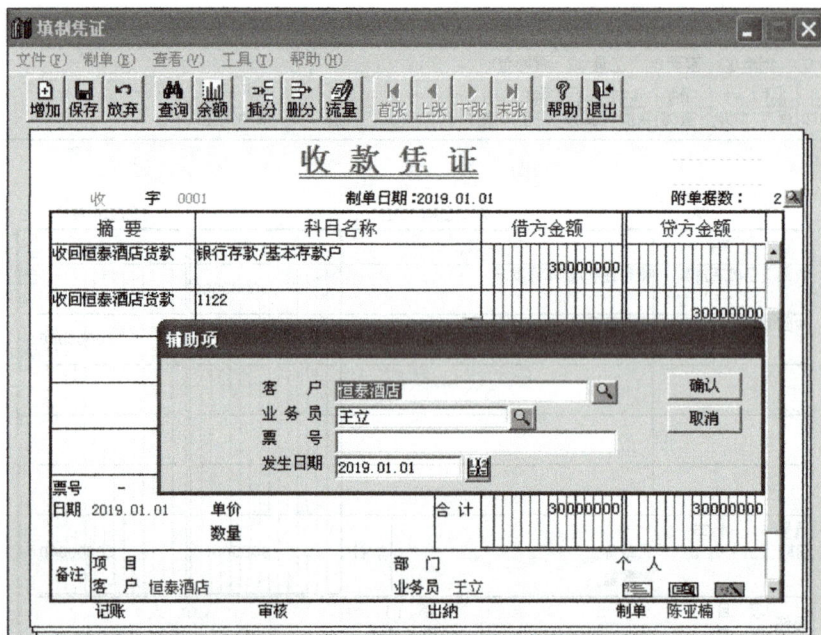

图3-18　客户往来辅助项

【例3-2】2019年1月6日，采购部陈晶出差归来，报销差旅费10 000元（出差前向财务部门预借），附单据1张。

由于"管理费用/办公费"科目设置了部门核算，所以当输入该科目时，系统会自动弹出如图3-19所示对话框，提示用户输入部门辅助项，单击形似放大镜的"参照"按钮可选择部门。

图3-19　部门"辅助项"对话框

（5）输入辅助核算信息——个人往来辅助项。当输入的科目已经设置了个人往来辅助信息时，系统会自动提示用户输入对应的部门和往来个人。在录入个人信息时，若不输入"部门"名称只输入"个人"名称，系统将根据所输入的个人名称自动输入其所属部门。在本例中，当用户输入贷方科目"其他应收款"时，由于该科目设置了个人往来，则系统会自动弹出如图3-20所示对话框。请根据【例3-2】要求输入个人往来辅助项。

图3-20　个人往来"辅助项"对话框

（6）输入辅助核算信息——数量金额辅助项。当输入设置了数量核算辅助信息的科目时，系统会自动提示用户输入有关数量、单价信息。输入后，系统根据数量、单价自动计算出金额，并将金额放在借方，如果方向不符，可按空格键调整金额方向。若不输入数量核算信息，仍可继续操作，不显示出错警告，但可能导致数量辅助账的对账不平。

【例3-3】2019年1月13日，配料车间领用原木10方（单价为10 000元/方）用于生产欧式木床。

当输入"原材料/主要材料/原木"科目时，由于该科目设置了数量辅助核算，则系统自动弹出如图3-21所示对话框，提示用户输入有关数量、单价信息。输入完毕后，金额自动显示在凭证的借方，用户可按空格键切换金额方向。

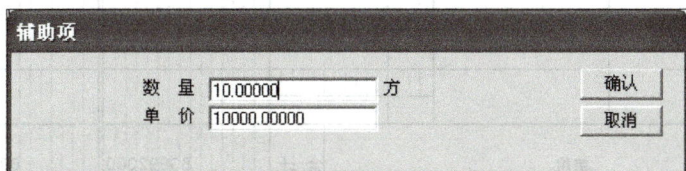

图3-21 数量"辅助项"对话框

（7）输入辅助核算信息——项目名称辅助项。当输入的科目设置了项目核算辅助信息时，系统将自动提示用户输入项目核算信息。当用户输入"生产成本/直接材料"科目时，由于该科目设置了项目核算，则系统会自动弹出如图3-22所示对话框，提示用户输入项目名称辅助项。

图3-22 项目名称录入"辅助项"对话框

（8）输入辅助核算信息——外币核算辅助项。当输入的科目设置了外币核算辅助信息时，系统会自动将凭证格式切换为外币金额式，提示用户输入外币金额及汇率，系统将自动计算出金额，填入凭证的借方金额栏内。如果输入的科目除外币核算外还有其他辅助信息，则系统会提示先输入其他辅助信息后再输入外币信息。

【例3-4】2019年1月19日，收到某公司10 000美元外币作为投资，款项存入银行，结算方式为电汇2136号，附单据1张。

当用户输入设置了外币核算的"银行存款/美元户"科目时，由于该科目为银行存款科目，则系统会自动弹出对话框，提示用户输入有关结算方式信息。而后，系统会自动弹出如图3-23所示对话框，提示用户输入外币及汇率，系统会自动计算出金额，填入借方金额栏。

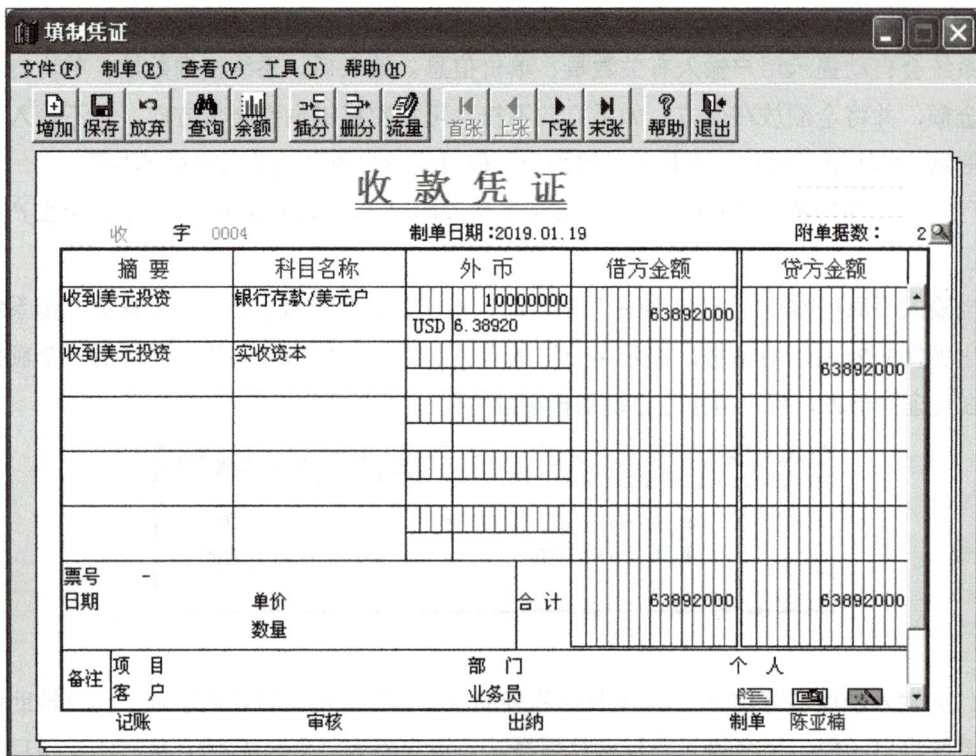

图3-23 外币核算时的"填制凭证"对话框

二、常用摘要与常用凭证的使用

1. 常用摘要的设置与使用

（1）常用摘要的设置。在畅捷通T3-企业管理信息化软件教育专版营改增版对话框中，单击"总账"→"凭证"→"常用摘要"即可打开如图3-24所示的"常用摘要"对话框。

图3-24 "常用摘要"对话框

用户可通过"增加"按钮来进行常用摘要的设置，例如，将销售商品设置为常用摘要，编码为001，如图3-25所示。

图3-25 设置"常用摘要"对话框

提示

○　当调用常用凭证时，在"填制凭证"界面不要单击"增加"按钮，否则将不能调用常用凭证。

（2）常用摘要的使用。当用户在填制凭证时，如要使用常用摘要，只需直接输入常用摘要的编码或通过参照选择所需的摘要后单击"选入"按钮即可。

2．常用凭证的生成与调用

（1）常用凭证的分类。为了便于对常用凭证的管理，系统中提供了对常用凭证的分类功能。单击系统主菜单中"凭证"下的"常用凭证"，即进入"常用凭证"对话框，如图3-26所示，左侧显示的即为常用凭证分类，在此对话框，可以对常用凭证分类进行增加、删除和修改的操作。

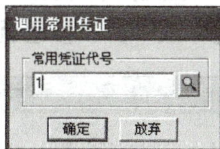

图3-26　"常用凭证"对话框

（2）常用凭证的生成。在填制凭证的过程中，可以将凭证保存为常用凭证方便今后使用。单击"制单"菜单下的"生成常用凭证"即弹出如图3-27所示的对话框，然后输入常用凭证的代码及说明，单击"确认"按钮即可生成常用凭证。

（3）常用凭证的调用。在凭证的输入过程中，如需调用已生成的常用凭证，可在"总账系统"对话框中单击"填制凭证"按钮，打开"填制凭证"对话框，然后单击"制单"菜单下的"调用常用凭证"或在键盘上按"F4"键，即可打开"调用常用凭证"对话框，如图3-28所示。常用凭证的代号可直接输入，也可通过"参照"按钮输入，确定后即可调用出常用凭证，然后将常用凭证按照业务的需要进行修改并保存即可完成凭证的输入。

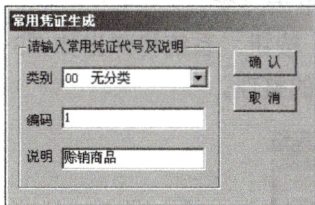

图3-27　"常用凭证生成"对话框　　图3-28　"调用常用凭证"对话框

三、凭证的作废与整理

1．凭证的作废

当某张凭证需要作废时，首先在"填制凭证"对话框找到所要作废的凭证，单击"制单"菜单下的"作废/恢复"命令，即可将该凭证进行作废，作废后的凭证左上角有红色的"作废"字样，如图3-29所示。若想取消"作废"标记，重复上面的操作即可。

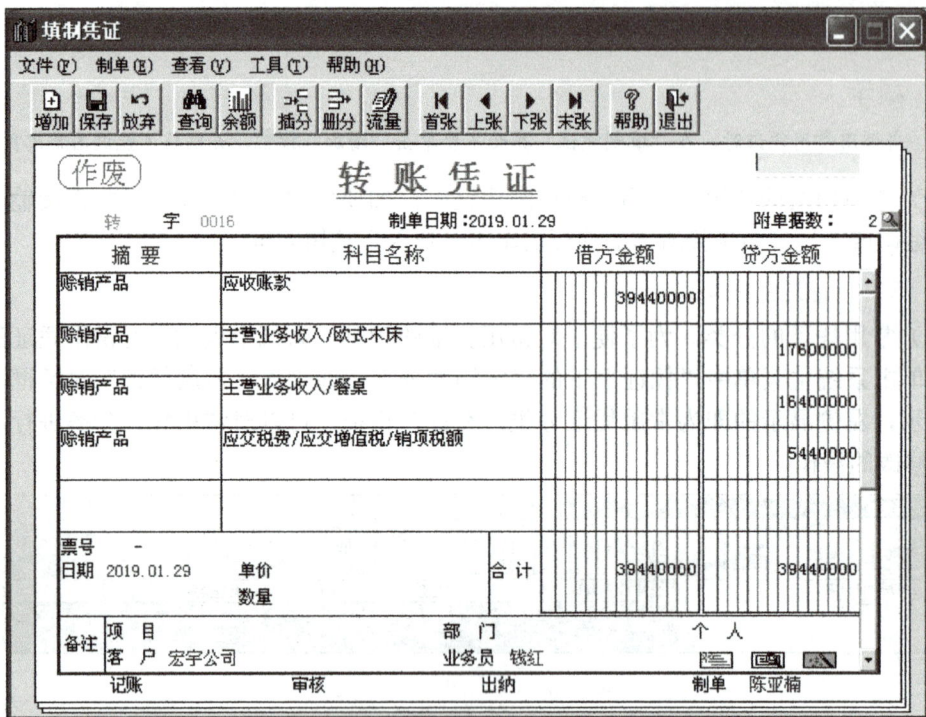

图3-29　在"填制凭证"对话框中作废凭证

2. 凭证的整理

对于已经有"作废"标记的凭证，若想彻底删除，需要通过凭证的整理操作来完成。具体操作：在"填制凭证"对话框，单击"制单"下的"整理凭证"命令，即可弹出如图3-30所示对话框。选择凭证整理的期间后单击"确定"按钮，将弹出如图3-31所示的"作废凭证表"对话框。在"删除？"栏中双击鼠标或单击"全选"按钮即可选择要删除的凭证，单击"确定"按钮，系统将弹出如图3-32所示对话框，根据需要单击"是"或"否"按钮就完成了凭证的整理。

图3-30　选择凭证整理期间的对话框

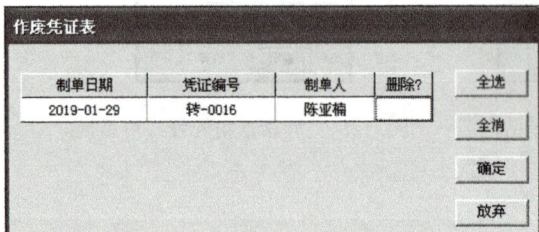

图3-31　"作废凭证表"对话框

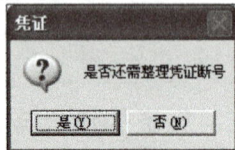

图3-32　关于整理凭证断号的对话框

学生动手

请同学们根据教师演示并结合图3-33所示流程来完成凭证录入任务的练习。

```
┌─────────────────────────────────┐
│ 练习凭证类别、日期、附单据数、摘要、科 │
│ 目、金额等凭证基本信息录入           │
└─────────────────────────────────┘
              │
              ▼
┌─────────────────────────────────┐
│ 练习结算方式、客户、供应商、部门、个 │
│ 人、项目、外币及数量等辅助信息录入   │
└─────────────────────────────────┘
              │
              ▼
┌─────────────────────────────────┐
│ 练习常用摘要的设置与使用             │
└─────────────────────────────────┘
              │
              ▼
┌─────────────────────────────────┐
│ 练习常用凭证的生成与调用             │
└─────────────────────────────────┘
              │
              ▼
┌─────────────────────────────────┐
│ 练习凭证的作废与整理                 │
└─────────────────────────────────┘
```

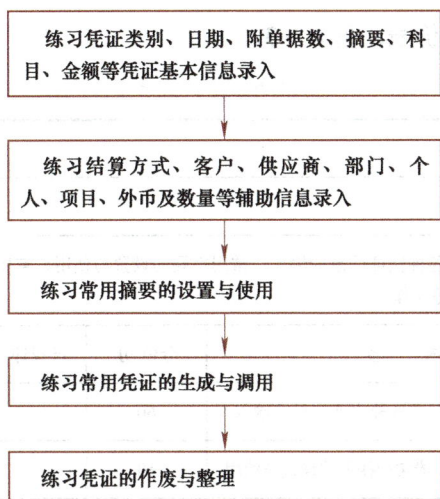

图3-33　凭证录入操作流程

答疑解惑：

为什么在填制凭证中，当单击"保存"按钮时总提示"不满足借方必有条件""不满足贷方必须条件""不满足借贷必无条件"？

解答： 当前凭证的凭证字同借贷科目不匹配，即当前凭证与凭证类别设置中设定的限制科目有冲突。出现这种情况主要有两种原因：一是当前凭证编错，如凭证字为"收"，借方科目是"应收账款"；二是凭证类别设置中的限制科目设置有误。

举一反三

凭证录入是日常账务处理中非常重要的一个环节，凭证数据是否正确直接影响账簿及报表的正确与否，同学们应加强此项练习。系统提供了一些错误检查措施，请同学们在教师的指导下总结归纳凭证录入时的常见检查措施。

提示

○　如果设置了凭证类别限制，则凭证类别不满足限制条件时，系统将给予提示，如收款凭证借方无库存现金或银行存款科目时，系统不能对凭证进行保存。

○　当输入不合法的凭证时期或采用凭证序时控制下输入不序时日期时，系统将给予提示。

○　当凭证中借贷双方有一方分录摘要为空时，系统将给予提示。

○　当输入的科目编码为非末级科目或不存在时，系统将给予提示。

○　当凭证的借贷金额不相等或为0时，系统将给予提示。

○　当凭证中有辅助核算的科目未输入辅助信息时，系统将给予提示。

○　当所输入科目的往来余额及现金、银行存款余额为赤字时，系统将给予提示。

学习评价

凭证的录入方法学习评价表，见表3-3。

表3-3 凭证的录入方法学习评价表

被考评人					
考评地点					
考评内容	能熟练地完成各种凭证信息的输入、常用摘要的设置与使用、常用凭证的生成与调用、凭证的作废/恢复及凭证的整理等操作				
考评标准	内　　容	分值/分	自我评价/分	小组评议/分	实际得分/分
	是否能熟练地完成各种凭证信息的输入	60			
	是否能熟练地完成常用摘要的设置与使用	10			
	是否能熟练地完成常用凭证的生成与调用	10			
	是否能熟练地完成凭证的作废/恢复与整理	20			
合　　计		100			

注：1. 实际得分=自我评价40%+小组评议60%。
　　2. 考评满分为100分，60～74分为及格，75～84分为良好，85分（包括85分）以上为优秀。

任务四　出纳签字和审核记账

任务描述

凭证录入完毕后，应由出纳人员对有关库存现金、银行存款科目的凭证进行复核签字；审核人员对所有凭证进行复核签章；记账人员对已审核的凭证进行登记以便进行后续的会计处理。本任务将为大家介绍如何完成凭证的出纳签字、审核记账操作。

任务目标

理解出纳签字、审核记账的含义，并能熟练进行操作。

学时安排

2个学时（含教师演示及学生上机练习）。

情景导入

瑞兴木器责任有限公司财务人员小陈已经完成了2019年1月份该公司的凭证录入工作，接下来，公司出纳员小韩将对有关出纳凭证进行正确性复核签字，审核记账员小李将对凭证的正确性进行复核签章、记账工作。下面我们一起来看看小韩和小李是如何进行操作的。

知识储备

按照财会制度的规定，在记账凭证填制完毕后，必须由审核人员对制单人所填制的记账凭证进行审核后才能登记入账。同时，对于涉及库存现金、银行存款科目的记账凭证应由出纳人员进行检查核对。经出纳签字、审核无误的凭证方可进行记账。

一、出纳签字

出纳签字可根据单位实际需要决定是否采用。需要时可在总账选项中设置"出纳凭证必须经由出纳签字"。

出纳凭证由于涉及企业现金的收入与支出，应加强对出纳凭证的管理。出纳人员可通过出纳签字功能对制单人填制的带有库存现金和银行存款科目的凭证进行检查核对，主要核对出纳凭证的出纳金额是否正确。审查认为错误或有异议的凭证，不应予以签字，应交由凭证的制单人修改后再进行核对签字。

二、审核

审核凭证是指具有审核权限的操作员按照会计制度规定，对制单人填制的记账凭证进行检查核对，经审查无误的凭证由审核人进行签章；经审查认为错误或有异议的凭证，应交由凭证制单人修改后再次进行审核。凭证的审核包含的内容有：

（1）记账凭证是否附有原始凭证，所附原始凭证的内容与记账凭证的内容是否一致。

（2）记账凭证的应借应贷科目、金额是否正确。

（3）记账凭证中的项目是否填制完整，摘要是否清楚。

三、记账

记账即登记账簿，也可称为过账，是以会计凭证为依据，将经济业务全面、系统、连续地记录到具有账户基本结构的账簿中去，是会计核算的主要方法之一。在会计电算化处理方式下，记账是由具有记账权限的操作员发出指令，由计算机预先设计的记账程序自动进行合法性检查、科目汇总并登记总账和明细账、日记账、部门账、往来账及备查账。畅捷通T3-企业管理信息化软件教育专版营改增版的记账功能采用向导方式，使记账过程更加明确，记账工作由计算机自动完成，无须人工干预。

教师演示

一、出纳签字

对于涉及库存现金和银行存款科目的凭证，需要进行出纳签字。具体操作如下：

（1）更换操作员：在畅捷通T3-企业管理信息化软件教育专版营改增版的主界面，单击"文件"菜单下的"重新注册"，将操作员换成出纳人员。

（2）单击"总账"→"凭证"→"出纳签字"，弹出如图3-34所示"出纳签字"对话框。

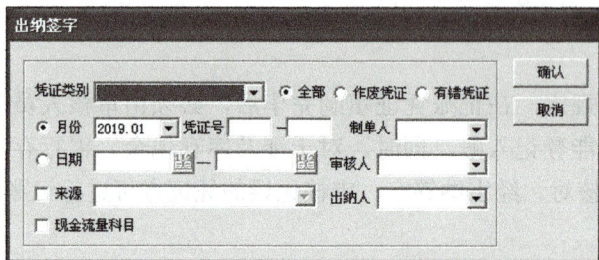

图3-34　在"出纳签字"对话框中选择凭证

（3）输入凭证过滤条件，如为缺省条件，则将显示所有需要出纳签字的凭证。确认后将弹出如图3-35所示对话框，单击"确定"按钮。

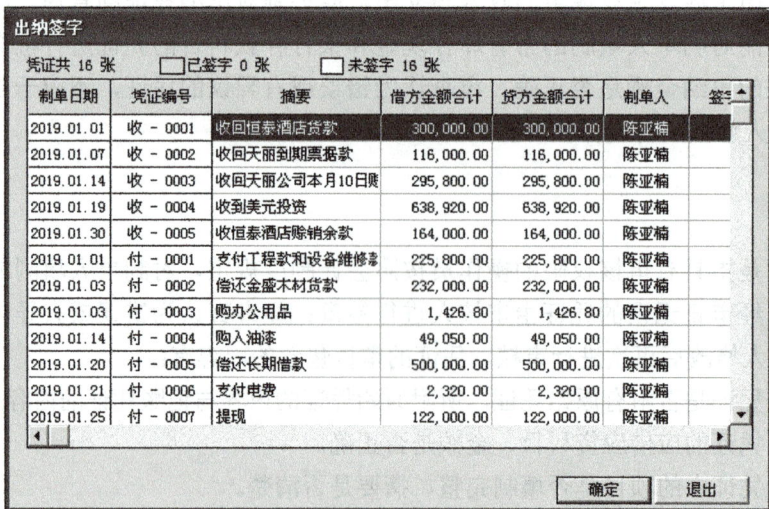

制单日期	凭证编号	摘要	借方金额合计	贷方金额合计	制单人	签字
2019.01.01	收－0001	收回恒泰酒店货款	300,000.00	300,000.00	陈亚楠	
2019.01.07	收－0002	收回天丽到期票据款	116,000.00	116,000.00	陈亚楠	
2019.01.14	收－0003	收回天丽公司本月10日账	295,800.00	295,800.00	陈亚楠	
2019.01.19	收－0004	收到美元投资	638,920.00	638,920.00	陈亚楠	
2019.01.30	收－0005	收恒泰酒店赊销余款	164,000.00	164,000.00	陈亚楠	
2019.01.01	付－0001	支付工程款和设备维修款	225,800.00	225,800.00	陈亚楠	
2019.01.03	付－0002	偿还金盛木材货款	232,000.00	232,000.00	陈亚楠	
2019.01.03	付－0003	购办公用品	1,426.80	1,426.80	陈亚楠	
2019.01.14	付－0004	购入油漆	49,050.00	49,050.00	陈亚楠	
2019.01.20	付－0005	偿还长期借款	500,000.00	500,000.00	陈亚楠	
2019.01.21	付－0006	支付电费	2,320.00	2,320.00	陈亚楠	
2019.01.25	付－0007	提现	122,000.00	122,000.00	陈亚楠	

图3-35　在"出纳签字"对话框中列示凭证

（4）系统列示所有出纳凭证后，可单击工具栏中的"签字"按钮完成单张凭证签字，然后单击工具栏中的"下张"按钮依次完成后面凭证的签字工作，也可通过"出纳"菜单下的"成批出纳签字"一次完成所有凭证的出纳签字工作。成批出纳签字结果表，如图3-36所示。

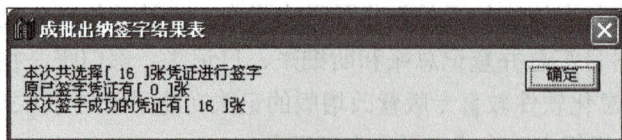

图3-36　"成批出纳签字结果表"对话框

（5）如果用户需要对已出纳签字的凭证取消签字，则单击工具栏的"取消"按钮即可完成凭证的取消出纳签字操作。

提示

○ 凭证的审核人与制单人不能是同一人，否则不能完成审核工作。

二、审核

凭证必须经过成功审核后才能进行后面的记账工作，审核凭证的具体操作如下：

（1）在畅捷通T3-企业管理信息化软件教育专版营改增版的对话框中，单击"文件"菜单下的"重新注册"，将操作员换成审核人员。

（2）单击"总账"→"凭证"→"审核凭证"或者直接单击"总账系统"对话框中的"审核凭证"即可弹出如图3-37所示的"凭证审核"对话框。

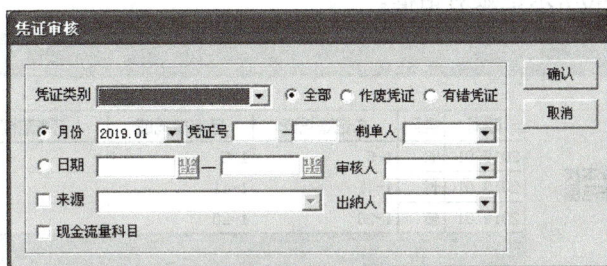

图3-37　在"凭证审核"对话框中过滤需审核凭证

（3）输入凭证审核过滤条件，如为缺省条件，则将显示所有需要审核的凭证，单击"确认"按钮后即弹出如图3-38所示对话框，单击"确定"按钮。

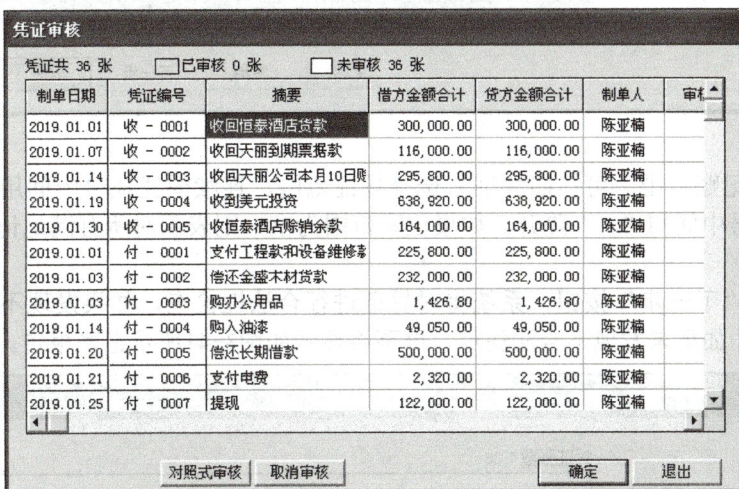

图3-38　在"凭证审核"对话框中列示需审核的凭证

（4）系统列示出所有待审核凭证。可连续单击工具栏中的"审核"按钮依次完成所有凭证的审核工作，也可通过"审核"菜单下的"成批审核凭证"一次完成所有凭证的审核工作。成批审核后，系统会弹出如图3-39所示的提示。

（5）如果用户需要对已审核的凭证取消审核，则单击工具栏的"取消"按钮即可。

图3-39　"成批审核结果表"对话框

三、记账

记账也称过账或登账，是将已审核的凭证登记到总账、明细账及日记账的操作。它是由计算机自动完成的，具体操作如下：

（1）在畅捷通T3-企业管理信息化软件教育专版营改增版的对话框中，单击"文件"菜单下的"重新注册"，将操作员换成记账人员。

（2）单击"总账"→"凭证"→"记账"或者直接单击"总账系统"界面下的"记账"即可弹出如图3-40所示记账对话框。

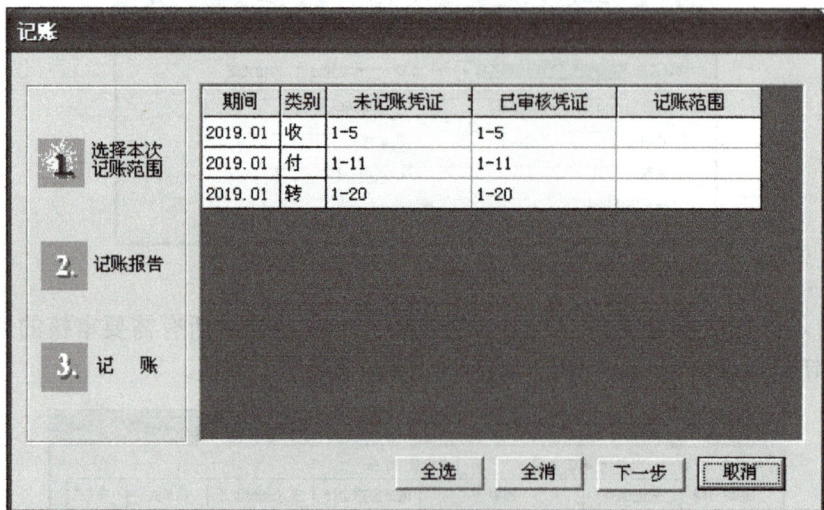

图3-40　在"记账"对话框选择记账范围

（3）选择记账范围，可按照凭证号选择凭证范围，连续的凭证号中间用"—"表示，不连续的凭证号中间用"，"隔开。如果记账范围为空，则表示对所有满足记账条件的凭证进行记账。

（4）单击"下一步"按钮，系统将对凭证进行合法性检查，如果发现不合法凭证，系统将提示错误，如果未发现不合法凭证，屏幕将显示如图3-41所示记账报告。

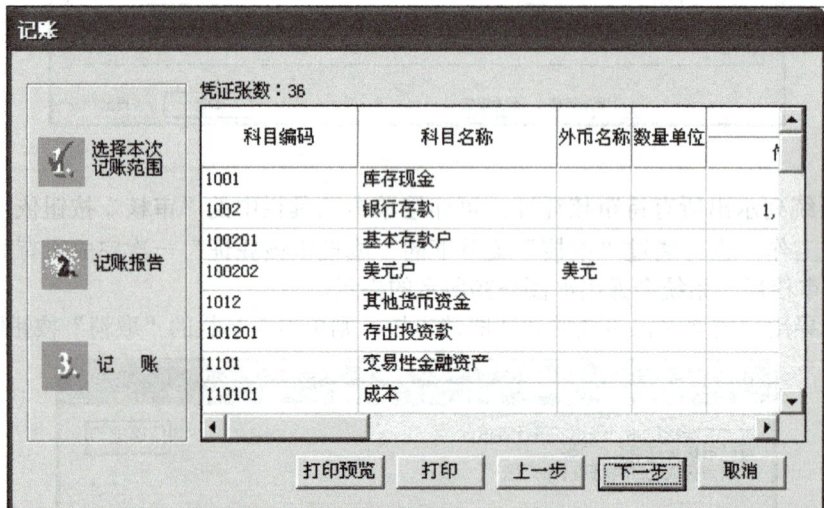

图3-41　在"记账"对话框中显示记账报告

（5）单击"下一步"按钮，再单击"记账"按钮，如果系统是第一次进行记账，则会弹出如图3-42所示"期初试算平衡表"对话框。如果试算结果不平衡，则不能继续进行下面的工作，需要返回调整平衡后再进行记账工作。如果试算结果平衡，则单击"确认"按钮开始记账并弹出如图3-43所示界面，单击"确定"按钮即完成凭证的记账工作。

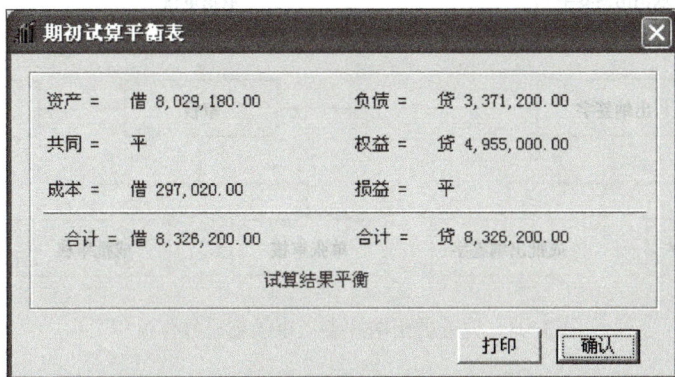

图3-42　"期初试算平衡表"对话框

图3-43　"记账完毕"对话框

提示

○ 未审核的凭证不能进行记账。

○ 第一次记账时，若期初余额试算不平衡，则不允许记账。

○ 用户可根据需要随时对已经审核的凭证进行记账。

○ 上月未结账，则本月不允许记账。

○ 作废凭证可直接记账。

○ 如果用户发现某一步设置错误，可用鼠标单击"上一步"按钮返回进行修改。如果用户在设置过程中不想再继续记账，可用鼠标单击"取消"按钮取消本次记账工作。

○ 在记账过程中，不得中断退出。若一旦断电或其他原因造成中断后，系统将自动调用"恢复记账前状态"功能恢复数据，然后用户再重新记账。

学生动手

请同学们参照教师演示并结合图3-44练习凭证的出纳签字、审核记账工作。

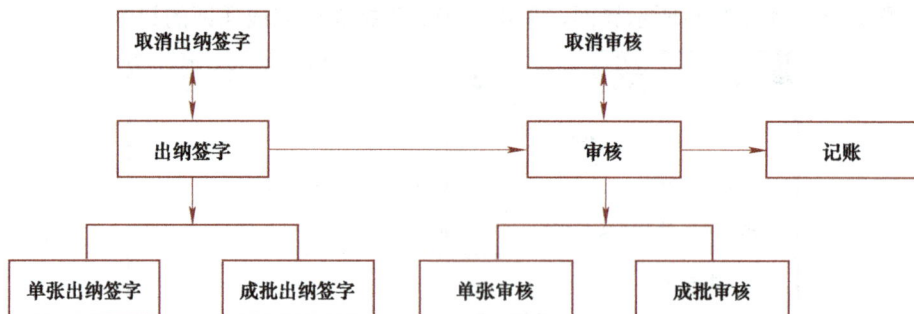

图3-44 凭证的出纳签字、审核记账操作流程

答疑解惑：

为什么在出纳签字时提示"没有符合条件的凭证"？

解答：检查"会计科目"中是否将库存现金指定到现金总账，将银行存款指定到银行总账。

举一反三

请同学们在教师的指导下尝试完成以下操作：

（1）在出纳签字界面单击"查看"→"科目转换"完成凭证中的科目转换操作。

（2）在畅捷通T3-企业管理信息化软件教育专版营改增版主界面，单击"总账"→"设置"→"明细账权限"完成操作员"凭证审核权限设置"操作。

（3）在审核凭证界面单击工具栏上的"标错"按钮，练习凭证的标错及取消标错操作。

学习评价

出纳签字和审核记账学习评价表，见表3-4。

表3-4 出纳签字和审核记账学习评价表

被考评人					
考评地点					
考评内容	能熟练进行凭证的出纳签字与取消签字、凭证的审核与取消审核及记账工作				
考评标准	内 容	分值/分	自我评价/分	小组评议/分	实际得分/分
	是否能熟练地进行凭证的出纳签字与取消出纳签字	20			
	是否能熟练地进行凭证的审核与取消审核	40			
	是否能熟练地进行凭证的记账	40			
合 计		100			

注：1. 实际得分=自我评价40%+小组评议60%。

2. 考评满分为100分，60~74`分为及格，75~84分为良好，85分（包括85分）以上为优秀。

任务五　凭证的查询汇总

任务描述

在日常业务处理过程中，经常会需要按一定的条件对所输入的凭证进行查询与汇总操作，本任务学习查询与汇总各种条件下的未记账、已记账凭证操作。

任务目标

能熟练地按照各种条件对凭证进行查询及汇总。

学时安排

1个学时（含教师演示及学生上机练习）。

情景导入

瑞兴木器责任有限公司的财务人员小陈面临下列问题：

（1）在凭证录入完成后，想对所录入凭证进行查询。

（2）当凭证已经审核记账后，小陈想对凭证审核记账情况进行查询。

（3）公司财务主管让小陈出具一张本公司1月份的科目汇总表。

下面我们一起来看看小陈是如何解决这些问题的。

知识储备

1. 凭证的查询

在日常制单过程中，常常需要通过查询功能对已录入的凭证进行查看，以便随时了解经济业务发生的情况，保证填制凭证的正确性。凭证查询的方法有两种：

（1）在"总账"对话框中，用鼠标单击系统主菜单"凭证"下的"查询凭证"，打开"凭证查询"对话框，可选择已记账、未记账、凭证类别、月份、日期或制单人等查询条件进行凭证的查询。所有已编制完成的凭证（包含未记账的凭证和已记账的凭证）均可在此进行查询。

（2）在"总账"对话框中，打开"填制凭证"对话框，单击"查询"按钮打开"凭证查询"对话框，输入查询条件进行查询，或单击"上张""下张"按钮进行查询。在此只能查询未记账的凭证。

2. 凭证的汇总

当记账凭证输入完毕并进行审核签字后，可对凭证按一定的条件进行汇总并生成一张凭证汇总表。进行汇总的凭证可以是已记账的凭证，也可以是未记账的凭证，因此，财务人员可以在凭证未记账前，随时查看企业当前的经营状况和其他财务信息。同时，在凭证汇总表中，系统还提供了快速定位功能和查询光标所在行专项明细账功能，如果要查询其他条件的科目汇总表，可再调用查询功能。

提示

○ 在此显示的凭证即使未签字、审核，也是不能进行修改的。

教师演示

一、凭证的查询

1．通过"总账"菜单进行凭证查询

（1）在畅捷通T3-企业管理信息化软件教育专版营改增版主界面，单击"总账"→"凭证"→"查询凭证"进入"凭证查询"对话框，如图3-45所示。可按凭证类别、凭证日期、凭证号范围、制单人、审核人、出纳人等条件进行查询。若选"已记账凭证"，则可在已记账凭证中查询；若选"未记账凭证"，则可在未记账凭证中查询；也可以同时选中"已记账凭证"和"未记账凭证"，查询所有凭证；"现金流量科目"判断凭证是否为现金流量科目凭证，查询后仅列示符合条件的凭证。

图3-45 设置查询条件的"凭证查询"对话框

（2）输入查询凭证的条件后（仅查"收款凭证"），系统显示凭证一览表，如图3-46所示。

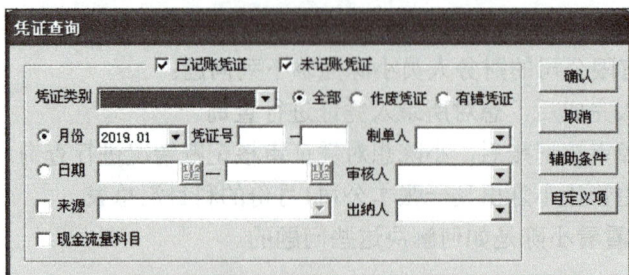

制单日期	凭证编号	摘要	借方金额合计	贷方金额合计	制单人	审核人
2019.01.01	收-0001	收回恒泰酒店货款	300,000.00	300,000.00	陈亚楠	李海英
2019.01.07	收-0002	收回天丽到期票据款	116,000.00	116,000.00	陈亚楠	李海英
2019.01.14	收-0003	收回天丽公司本月10日账	295,800.00	295,800.00	陈亚楠	李海英
2019.01.19	收-0004	收到美元投资	638,920.00	638,920.00	陈亚楠	李海英
2019.01.30	收-0005	收恒泰酒店赊销余款	164,000.00	164,000.00	陈亚楠	李海英

图3-46 总览查询结果的"查询凭证"对话框

（3）在凭证一览表中用鼠标双击某张凭证，则系统显示相应的凭证，如图3-47所示。

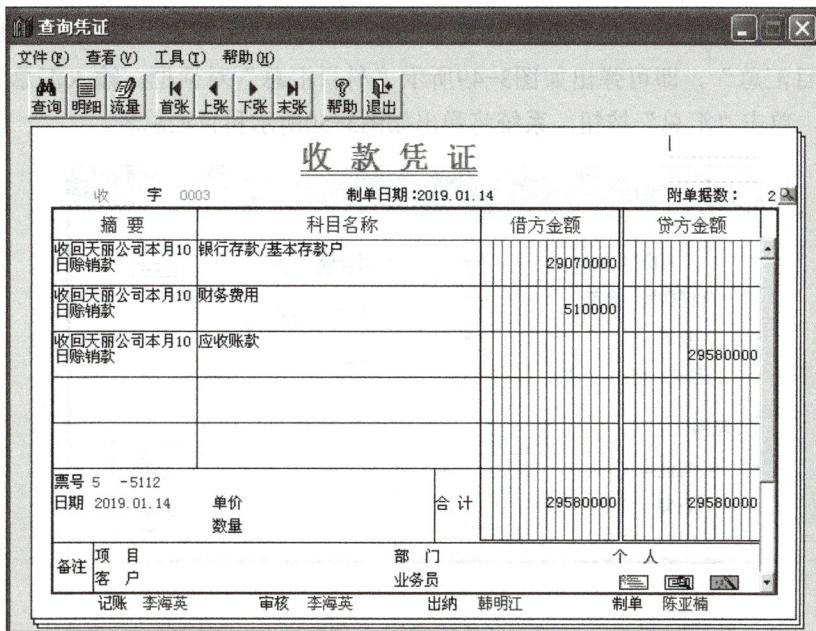

图3-47　分张查询的"查询凭证"对话框

（4）可用鼠标单击"上张""下张""首张""末张"按钮翻页查找。

2．在"填制凭证"窗口进行凭证查询

在凭证未记账前，打开"填制凭证"对话框，单击"查询"按钮，系统将弹出如图3-48所示"凭证查询"对话框。可输入凭证类别、凭证号、日期、制单人等查询条件，单击"确认"按钮进行相应的凭证查询。

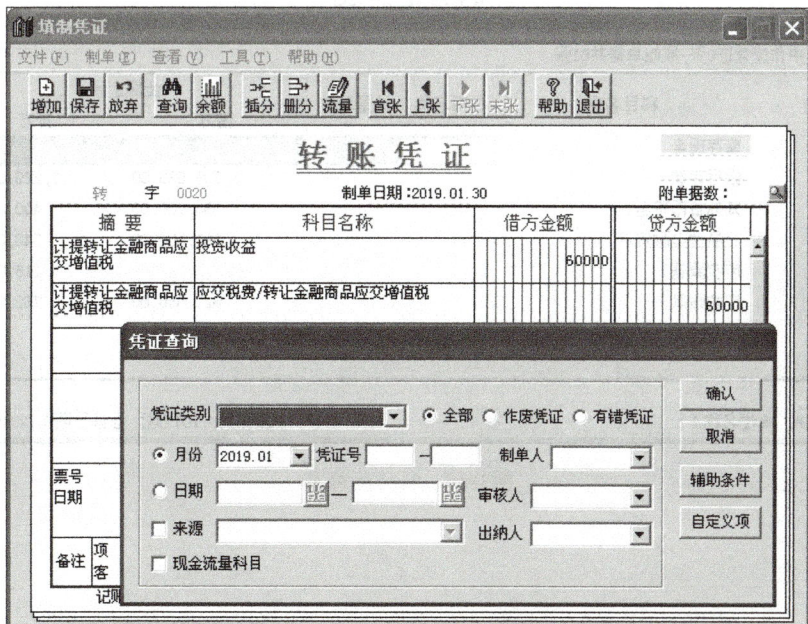

图3-48　"填制凭证"对话框中的"凭证查询"对话框

二、凭证的汇总

在畅捷通T3-企业管理信息化软件教育专版营改增版主界面，单击“总账”→“凭证”→“科目汇总”，即可弹出如图3-49所示“科目汇总”对话框。输入汇总条件，如选择“全部”，单击“汇总”按钮，系统将弹出如图3-50所示科目汇总表。

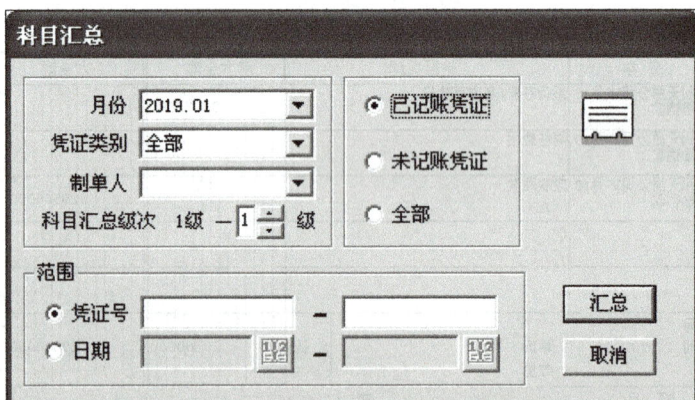

图3-49 凭证汇总

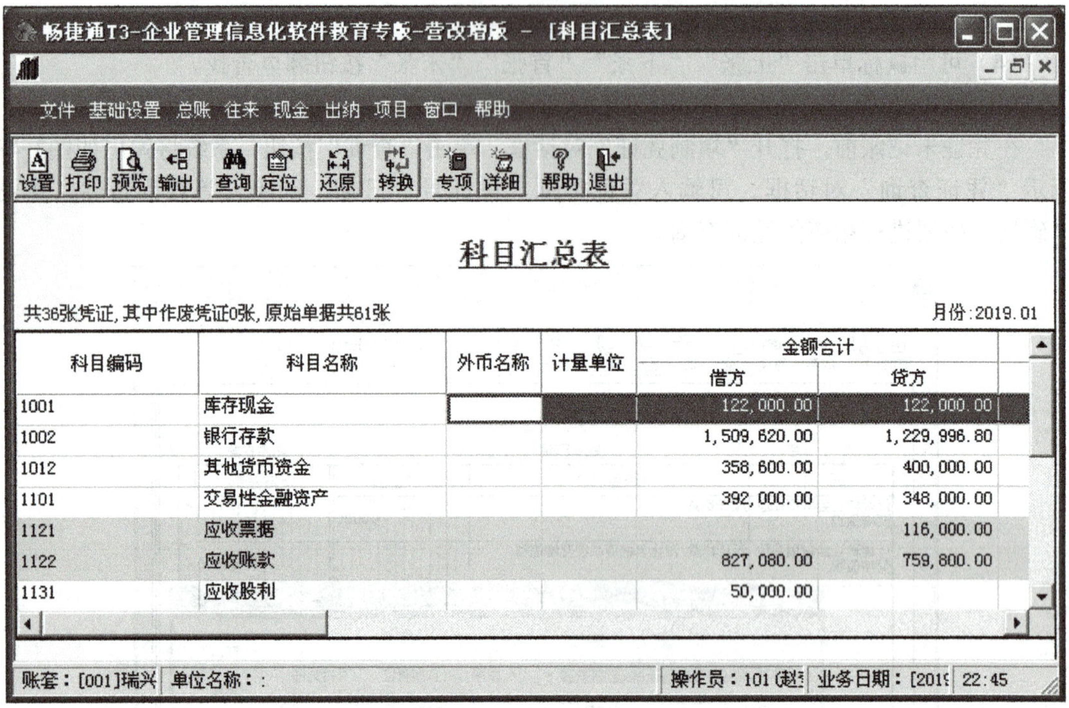

科目编码	科目名称	外币名称	计量单位	金额合计 借方	金额合计 贷方
1001	库存现金			122,000.00	122,000.00
1002	银行存款			1,509,620.00	1,229,996.80
1012	其他货币资金			358,600.00	400,000.00
1101	交易性金融资产			392,000.00	348,000.00
1121	应收票据				116,000.00
1122	应收账款			827,080.00	759,800.00
1131	应收股利			50,000.00	

图3-50 科目汇总表

学生动手

请同学们参照教师演示并结合图3-51进行凭证的查询与汇总练习。

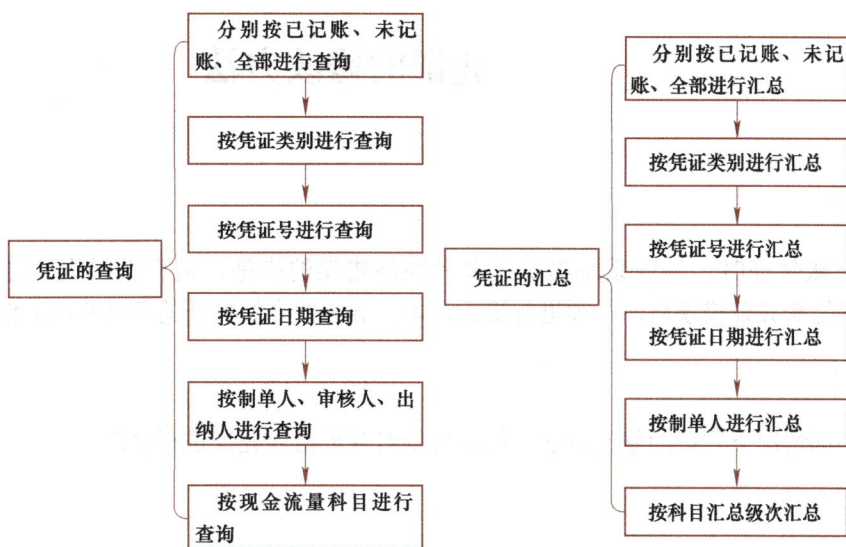

图3-51　凭证的查询与汇总流程

举一反三

请同学们在教师的指导下完成以下操作：

（1）在凭证查询界面，尝试按"辅助条件""自定义项"查询。

（2）通过凭证查询，对所查凭证进行"查辅助明细""联查明细账"等进一步查询。

（3）将查询的凭证汇总表进行输出保存，分别保存为"*.rep""*.mdb""*.dbf""*.xls"等文件类型。

学习评价

凭证的查询汇总学习评价表，见表3-5。

表3-5　凭证的查询汇总学习评价表

被考评人					
考评地点					
考评内容	能熟练地对凭证进行各种条件的查询，能熟练地对凭证进行各种条件的汇总				
考评标准	内　　容	分值/分	自我评价/分	小组评议/分	实际得分/分
	能熟练地查询凭证	50			
	能熟练地对凭证进行汇总	50			
	合　　计	100			

注：1. 实际得分=自我评价40%+小组评议60%。

　　2. 考评满分为100分，60～74`分为及格，75～84分为良好，85分（包括85分）以上为优秀。

任务六 凭证的修改方法

任务描述

输入记账凭证时，尽管系统提供了多种控制错误的措施，但存在错误凭证也是难免的。当发现记账凭证错误后，必须进行更正。本任务主要介绍凭证的各种修改方法。

任务目标

掌握不同情况下凭证的修改方法，能熟练地对各种错误凭证进行修改。

学时安排

4个学时（含教师演示及学生上机练习）。

情景导入

由于瑞兴木器责任有限公司正处于启用会计电算化的初期，凭证录入员小陈的操作还不熟练。在实际操作中，小陈出现了一些错误，遇到了不少麻烦，下面请大家一起来看看小陈是怎样改正的。

知识储备

畅捷通T3-企业管理信息化软件教育专版营改增版提供了多种错误凭证的修改方法，按是否留有修改的线索和痕迹可分为无痕迹修改和有痕迹修改。

一、凭证的无痕迹修改

1. 输入后还未经出纳签字、未审核的凭证

对于未经出纳签字、未审核的凭证，发现有错误后，可以由凭证的制单人对错误直接进行修改后保存。

2. 已通过出纳签字、审核但未记账的凭证

对于已进行出纳签字、审核但未记账的凭证，如果发现错误，不能直接在记账凭证上进行修改。应首先由审核人员对凭证进行取消审核，然后由出纳人员对凭证进行取消出纳签字，再交给凭证的制单人对凭证的错误处进行修改。修改完成后需出纳人员、审核人员重新对凭证进行出纳签字、审核。

3. 已记账但未结账的凭证

对于已记账但未结账的凭证，发现错误后若想实现无痕迹修改，可利用系统提供的"恢复记账前状态"功能对凭证进行取消记账，然后按照上述已通过出纳签字、审核但未记账的凭证的方法，调用错误凭证进行修改。修改完成后需重新对凭证进行出纳签字、审核、记账。

4. 已结账的凭证

对于已结账月份的错误凭证，若想实现无痕迹修改，可利用系统提供的反结账功能对已结账月份进行取消结账，具体操作方法为：在"结账"向导的选择月份窗口中，首先单击要取消结账的月份，然后按下"Ctrl+Shift+F6"组合键来取消结账操作，最后按上述已记账但未结账的凭证的操作方法对错误凭证进行修改。修改后再依次进行出纳签字、审核、记账、结账操作。

二、凭证的有痕迹修改

虽然财务软件提供了"反审核、反记账、反结账"功能，但一般不建议将其作为常规的修改错账的方法。《会计核算软件基本功能规范》第十六～十八条规定：会计核算软件应提供对已经输入但未登记会计账簿的记账凭证（不包括会计核算软件自动生成的记账凭证）进行修改的功能；审核通过后不能再提供对记账凭证进行修改的功能；发现已经输入并审核通过或者登账的记账凭证有错误的，可以采用红字冲销法或者补充登记法进行更正。所以，在账务系统中往往通过保留错误凭证和更正凭证的方式留下凭证的修改痕迹，对已"记账"的错误凭证，采用红字冲销法或者补充凭证法进行更正。

系统运行过程中可能由于各种意外情况造成数据混乱，比如正在记账时突然断电、计算机病毒感染财务系统等。这时可以利用反结账、反记账功能进行财务数据的重新处理。

1. 红字冲销法

对于需要进行红字冲销的凭证，应先通过查询功能查找出其凭证类别及编号，然后在"填制凭证"窗口中，采用"制单"中的"冲销凭证"功能制作红字冲销凭证，以实现对错误凭证的冲销工作。此后还应将正确凭证录入系统。

2. 补充登记法

如果在记账后发现除所记金额小于应记金额外，无其他错误时，可用补充凭证法，将其差额部分再填制一张记账凭证，然后由审核人和记账人分别对凭证进行审核、记账操作。

教师演示

一、凭证的无痕迹修改

1. 录入后未进行出纳签字、审核的凭证修改

【例3-5】在"转字-3号"凭证中，将"应交税费——应交增值税——进项税额"科目修改为"应交税费——应交增值税——销项税额"科目，并将该科目的金额修改为"40 800"；将"应收账款"科目所对应的客户修改为"天丽公司"。

操作方法如下：

（1）查询所需修改的凭证。在总账系统界面，单击"填制凭证"按钮，打开"填制凭证"对话框，单击"查询"按钮，在弹出的对话框中输入条件"转-3号"后单击"确定"按钮，即可查询出转字-3号凭证。

（2）修改科目。单击"应交税费——应交增值税——进项税额"科目，通过参照查询出"应交税费——应交增值税——销项税额"科目编码后即可完成科目的修改。

微课4 凭证的修改

73

（3）修改金额。单击所需修改的金额处，首先通过"Delete"键将错误的数据删除，然后输入正确的数据并单击"Enter"键，此时应注意继续单击对方金额处进行修改，使凭证的借贷双方平衡。

（4）修改客户、供应商、数量、个人等辅助信息。单击辅助信息所对应的科目，然后将鼠标移动到所需修改的辅助信息处，当鼠标变成笔头的形状时双击鼠标即可弹出如图3-52所示的"辅助项"录入对话框，将错误码的辅助信息删除后，再通过"参照"按钮选择正确的辅助信息，单击"确认"按钮即可完成辅助信息的修改。

提示

○ 如果凭证编号采用系统编号，则凭证类别和凭证编号不能进行修改；如果采用手工编号，则凭证类别不能进行修改，但凭证编号可以修改。

○ 如果在总账选项中设置为制单序时控制，则凭证的日期不能修改为本月该类别最后一张凭证日期之前的日期。

○ 如果在总账选项中已选择不允许修改或作废他人填制的凭证，则不能对他人填制的凭证进行修改或作废操作。

○ 对于外部系统传递过来的凭证不能在总账中进行修改，只能在生成该凭证的系统中进行修改。

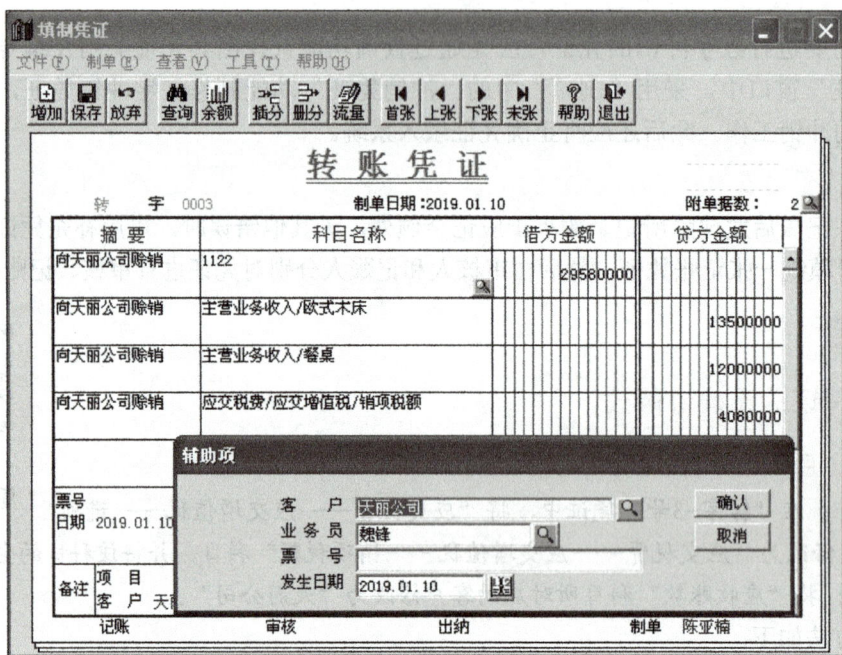

图3-52　凭证的修改

2. 已通过出纳签字、审核但未记账的凭证修改

【例3-6】经查询，"收字-5号"凭证已经出纳签字、审核，但未进行记账，查询发现凭证金额处有错误。

操作方法如下：

（1）取消审核。先将操作员换成审核人，然后在总账系统界面，单击"审核凭证"→"确认"，系统将弹出如图3-53所示对话框，将光标定位到所要取消审核的凭证所在行，单击如图3-53所示对话框中的"取消审核"按钮即可完成所选凭证的取消审核；或者在图3-52中选中所需修改的凭证，单击"确定"按钮，系统弹出需操作的凭证，单击工具栏中的"取消"按钮，也可取消凭证的审核。

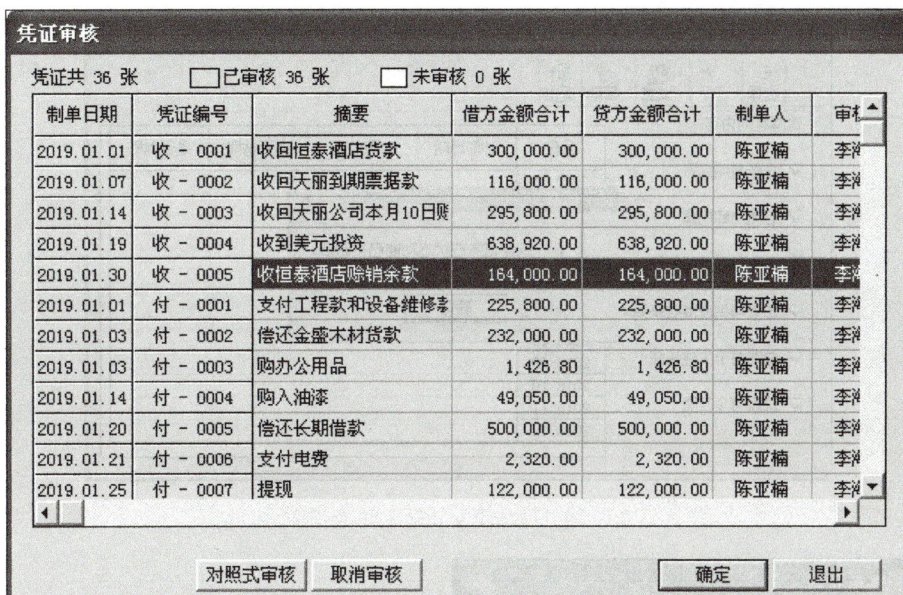

凭证审核							
凭证共 36 张		☐已审核 36 张		☐未审核 0 张			
制单日期	凭证编号	摘要	借方金额合计	贷方金额合计	制单人	审核	
2019.01.01	收 - 0001	收回恒泰酒店货款	300,000.00	300,000.00	陈亚楠	李	
2019.01.07	收 - 0002	收回天丽到期票据款	116,000.00	116,000.00	陈亚楠	李	
2019.01.14	收 - 0003	收回天丽公司本月10日账	295,800.00	295,800.00	陈亚楠	李	
2019.01.19	收 - 0004	收到美元投资	638,920.00	638,920.00	陈亚楠	李	
2019.01.30	收 - 0005	收恒泰酒店赊销余款	164,000.00	164,000.00	陈亚楠	李	
2019.01.01	付 - 0001	支付工程款和设备维修	225,800.00	225,800.00	陈亚楠	李	
2019.01.03	付 - 0002	偿还金盛木材货款	232,000.00	232,000.00	陈亚楠	李	
2019.01.03	付 - 0003	购办公用品	1,426.80	1,426.80	陈亚楠	李	
2019.01.14	付 - 0004	购入油漆	49,050.00	49,050.00	陈亚楠	李	
2019.01.20	付 - 0005	偿还长期借款	500,000.00	500,000.00	陈亚楠	李	
2019.01.21	付 - 0006	支付电费	2,320.00	2,320.00	陈亚楠	李	
2019.01.25	付 - 0007	提现	122,000.00	122,000.00	陈亚楠	李	

对照式审核　取消审核　　　　　确定　退出

图3-53　取消审核

（2）取消出纳签字，将操作员换成出纳签字人，单击"总账"→"凭证"→"出纳签字"→"确认"，其后续操作与取消审核相同，请参照执行。

（3）完成凭证的修改，将操作员换成制单人，通过"填制凭证"窗口找到所需修改的凭证对错误处进行修改后保存凭证。

（4）修改完成后，依次换操作员对凭证进行出纳签字、审核。

提示

○ 本功能用于记账时系统故障造成的数据错误的恢复。

3. 已记账凭证修改

（1）取消记账操作。

1）取消记账须由账套主管来完成，将操作员换成账套主管。

2）激活恢复记账前状态。在畅捷通T3-企业管理信息化软件教育专版营改增版的主界面，单击"总账"→"期末"→"对账"，使用"Ctrl+H"组合键，系统弹出如图3-54所示提示信息后即可激活恢复记账前状态功能。

3）单击"总账"→"凭证"→"恢复记账前状态"，系统将弹出如图3-55a所示对话框，根据需要选择"最近一次记账前状态"或"2019年01月初状态"后单击"确定"按钮，系统将弹出如图3-55b所示提示用户输入口令，如没有设置口令，则直接单击"确认"按钮即可。

（2）取消审核，取消出纳签字。

（3）由凭证的制单人对凭证的错误处进行修改。

（4）将修改后的凭证依次进行出纳签字、审核、记账操作。

图3-54　激活恢复记账前状态功能

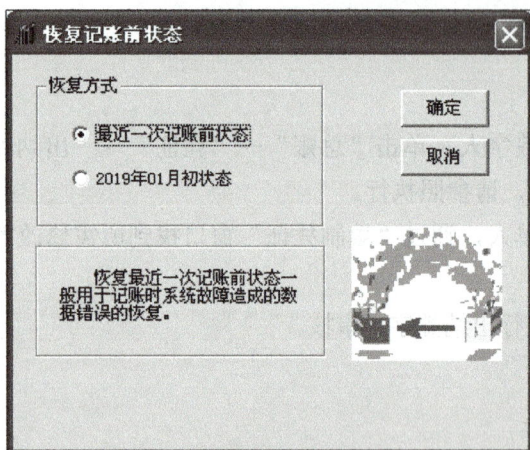

a)

b)

图3-55　取消记账

4. 已结账期间凭证的修改

（1）取消结账。

1）取消结账需由账套主管来完成，将操作员换成账套主管。

2）在"总账系统"对话框中，单击"月末结账"按钮，系统将弹出如图3-56所示对话框，将光标定位到所要取消结账的月份，在键盘上按下"Ctrl+Shift+F6"组合键，系统将弹出如图3-57所示对话框提示用户输入口令，如果没有设置口令，则直接单击"确认"按钮即可完成取消结账工作。本项工作完成后，2019年1月"是否结账"栏为空，原"Y"的标志被取消。

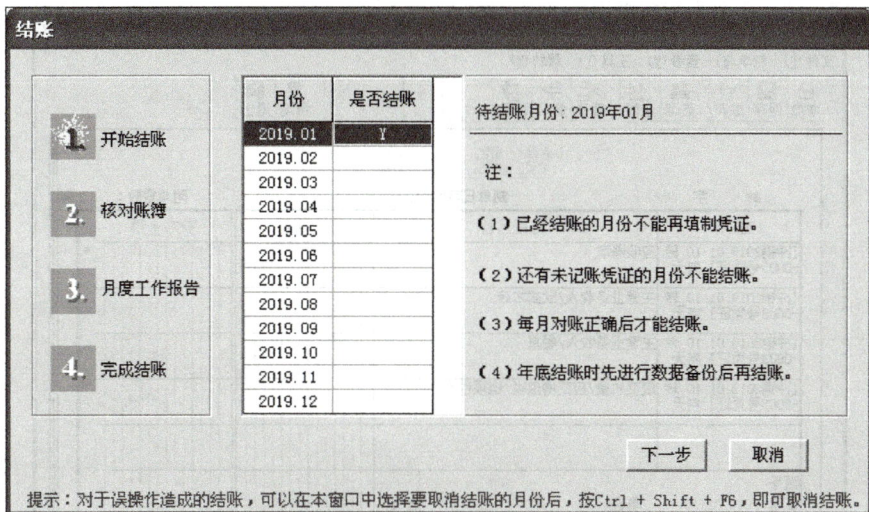

图3-56　取消结账

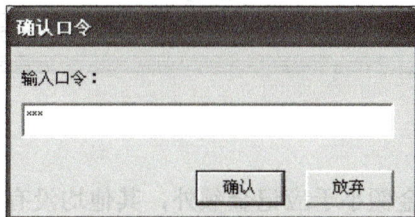

图3-57　取消结账确认口令

（2）取消记账，取消审核，取消出纳签字。

（3）由凭证的制单人对凭证的错误处进行修改。

（4）凭证修改完成后依次进行出纳签字、审核、记账、结账操作。

二、凭证的有痕迹修改

1．红字冲销错误凭证

（1）查询错误凭证，记下错误凭证的所在月份及凭证类别及凭证号。

（2）在总账系统界面，单击"填制凭证"命令，打开"填制凭证"对话框，单击"制单"菜单下的"冲销凭证"，系统将弹出如图3-58所示对话框。

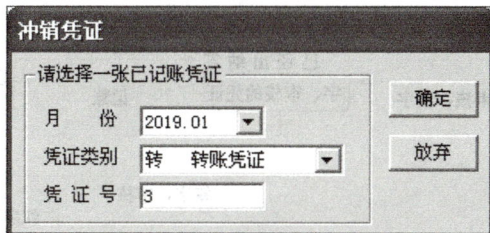

图3-58　录入冲销凭证字号

（3）输入所要冲销凭证的凭证类别及凭证号后单击"确定"按钮，系统将弹出一张与所输入凭证字号内容相同、金额为红字的凭证，如图3-59所示。

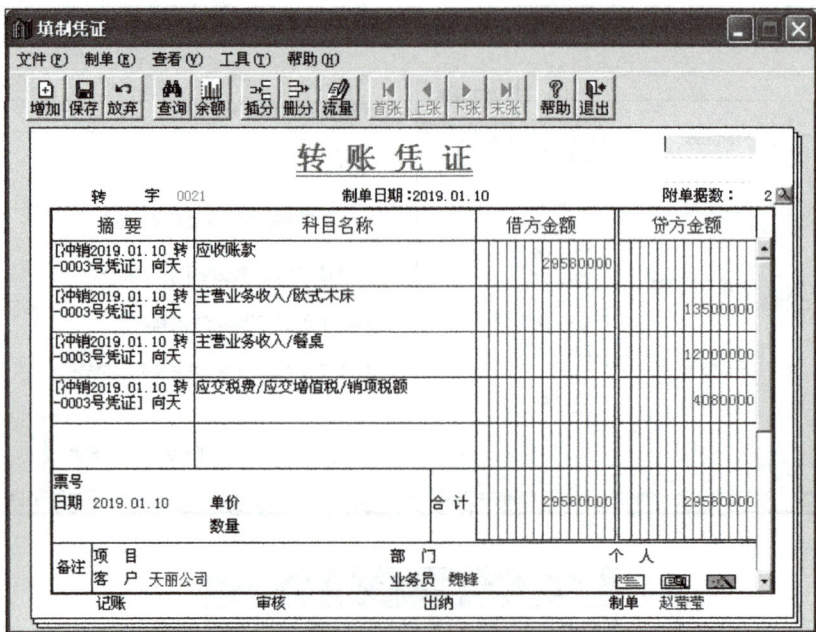

图3-59　生成冲销凭证

2．补充登记法

当发现已记账的凭证除金额小于应记金额外，其他均没有错误时，可通过填制凭证，按差额增加一张补充凭证，并将生成的凭证进行审核、记账来完成错误凭证的更正。

提示

- 只能对已记账的凭证采用红字冲销法制作红字凭证。
- 采用红字冲销法制作红字凭证后，需要再填制一张正确的蓝字凭证。
- 通过红字冲销法制作的红字凭证，应视同正常凭证一样进行审核、记账。

学生动手

请同学们参照教师演示并结合图3-60进行凭证的修改练习。

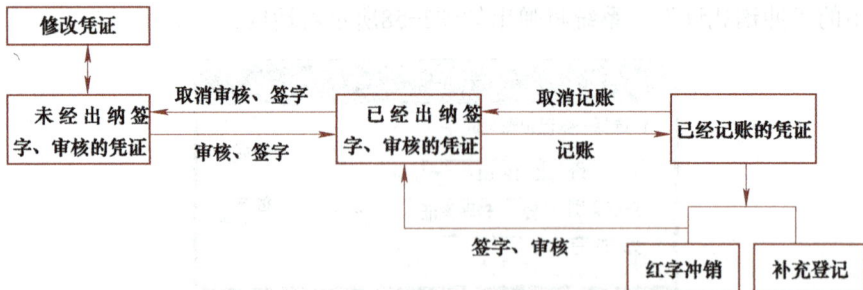

图3-60　凭证的修改流程

举一反三

对于初次学习财务软件的同学，凭证的修改是一个难点内容，需要同学们加强上机练习，理解并熟练掌握各种情况下的修改方法。

学习评价

凭证的修改方法学习评价表，见表3-6。

表3-6 凭证的修改方法学习评价表

被考评人					
考评地点					
考评内容	能熟练完成未经出纳签字、审核的凭证，已经出纳签字、审核的凭证及已记账的凭证的修改操作				
	内　　容	分值/分	自我评价/分	小组评议/分	实际得分/分
考评标准	是否能熟练地对未经出纳签字、审核的凭证进行修改	20			
	是否能熟练地对已经出纳签字、审核的凭证进行修改	40			
	是否能熟练地对已经记账的凭证进行修改	40			
合　　计		100			

注：1. 实际得分=自我评价40%+小组评议60%。

　　2. 考评满分为100分，60～74`分为及格，75～84分为良好，85分（包括85分）以上为优秀。

　　　　扫码观看关于印花税的公告及虚开增值税发票的案例，并谈谈你的看法。

新政速递3

案例分享2

第四单元　总账业务的账簿管理 *04*

任务一　总账和余额表的查询管理

任务描述

企业发生的经济业务，经过制单、审核、记账等程序之后，就形成了正式的会计账簿，对发生的经济业务进行查询、统计分析等操作时，都应通过"账簿管理"来完成。特别是在通过计算机处理后，不仅各类账簿的输出格式更加规范、统一、标准，而且其内容也更加灵活。查询账簿是会计日常工作中的一项重要内容。本任务介绍总账和余额表的查询与打印。

任务目标

能根据系统提供的各种查询条件进行总账和余额表查询。

学时安排

1个学时（含教师演示和学生上机练习）。

情景导入

在经过一个月的计算机账务处理后，瑞兴木器责任有限公司财务人员小陈想要查询、打印公司的账簿。下面我们一起来看看他是怎么查询、打印总账及余额表的。

知识储备

在总账系统中，操作员录入记账凭证并审核无误后，登记账簿的工作便由会计软件自动完成，记账过程无须人工干预。会计软件记账速度快、准确率高，省去了用户登记账簿的大量时间和人力资源。电算化处理后，用户主要关注的是会计软件提供哪些账簿查询功能，这些功能是否能满足日常管理的需要。畅捷通T3-企业管理信息化软件教育专版营改增版提供了非常实用的账簿查询功能，并可实现总账、明细账、凭证联查，对业务单据还可进行追踪。

一、总账的查询及打印

1. 总账的查询

总账查询不但可以查询各总账科目的年初余额、各月发生额合计和月末余额，还可查询所有各级明细科目的年初余额、各月发生额合计和月末余额。在使用查询时，可以根据实际需要输入查询条件。畅捷通T3-企业管理信息化软件教育专版营改增版提供了按科目范围、科目级次以及是否包含未记账凭证等查询条件，单击"确认"按钮，系统即可显示用户所需要的总账账簿。

提示

- 当科目范围缺省为空时，系统默认为查询所有科目。
- 可在级次中选择科目级次范围。如需查询所有末级科目，则应选中"末级科目"复选框。
- 如需查询包含未记账凭证的总账，则应选中"包含未记账凭证"复选框。
- 在总账查询中，如双击总账内容或单击"明细"按钮，可进行明细账的联查。
- 系统默认总账样式为金额式，可根据科目所含辅助核算进行数量金额式、外币式查询。
- 可将账簿的查询条件保存到"我的账簿"中。

2. 总账的打印

总账查询时输出的结果供平时查询使用，不作为正式会计账簿保存，如果作为正式会计账簿保存，应使用"账簿打印"功能专门打印输出正式账簿。

打印时，已结账月份的账后有"本月合计"和"本年累计"字样，未结账月份的账后有"当前合计"和"当前累计"字样。

二、余额表的查询及打印

1. 余额表的查询

余额表的查询指查询统计各级科目的本期发生额、累计发生额和余额等。传统的总账是以总账科目分页设账，而余额表则可输出某月或某几个月所有的总账科目或明细科目的期初余额、本期发生额、累计发生额、期末余额。余额表查询界面与总账基本相似，余额表用于查询各级科目的本期发生额、累计发生额和余额等。在实行计算机记账之后，最好用余额表代替总账，因为余额表有较广的应用范围。

提示

- 余额表可输出总账科目、明细科目的某一时间内的本期发生额、累计发生额和余额。
- 余额表可输出某科目范围的某一时间内的本期发生额、累计发生额和余额。
- 余额表可按某个余额范围输出科目的余额。
- 余额表不仅可查询统计人民币金额账，还可查询统计外币账。
- 可查询到包含未记账凭证在内的最新发生额及余额。

2. 余额表的打印

余额表的打印同总账的打印方法基本相同，在此不再赘述。

教师演示

一、总账的查询

（1）打开总账查询窗口。在"总账系统"主界面，用鼠标单击"总账"

微课5 总账和余额表的查询

→"账簿查询"→"总账"，系统将弹出"总账查询条件"对话框，如图4-1所示。

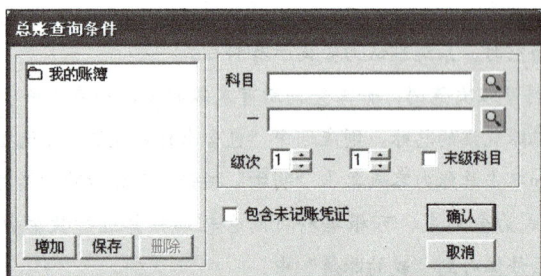

图4-1 "总账查询条件"对话框

（2）设置查询条件。

（3）在查询过程中，用户可用鼠标单击"科目"下拉菜单选择需要查看的科目，还可根据科目所包含的辅助核算内容，选择屏幕右上方账页格式下拉菜单，从而显示所选科目的数量、外币总账。用户还可用鼠标单击工具栏上的"明细"按钮，联查到当前科目当前月份的明细。但是当光标位于期初余额或上年结转所在行时，不能联查明细账。

（4）查询完毕，单击"退出"按钮即可返回到"总账系统"主界面。

二、余额表的查询

（1）打开余额表查询对话框。在"总账系统"主界面，用鼠标单击"总账"→"账簿查询"→"余额表"，系统将弹出"发生额及余额查询条件"对话框，如图4-2所示。

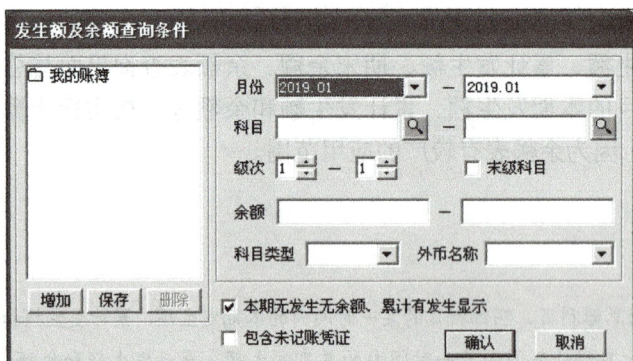

图4-2 "发生额及余额查询条件"对话框

（2）设置查询条件。

（3）用户输入完查询条件后，按"确认"按钮，则系统显示查询统计结果。

（4）用户可以用鼠标点取屏幕右上方账页格式下拉框，显示所选科目的数量式、外币式余额表。

（5）查询完毕，单击"退出"按钮即可返回到"总账系统"主对话框。

学生动手

请同学们参照教师演示分别进行总账的查询与打印、余额表的查询与打印练习。

举一反三

（1）尝试将总账及余额表分别进行输出保存。操作方法：在系统显示出查询统计结果后，单击工具栏上的"输出"按钮，系统即弹出"另存为"对话框，用户可将查询结果输出为"*.rep""*.dbf""*.xls"等格式的文件进行保存。

（2）在余额表查询时，查询累计发生数。操作方法：当系统显示出余额查询统计结果后，用鼠标单击工具栏中的"累计"按钮，系统将显示或取消显示借贷方累计发生额。

学习评价

总账和余额表的查询管理学习评价表，见表4-1。

表4-1 总账和余额表的查询管理学习评价表

被考评人					
考评地点					
考评内容	能熟练进行总账的查询与打印，能熟练进行余额表的查询与打印				
考评标准	内　　容	分值/分	自我评价/分	小组评议/分	实际得分/分
	是否能熟练地按不同条件进行总账的查询及打印	50			
	是否能熟练地按不同条件进行余额表的查询及打印	50			
	合　　计	100			

注：1. 实际得分=自我评价40%+小组评议60%。

2. 考评满分为100分，60～74分为及格，75～84分为良好，85分（包括85分）以上为优秀。

任务二　明细账和多栏账的查询、设置

任务描述

明细账管理与总账管理要求基本相似。在查询明细账时，既可进行多种复杂条件的组合查询，也可进行外币或数量的查询。多栏式明细账是根据经济业务的特点和经营管理的需要，在一张账页上集中反映各有关明细科目或明细项目的核算资料。

任务目标

掌握明细账的查询方法和多栏账的设置与查询方法。

学时安排

1个学时（含教师演示和学生上机练习）。

情景导入

主管财务的副总经理林超来到财务部，想查一下本月增值税各明细科目的发生额和余额情况，但他发现进项税额和销项税额等各明细科目分别列示在不同明细账上，很不方便。于是问："能不能像手工账处理时那样将增值税各专栏列示在一起呢？"

会计陈亚楠说："好办，只要把把增值税设置为多栏账就可以解决问题了。"

知识储备

一、明细账的管理

1．明细账查询

明细账查询功能用于平时查询各账户的明细发生情况，以及按任意条件组合查询明细账，如用户可按摘要、科目自定义项、发生额范围、日期范围、凭证范围、结算方式、票号、制单人、审核人等条件进行查询。在查询过程中可以包含未记账凭证。

明细账查询功能提供了三种明细账的查询格式：普通明细账、按科目排序明细账、月份综合明细账。普通明细账是按科目查询、按发生日期排序的明细账；按科目排序明细账是按非末级科目查询、按其有发生的末级科目排序的明细账；月份综合明细账是按非末级科目查询，包含非末级科目总账数据及末级科目明细数据的综合明细账，使用户对各级科目的数据关系一目了然。

> **提示**
>
> ❍ 只能查询某一月份已记账业务的月份综合明细账。因此，若选"月份综合明细账"，则只能选择起始月份，终止月份与起始月份相同，且系统默认为不包含未记账凭证。
>
> ❍ 若在"账簿选项"中选择了"明细账查询权限控制到科目"，则需在"明细权限"中对此进行设置。若操作员不具备查询某科目明细账的权限，那么，在进入明细账查询功能后将看不到此科目的明细账。
>
> ❍ 按科目范围查询明细账时，不能查询在科目设置中指定为现金银行科目的明细账，但可查询月份综合明细账，而且可以到"出纳管理"中通过现金日记账与银行日记账查询该科目的明细数据。
>
> ❍ 查询月份综合明细账必须先指定一级科目，且起始科目与终止科目必须为指定科目或其下属科目，且为同一级次。例如：指定科目为1403，则科目范围可输入140301～140302，也可输入1403～1403，但不能输入1403～140302。

2．明细账的打印

明细账的打印方法与总账打印基本相同。

二、多栏账的管理

多栏账是一种特殊的明细账，是将某个科目下属的若干相关明细科目集中到一张账页上，每个明细科目占一个专栏进行列示。在实际业务中一般将应交增值税、生产成本等设置为多栏账进行专栏分析。由于畅捷通T3-企业管理信息化软件教育专版营改增版采用自定义多栏账查询方式，所以在对多栏账进行查询之前，必须先设定多栏账，然后才能进行查询。

多栏账名称不能重复定义，且栏目中的科目也不能重复定义。

1．定义多栏账

（1）选择核算科目：通过选择核算科目确定对哪个科目进行专栏分析。

（2）设置多栏账名称：选择分析科目后，系统将根据科目自动显示多栏账名称，也可直接修改，但不能重复定义。

（3）定义多栏账栏目：系统提供了"自动编制"和"手动编制"两种设置方式，用户可根据自己的实际需要进行选择。一般先进行自动编制再进行手动调整，可提高录入效率。

（4）设置多栏账格式：系统提供了两种多栏账输出格式，即分析栏目前置式和分析栏目后置式。

2．查询多栏账

多栏账首次定义完毕后，单击"确认"按钮，根据系统提示即可查询多栏账。

教师演示

一、明细账的查询

（1）打开明细账查询条件窗口。在"总账系统"主界面，单击"总账"→"账簿查询"→"明细账"，系统将弹出"明细账查询条件"对话框，如图4-3所示。

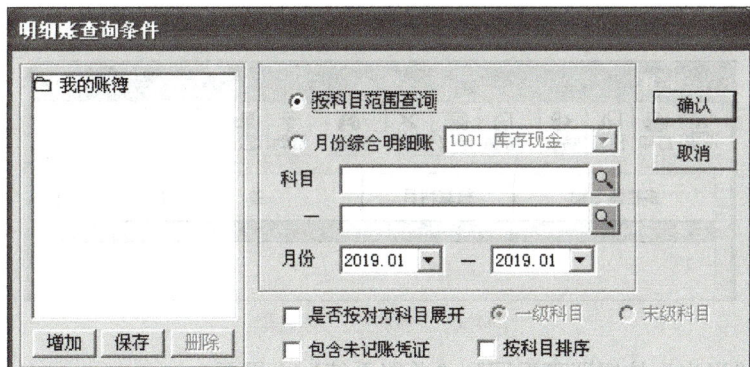

图4-3　"明细账查询条件"对话框

（2）设置明细账查询条件。

（3）单击"确认"按钮，系统即可显示出按相应条件查询的"明细账"。

（4）查询完毕后，单击"退出"按钮即可返回到"总账系统"主界面。

二、多栏账的设置与查询

（1）打开"多栏账"对话框。在"总账系统"主界面，单击"总账"→"账簿查询"→"多栏账"，系统将弹出"多栏账"对话框，如图4-4所示。

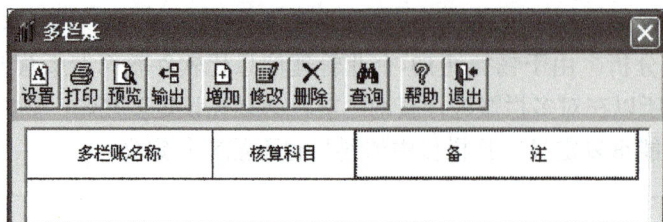

图4-4 "多栏账"对话框

（2）在"多栏账"对话框中，单击"增加"按钮进行多栏账定义，如图4-5所示。在"核算科目"处选择"6001 主营业务收入"，单击"自动编制"按钮，再单击"确定"按钮，系统将弹出如图4-6所示"多栏账"对话框，单击"查询"按钮即可查询出"主营业务收入多栏账"。

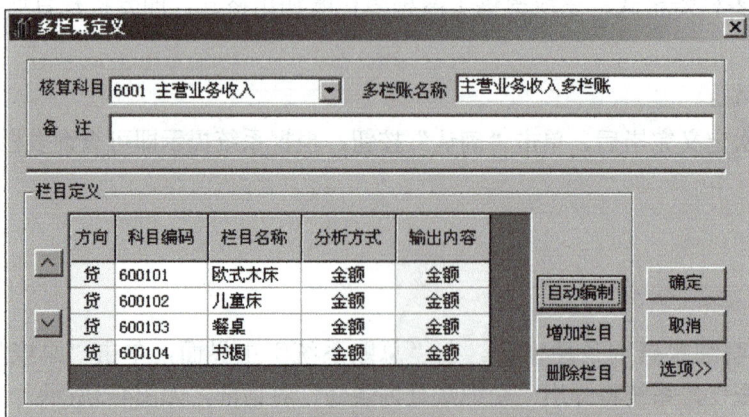

图4-5 "多栏账定义"对话框

图4-6 "多栏账"对话框

（3）单击"退出"按钮即可返回到"总账系统"主界面。

学生动手

请同学们结合教师演示进行明细账的查询，进行多栏式明细账的设置与查询。

举一反三

请同学们在教师的指导下尝试进行以下操作。

1. "明细账组合条件"的查询

日常工作中除了按科目和月份查询以外，用户也经常希望按其他条件查询，如按摘要、科目自定义项、发生额范围、日期范围、凭证范围、结算方式、票号、制单人、复核人等条件进行查询，为此畅捷通T3-企业管理信息化软件教育专版营改增版为用户提供了组合查询方式。在"明细账"对话框中，用户用鼠标单击工具栏中的"过滤"按钮，系统即显示"明细账过滤条件"对话框，如图4-7所示。用户可根据自己的实际需要输入相应的过滤条件后，单击"确认"按钮进行明细账的查询。

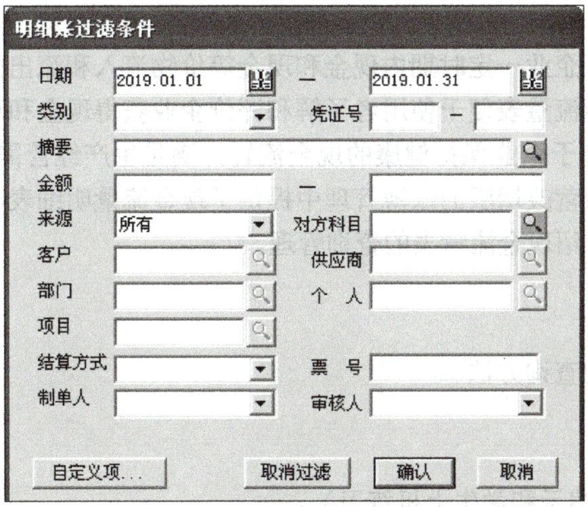

图4-7 "明细账过滤条件"对话框

2．比较多栏式明细账分析栏目前置式和分析栏目后置式两种格式的不同

分析栏目前置即将分析栏目放在余额列之前进行分析。例如，增值税多栏账可采用这种方式。这样便于调整各专栏的分析方向。

分析栏目后置即将分析栏目放在余额列之后进行分析。该方式与手工多栏账保持一致。

如果选择了"分析栏目后置"，则所有栏目的分析方向必须相同，且若选择"借方分析"则分析方向必须为"借"，若选择"贷方分析"则分析方向必须为"贷"。

如果选择了"分析栏目后置"，则所有栏目的分析内容必须相同，且不能输出外币及数量，若按金额分析则需全按金额分析，若按余额分析则需全按余额分析。

学习评价

明细账和多栏账的查询、设置学习评价表，见表4-2。

表4-2 明细账和多栏账的查询、设置学习评价表

被考评人					
考评地点					
考评内容	能熟练进行明细账的查询，能熟练进行多栏账的设置与查询				
考评标准	内　　容	分值/分	自我评价/分	小组评议/分	实际得分/分
	是否能熟练进行明细账的查询	50			
	是否能熟练进行多栏账的设置与查询	50			
	合　　计	100			

注：1．实际得分=自我评价40%+小组评议60%。

2．考评满分为100分，60～74分为及格，75～84分为良好，85分（包括85分）以上为优秀。

任务三　现金流量表的查询管理

任务描述

现金流量表反映了企业一定时期内现金和现金等价物流入和流出的信息，是以收付实现制为基础编制的。现金流量表便于使用者了解和评价企业获得现金和现金等价物的能力，分析现金流量的特点，利于企业保持健康的现金流转，满足生产经营需要。畅捷通T3-企业管理信息化软件教育专版营改增版的账簿管理中提供了现金流量明细表和现金流量统计表的查询功能。本任务主要介绍现金流量表的查询管理。

任务目标

掌握现金流量表的查询方法。

学时安排

1个学时（含教师演示和学生上机练习）。

情景导入

在2019年1月的各张收付款凭证中，瑞兴木器责任有限公司财务人员小陈已将涉及现金流量项目的科目进行了"流入"或"流出"金额的登记。接下来，我们一起来看看小陈在月末是怎么样查询"现金流量明细表"和"现金流量统计表"的。

知识储备

在畅捷通T3-企业管理信息化软件教育专版营改增版中，用户若想自动生成现金流量表，随时提供查询功能，应在录入凭证时就将现金流量科目的流入流出金额和对应的项目目录进行指定，以便于在现金流量表中分类汇总。要实现现金流量表的查询，应满足两个条件：一是将库存现金、银行存款、其他货币资金等科目指定为现金流量科目；二是在凭证的录入过程中，将涉及现金流量的科目进行项目目录和金额的设定。

1. 现金流量明细表查询

系统提供了按月查询、按日查询、按项目范围查询以及是否包含未记账凭证等查询条件。如果选择按日查询，可以不输日期，系统默认为显示全部数据信息。如果不选择项目范围，则表示选择了全部项目。如果选择项目范围，可按项目编号、项目名称、是否结算、所属分类码以及方向等项目属性进行选择。

2. 现金流量统计表查询

系统提供了按项目分类查询、按月查询、按日查询以及是否包含未记账凭证等查询条件。查询时按项目分类编号+项目编号排序并做小计，列示在对应项目的后面，输出现金流量统计表列示所有现金流量明细项目。

按项目分类一级做本级净额合计=流入项目金额合计-流出项目金额合计

流入项目统计金额=流入项目借方金额-流出项目贷方金额

流出项目统计金额=流出项目贷方金额-流出项目借方金额

在现金流量统计表中单击工具栏中的"明细"按钮可以联查到现金流量明细表。

教师演示

1．查询现金流量明细表

（1）打开"现金流量明细表"对话框，在"总账系统"主界面，单击"总账"→"账簿查询"→"现金流量明细表"，系统弹出"现金流量表_明细表"对话框，如图4-8所示。

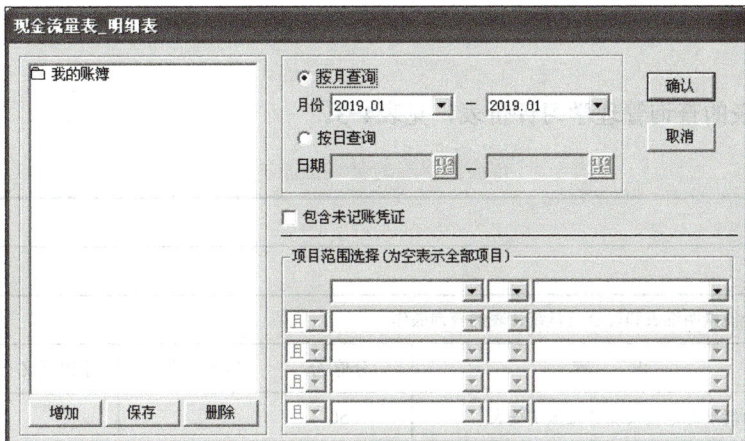

图4-8 "现金流量表_明细表"对话框

（2）设置查询条件。

（3）单击"确认"按钮，系统即可显示出按相应条件查询的"现金流量明细表"。

（4）查询完毕后，单击"退出"按钮即可返回到"总账系统"主界面。

2．查询现金流量统计表

（1）打开"现金流量统计表"对话框。在"总账系统"主界面，单击"总账"→"账簿查询"→"现金流量统计表"，系统弹出"现金流量表_统计表"对话框，如图4-9所示。

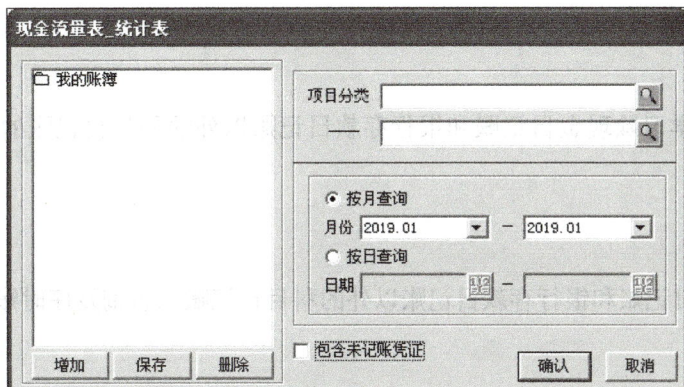

图4-9 "现金流量表_统计表"对话框

（2）设置查询条件。

（3）单击"确认"按钮，系统即可显示按相应条件查询的"现金流量统计表"。

（4）查询完毕后，单击"退出"按钮即可返回到"总账系统"对话框。

学生动手

请大家结合教师演示分别查询现金流量明细表与现金流量统计表。

举一反三

请大家尝试对现金流量表进行不同格式文件的输出保存操作。

学习评价

现金流量表的查询管理学习评价表，见表4-3。

表4-3 现金流量表的查询管理学习评价表

被考评人					
考评地点					
考评内容	现金流量明细表和现金流量统计表的查询操作				
考评标准	内　　容	分值/分	自我评价/分	小组评议/分	实际得分/分
	是否能熟练地查询现金流量明细表	50			
	是否能熟练地查询现金流量统计表	50			
合　　计		100			

注：1. 实际得分=自我评价40%+小组评议60%。

　　2. 考评满分为100分，60～74分为及格，75～84分为良好，85分（包括85分）以上为优秀。

任务四　日记账和序时账的查询管理

任务描述

本任务主要学习除现金日记账和银行存款日记账以外的科目日记账的查询，以及序时账的查询。

任务目标

掌握除现金日记账和银行存款日记账以外的科目日记账的查询及序时账的查询。

学时安排

1个学时（含教师演示和学生上机练习）。

情景导入

负责财务的副总经理林超来到财务部，想查询一下月底他出差的这一周财务人员依次都做了哪些凭证。他发现在凭证查询功能中只能查到已按收、付、转分好类别的凭证，不能按凭证编制的先后顺序统一排列。

陈亚楠告诉林超："只要在序时账中查询这几天的业务就可以了。"

知识储备

1．日记账的查询

要想查询某一科目的日记账，首先应在会计科目设置时，将该科目设置为"日记账"。在具体查询时，会计科目采用选择查询方式，用户可根据需要选择要查询的月份或日期以及是否包含未记账的凭证。

2．序时账的查询

序时账用于查询按时间顺序排列每笔业务的明细数据。系统提供了按凭证类别、摘要、发生金额、结算方式等条件进行查询的功能。在系统显示出序时账查询结果后，用户可单击工具栏中的"凭证"按钮联查到相应的凭证。在序时账中每笔业务只显示末级科目名称，要查看上级科目的名称，可单击工具中的"上级"按钮。

教师演示

1．日记账的查询

（1）打开"日记账查询条件"对话框。在"总账系统"主界面，单击"总账"→"账簿查询"→"日记账"，系统弹出"日记账查询条件"对话框，如图4-10所示。

图4-10 "日记账查询条件"对话框

（2）设置查询条件。

（3）单击"确认"按钮，系统即可显示出按相应条件查询的"日记账"。

（4）查询完毕后，单击"退出"按钮即可返回到"总账系统"主界面。

2．序时账的查询

（1）打开"序时账查询条件"对话框。在"总账系统"主界面，单击"总账"→"账簿查询"→"序时账"，系统弹出"序时账查询条件"对话框，如图4-11所示。

图4-11 "序时账查询条件"对话框

（2）设置查询条件。

（3）单击"确认"按钮，系统即可显示出按相应条件查询的"序时账"。

（4）查询完毕后，单击"退出"按钮即可返回到"总账系统"主界面。

学生动手

请同学们参照教师演示分别进行日记账和序时账的查询。

举一反三

请同学们在教师的指导下查询"现金日记账"和"银行存款日记账"。

学习评价

日记账和序时账的查询管理学习评价表，见表4-4。

表4-4 日记账和序时账的查询管理学习评价表

被考评人					
考评地点					
考评内容	能熟练查询日记账及序时账				
考评标准	内　容	分值/分	自我评价/分	小组评议/分	实际得分/分
	是否能熟练查询日记账	30			
	是否能熟练查询序时账	70			
合　　计		100			

注：1. 实际得分=自我评价40%+小组评议60%。

　　2. 考评满分为100分，60～74分为及格，75～84分为良好，85分（包括85分）以上为优秀。

任务五　辅助核算账簿管理

任务描述

辅助核算账簿管理包括个人往来、部门核算、项目核算账簿的总账、明细账查询输出，以及部门收支分析和项目统计表的查询输出。

任务目标

掌握各种辅助核算账簿的查询方法。

学时安排

1个学时（含教师演示和学生上机练习）。

情景导入

副总经理林超来到财务部找陈亚楠说道："营销一部费用总比二部高，我想看看这个月的情况。另外，看看有没有员工借款没还的。再就是查一查各种产品本月耗用材料多少。"陈亚楠说："这就用到个人账、部门账、项目账查询了，我给您展示一下。"

知识储备

畅捷通T3-企业管理信息化软件教育专版营改增版在完成一般企业会计核算的基础上，还提供了辅助核算与管理的功能，这些辅助核算与管理的功能主要包括个人往来核算与管理、部门核算与管理、项目核算与管理等。

一、个人往来核算与管理

1．个人往来核算

（1）个人往来余额表。系统可以输出指定会计期间内某科目某部门下所有人的发生额及余额表，可以输出指定会计期间内某部门往来个人的各往来科目的发生额及余额表，还可以输出指定会计期间内某个人往来核算科目下所有人的发生额及余额表。

（2）个人往来明细账。系统可以根据用户指定的科目和会计期间输出个人科目明细账，也可根据用户指定的部门和会计期间输出部门个人往来明细账。

2．个人往来管理

（1）个人往来清理。该功能是对个人的借款、还款情况进行清理，使用户及时了解个人借款、还款情况，清理个人借款。系统对个人往来账的清理是通过核销的方式进行的，通常有自动核销和手工核销两种方式。

（2）个人往来催款单。畅捷通T3-企业管理信息化软件教育专版营改增版提供了输出指定往来个人的往来款项催款单的功能，以便用户及时清理个人借款。

（3）个人往来账龄分析。个人往来账龄分析是指对个人往来款余额的时间分布情况进行账龄分析，以便财务人员及时了解个人往来款项的资金占用情况，及时催收或支付款项。

二、部门核算与管理

1. 部门核算

畅捷通T3-企业管理信息化软件教育专版营改增版提供了部门总账、部门明细账的查询与输出功能。

（1）部门总账。系统可根据用户指定的部门核算科目和会计期间，输出该部门核算科目下指定期间内各部门的期初余额、借贷方发生额及期末余额；也可根据用户指定的部门和会计期间，输出该部门下指定期间内对应各个部门核算科目的期初余额、借贷方发生额及期末余额。

（2）部门明细账。系统可根据用户指定的部门核算科目和会计期间，输出该部门核算科目在指定期间内分部门的明细账；也可根据用户指定的部门和会计期间，输出该部门在指定期间内对应各个部门核算科目的明细账；还可通过指定部门核算科目及部门和会计期间，输出该科目该部门下指定期间内的明细账。根据建立会计科目时所定义的账页格式，明细账的具体格式有金额式、原币金额式、数量金额式和原币数量式四种（原币即与本位币对应的外币）。具体输出明细账时，用户可选择输出格式。另外，还可输出多栏式明细账。

2. 部门管理

部门核算产生的核算数据，为企业及部门对部门业务的管理和各项费用的控制与管理提供了信息。畅捷通T3-企业管理信息化软件教育专版营改增版提供了部门收支分析表的输出功能，对各个部门或部分部门指定期间内的收入情况和费用开支情况汇总分析。统计分析的数据可以是发生额、余额或同时分析发生额和余额。

三、项目核算与管理

1. 项目核算

（1）项目总账的查询。项目总账是反映某项目大类中的各个具体项目对应各个科目的各期发生额和余额的账簿。

（2）项目明细账的查询。畅捷通T3-企业管理信息化软件教育专版营改增版提供了某科目的项目明细账、某项目的项目明细账查询功能，有三栏式和多栏式两种格式。

2. 项目管理

项目管理是为某项业务的分项管理提供管理信息资料。畅捷通T3-企业管理信息化软件教育专版营改增版提供了项目统计分析表的输出功能，用来生成反映各项目在各个对应科目下的期初余额、借贷方发生额及期末余额的汇总报表，通过此汇总报表可为管理者提供各项目的进展情况及各项目的开支情况，以便于对项目进行管理和控制。

教师演示

一、个人往来辅助查询

1. 个人往来余额表查询

在畅捷通T3-企业管理信息化软件教育专版营改增版主界面，单击"总账"→"辅助查询"→"个人往来余额表",可分别查询个人科目余额表、个人部门余额表、个人余额表及个人三栏式余额表。

2．个人往来明细账查询

在畅捷通T3-企业管理信息化软件教育专版营改增版主界面,单击"总账"→"辅助查询"→"个人往来明细账",可分别查询个人科目明细账、个人部门明细账、个人明细账、个人三栏式明细账及个人多栏式明细账。

3．个人往来清理

在畅捷通T3-企业管理信息化软件教育专版营改增版主界面,单击"总账"→"辅助查询"→"个人往来清理",可指定个人往来科目、部门、个人及会计期间后进行个人往来清理查询。

4．个人往来催款单

在畅捷通T3-企业管理信息化软件教育专版营改增版主界面,单击"总账"→"辅助查询"→"个人往来催款单",可指定个人往来科目、部门、姓名及会计期间后进行个人往来催款单查询。

5．个人往来账龄分析

在畅捷通T3-企业管理信息化软件教育专版营改增版主界面,单击"总账"→"辅助查询"→"个人往来账龄分析",可指定个人往来科目、期间等条件进行个人往来账龄分析表的查询。

二、部门辅助查询

1．部门总账查询

在畅捷通T3-企业管理信息化软件教育专版营改增版主界面,单击"总账"→"辅助查询"→"部门总账",可分别查询部门科目总账、部门总账及部门三栏式总账。

2．部门明细账查询

在畅捷通T3-企业管理信息化软件教育专版营改增版主界面,单击"总账"→"辅助查询"→"部门明细账",可分别查询部门科目明细账、部门明细账、部门三栏式明细账及部门多栏式明细账。

3．部门收支分析表查询

在畅捷通T3-企业管理信息化软件教育专版营改增版主界面,单击"总账"→"辅助查询"→"部门收支分析表",可指定科目、部门及期间后进行部门收支分析表的查询。

三、项目辅助核算查询

1．项目总账查询

在畅捷通T3-企业管理信息化软件教育专版营改增版主界面,单击"项目"→"账簿"→"项目总账",可分别查询项目科目总账、项目总账、项目三栏式总账、项目分类总账、项目部门总账及项目个人总账。

2．项目明细账查询

在畅捷通T3-企业管理信息化软件教育专版营改增版主界面，单击"项目"→"账簿"→"项目明细账"，可分别查询项目科目明细账、项目明细账、项目三栏式明细账、项目部门明细账、项目分类明细账、项目多栏式明细账及项目个人明细账。

3．项目统计分析表查询

在畅捷通T3-企业管理信息化软件教育专版营改增版主界面，单击"项目"→"账簿"→"项目明细账"，可指定项目大类、科目、期间后进行项目统计分析表的查询。

学生动手

请同学们参照教师演示分别进行以下辅助核算的查询：

1）个人往来余额表的查询，个人往来明细账的查询，个人往来清理、个人往来催款单的查询及个人往来账龄分析表的查询。

2）部门总账的查询、部门明细账的查询及部门收支分析表的查询。

3）项目总账的查询、项目明细账的查询及项目统计分析表的查询。

举一反三

请同学们在教师的指导下对各辅助核算所输出的账簿进行打印设置。

学习评价

辅助核算账簿管理学习评价表，见表4-5。

表4-5　辅助核算账簿管理学习评价表

被考评人					
考评地点					
考评内容	能熟练查询各种辅助核算账簿				
考评标准	内　　容	分值/分	自我评价/分	小组评议/分	实际得分/分
	是否能熟练地进行个人往来辅助查询	30			
	是否能熟练地进行部门核算辅助查询	30			
	是否能熟练地进行项目核算辅助查询	40			
合　　计		100			

注：1．实际得分=自我评价40%+小组评议60%。

2．考评满分为100分，60～74分为及格，75～84分为良好，85分（包括85分）以上为优秀。

扫码观看关于营业账簿减免印花税的通知，并谈谈你的看法。

新政速递4

第五单元 现金管理、项目管理、往来管理 *05*

任务一 现金管理

任务描述

库存现金、银行存款属于货币资金，是企业资产中流动性最强的部分，也是出纳人员专管的资产。企业必须管理好货币资金，保持健康的现金流量，才能顺利地开展生产经营。本任务主要学习畅捷通T3-企业管理信息化软件教育专版营改增版中的现金管理功能，包括支票登记簿的使用、录入银行期初数据、编制并查询银行存款余额调节表、查询日记账等。

任务目标

能熟练地登记支票登记簿；能熟练地录入银行期初数据；能准确地录入银行对账单并进行银行对账；能查询银行存款余额调节表；能熟练地查询日记账和资金日报表。

学时安排

3个学时（含教师演示和学生上机练习）。

情景导入

计财部的实习生姚宏来向出纳员韩明江请教现金管理业务，韩明江非常爽快地答应了这个要求。我们一起来看一看她的讲解吧。

知识储备

一、支票登记簿的使用

为了加强企业对银行支票的管理，在手工记账时，出纳员通常设置支票领用登记簿，用来登记支票领用情况。为此，畅捷通T3-企业管理信息化软件教育专版营改增版特意为出纳员提供了"支票登记簿"功能，以供其详细登记支票领用人、领用日期、支票用途、是否报销等情况。

使用支票登记簿的前提：

提示

- 在会计科目设置时将银行存款科目设置为"银行账"辅助核算。
- 将银行存款指定为银行总账科目。
- 在"总账"→"设置"→"选项"的"制单控制"中选择了"支票控制"。
- 在结算方式中的"票据管理标志"处打对勾。

二、银行对账

1. 银行期初录入

（1）启用期间。银行对账功能可以与总账系统同时启用，也可以在总账系统启用后的某个月份启用。比如某企业2019年1月开始使用账务处理系统，银行对账功能则可以在1月份开始使用，也可以在以后月份使用。

提示

- 在使用银行对账功能前，必须将银行存款指定为银行总账科目。
- 在录入完单位日记账、银行对账单期初未达账项后，不要随意调整启用日期，尤其是向前调整，这样可能会造成启用日期后的期初数据不能再参与对账。

（2）银行期初录入。在第一次使用银行对账功能前，系统为了保证银行对账的正确性，必须先将银行存款日记账、银行对账单以及未达账项录入系统中。正常开展银行对账业务之后，该功能不能再使用。

2. 银行对账单录入

要实现计算机自动进行对账，在每月月末对账前，须将银行出具的对账单数据录入系统中，存入"对账单文件"。银行对账单的录入有两种形式，可以直接手工输入，也可以引入银行对账单文件，但引入银行对账单文件类型应为"*.dbf"或"*.txt"格式。该功能中显示的银行对账单为启用日期之后的银行对账单。

3. 银行对账

系统的银行对账采用自动对账与手工对账相结合的方式。自动对账是计算机根据对账条件将银行存款日记账与银行对账单中符合条件的记录进行自动核对、勾销。手工对账是对自动对账的补充，由操作员来对系统未确认为已达账的业务进行再次识别，视实际情况进行勾销。

提示

- 为了保证自动对账的正确和完整，制单人录入的相关信息必须完整、规范。
- 在实际工作中，银行日记账与银行对账单中的记录会有一些已达账项因不能满足设定的对账条件而未能核对、勾销，自动对账后被视做未达账项。为了保证对账正确，可以用手工对账来进行调整。

○ 如果对账有疑问，可以取消对账。单击工具栏中的"取消"按钮可以自动取消所有的两清标志，如果采取手工取消可双击要取消对账标志记录的"两清"栏。

三、银行存款余额调节表的查询及银行账的核销

1. 银行存款余额调节表及银行勾对情况查询

所有的银行科目都可以生成银行存款余额调节表，以便用户查询和打印；系统还提供了查询单位日记账及银行对账单的对账结果的功能。

2. 核销已达账项

在系统中，用于银行对账的银行存款日记账和银行对账单的数据是会计核算和财务管理的辅助数据。正确对账后，已达账项数据已无保留价值，可以通过"核销银行账"功能核销银行存款日记账和银行对账单的已达账项，以清理计算机系统的硬盘空间。在执行核销操作时，应确信银行对账正确。核销后的已达账项消失，不能被恢复。

四、日记账的查询

日记账包括现金日记账、银行存款日记账和资金日报表。日记账由计算机自动登记，在此可以查询、输出和打印日记账。资金日报表是反映库存现金、银行存款的日发生额及余额情况的报表。在电算化条件下，可以查询、输出或打印资金日报表，提供当日借、贷金额合计和余额，以及发生的业务量信息等。

查询日记账的前提：把库存现金、银行存款分别指定为"现金总账""银行总账"科目；把库存现金、银行存款会计科目设置为"日记账"辅助核算。

教师演示

一、支票登记簿的使用

1. 领用

（1）在畅捷通T3-企业管理信息化软件教育专版营改增版的主菜单上单击"现金"→"票据管理"→"支票登记簿"，系统显示"银行科目选择"对话框，然后选择银行存款的末级科目"基本存款户"。

（2）单击"确定"按钮，系统显示"支票登记"对话框。

（3）单击"增加"按钮，输入日期2019年1月30日，输入领用部门"采购部"，输入领用人"陈晶"，输入票号"8115"，输入金额"3 480"，输入用途"购买铰链"，单击"保存"按钮。

2. 报销

（1）由陈亚楠登录，编制付款凭证。

（2）单击"保存"按钮，系统提示"此支票已登记过，是否报销？"

（3）单击"是"按钮，进入"支票登记簿"，系统显示报销日期为2019年1月30日，表明该支票已经报销。

（4）单击"退出"按钮，返回系统主界面，由韩明江登录进行出纳签字，由李海英登录进行审核。单击"退出"按钮，返回系统主界面，由李海英登录进行记账。

提示

○ 在进行支票登记时，领用日期和支票号必须输入，其他内容可以不输。

○ 支票登记簿中报销日期为空时，表示该支票未报销；当填制凭证录入该支票的结算方式和支票号后，系统自动提示该支票的报销日期并传送到支票登记簿中，该支票即为已报销。

二、银行对账

1. 银行期初录入

（1）在畅捷通T3-企业管理信息化软件教育专版营改增版主菜单中单击"现金"→"设置"→"银行期初录入"，系统显示"银行科目选择"对话框，然后选择银行存款的末级科目"基本存款户"。

（2）单击"确定"按钮，系统显示"银行对账期初"对话框。单击"方向"按钮，可以调整银行对账单余额方向。默认对账单余额方向，启用日期为2019年1月1日。

提示

○ 系统默认的银行对账单余额方向为借方。

○ 银行对账单余额方向为借方时，借方发生表示银行存款增加，贷方发生表示银行存款减少；反之，借方发生表示银行存款减少，贷方发生表示银行存款增加。

○ 已进行过银行对账勾对的银行科目不能调整银行对账单余额方向。

（3）单位日记账与银行对账单的"调整前余额"应分别为启用日期时该银行科目的科目余额及银行存款余额，在单位日记账的"调整前余额"输入1 261 200；在银行对账单的"调整前余额"输入1 561 200，如图5-1所示。

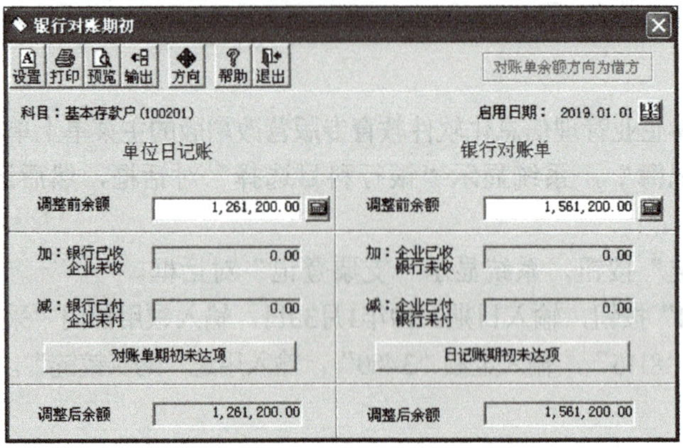

图5-1 银行对账期初余额录入

（4）"期初未达项"为上次手工勾对截止日期到启用日期前的未达账项。单击"对账单期初未达项"按钮可以录入银行对账单未达账项；单击"日记账期初未达项"按钮可以录入单位期初未达账项。单击"对账单期初未达项"按钮，弹出"银行方期初"对话框，单击"增加"按钮，输入日期2017年12月31日，选择结算方式"电汇"，输入票号"1135"，输入借方金额300 000，单击"保存"按钮。

（5）单击"退出"按钮，系统显示调整后余额，如图5-2所示。

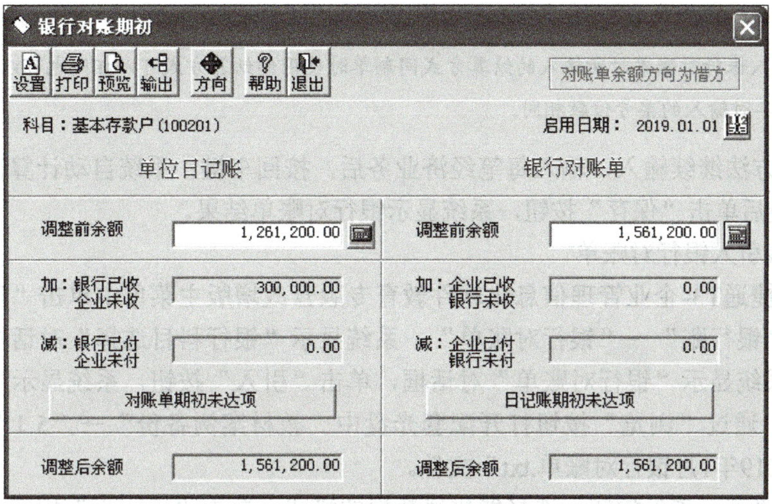

图5-2 银行对账期初调整后余额

提示

○ 单位日记账与银行对账单的调整后余额必须平衡，否则会造成以后编制的"银行存款余额调节表"的不平衡。

2. 银行对账单录入

（1）手工输入银行对账单

1）在畅捷通T3-企业管理信息化软件教育专版营改增版主菜单中单击"现金"→"现金管理"→"银行账"→"银行对账单"，系统显示"银行科目选择"对话框，选择"基本存款户"，选择"2019年1月"，选择"显示已达账"。

2）单击"确定"按钮，系统显示"银行对账单"对话框，单击"增加"按钮，输入日期"2019年1月1日"，选择结算方式"委托收款"，票号"3347"，贷方金额"225 800"，单击"保存"按钮，如图5-3所示。

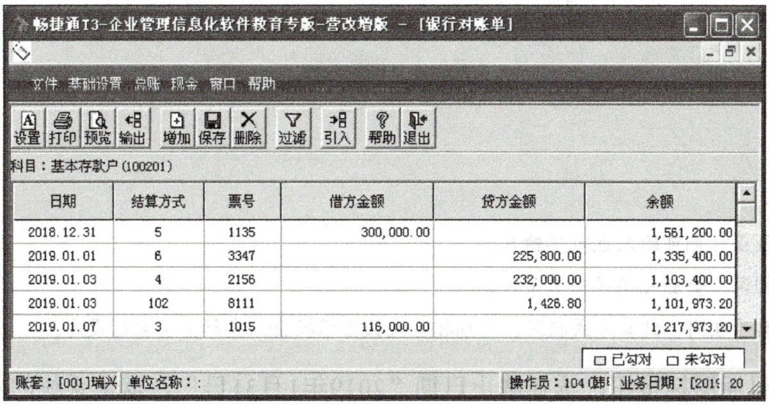

图5-3 银行对账单

提示

❍ 在录入银行对账单时所输入的结算方式同制单时使用的结算方式可以相同也可以不同，但输入的票号应同制单时输入的票号位数相同。

3）以此方法继续输入，输入每笔经济业务后，按回车键，系统自动计算出该日的银行存款余额，最后单击"保存"按钮，系统显示银行对账单结果。

（2）直接引入银行对账单

1）在畅捷通T3-企业管理信息化软件教育专版营改增版主菜单中单击"现金"→"现金管理"→"银行账"→"银行对账单"，系统显示"银行科目选择"对话框，单击"确定"按钮，系统显示"银行对账单"对话框，单击"引入"按钮，系统显示"数据接口向导"对话框，通过"浏览"按钮打开配套光盘中"教材案例备份"→"5.1"文件夹中的"瑞兴公司2019年1月银行对账单.txt"文件。

2）单击"下一步"按钮，选择能描述数据的格式，单击"下一步"按钮，选择设置文件的格式，单击"引入"按钮，系统提示"引入数据成功"。

3）单击"确定"按钮，系统显示"银行对账单"。

（3）自动对账

1）在畅捷通T3-企业管理信息化软件教育专版营改增版主菜单中单击"现金"→"现金管理"→"银行账"→"银行对账"，系统显示"银行科目选择"对话框，选择银行存款的末级科目"基本存款户"，选择对账单的月份"2019年1月"，选择"显示已达账"。

2）单击"确定"按钮，进入"银行对账"对话框，单击"对账"按钮，打开"自动对账"对话框选择对账条件，如图5-4所示。

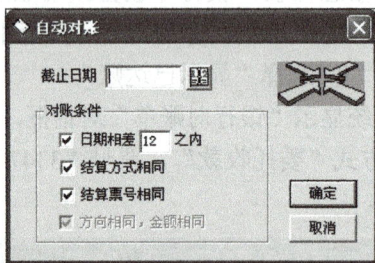

图5-4　对账条件

提示

❍ 对账截止日期可输入也可不输入。

❍ 方向相同、金额相同是必选条件。

❍ 结算票号相同、结算方式相同、日期相差天数可根据企业实际需要自行设定。

3）单击日期图标按钮，选择截止日期"2019年1月31日"，默认系统的对账条件，单击"确定"按钮，系统显示对账结果，如图5-5所示。

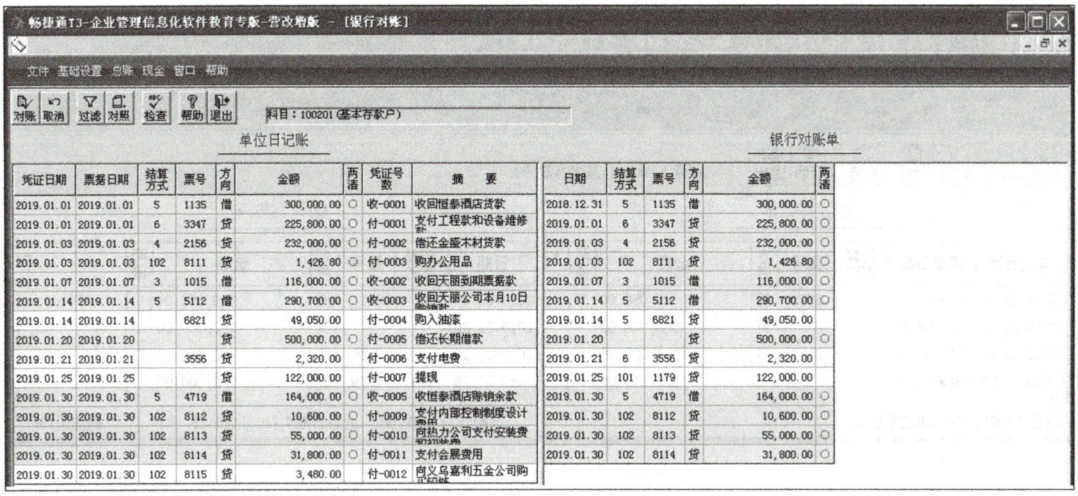

畅捷通T3-企业管理信息化软件教育专版-营改增版 - [银行对账]

文件 基础设置 总账 现金 窗口 帮助

对账 取消 过滤 对照 检查 帮助 退出

科目：100201（基本存款户）

单位日记账

凭证日期	票据日期	结算方式	票号	方向	金额	两清	凭证号数	摘要
2019.01.01	2019.01.01	5	1135	借	300,000.00	○	收-0001	收回恒泰酒店货款
2019.01.01	2019.01.01	6	3347	贷	225,800.00	○	付-0001	支付工程款和设备维修
2019.01.03	2019.01.03	4	2156	贷	232,000.00	○	付-0002	偿还金盛木材货款
2019.01.03	2019.01.03	102	8111	贷	1,426.80	○	付-0003	购办公用品
2019.01.07	2019.01.07	3	1015	借	116,000.00	○	收-0002	收回天丽到期票据款
2019.01.14	2019.01.14	5	5112	借	290,700.00	○	收-0003	收回天丽公司本月10日
2019.01.14	2019.01.14		6821	贷	49,050.00		付-0004	购入油漆
2019.01.20	2019.01.20			贷	500,000.00	○	付-0005	偿还长期借款
2019.01.21	2019.01.21		3556	贷	2,320.00		付-0006	支付电费
2019.01.25	2019.01.25			贷	122,000.00		付-0007	提现
2019.01.30	2019.01.30	5	4719	借	164,000.00	○	收-0005	收恒泰酒店赊销余款
2019.01.30	2019.01.30	102	8112	贷	10,600.00	○	付-0009	支付内部控制制度设计
2019.01.30	2019.01.30	102	8113	贷	55,000.00	○	付-0010	向热力公司支付安装费
2019.01.30	2019.01.30	102	8114	贷	31,800.00	○	付-0011	支付会展费用
2019.01.30	2019.01.30	102	8115	贷	3,480.00		付-0012	向义乌嘉利五金公司购

银行对账单

日期	结算方式	票号	方向	金额	两清
2018.12.31	5	1135	借	300,000.00	○
2019.01.01	6	3347	贷	225,800.00	○
2019.01.03	4	2156	贷	232,000.00	○
2019.01.03	102	8111	贷	1,426.80	○
2019.01.07	3	1015	借	116,000.00	○
2019.01.14	5	5112	借	290,700.00	○
2019.01.14	5	6821	贷	49,050.00	
2019.01.20			贷	500,000.00	○
2019.01.21	6	3556	贷	2,320.00	
2019.01.25	101	1179	贷	122,000.00	
2019.01.30	5	4719	借	164,000.00	○
2019.01.30	102	8112	贷	10,600.00	○
2019.01.30	102	8113	贷	55,000.00	○
2019.01.30	102	8114	贷	31,800.00	○

图5-5 系统自动对账结果

提示

- 对于已核对的银行业务，系统将自动在银行存款日记账和银行对账单双方显示两清记录标记“○”，且已两清的记录背景色为绿色，并视为已达账项；对于在两清栏未标有两清符号的记录，系统则视其为未达账项。

（4）手工对账

1）由于有些单位日记账和银行对账单的结算方式或票号不一致，部分项目未被勾对，所以此时需要手工对账。在单位日记账中单击要进行勾对的记录所在行，单击“对照”按钮，银行对账单中显示出金额和方向同单位日记账中当前记录相似的记录，如图5-6所示。

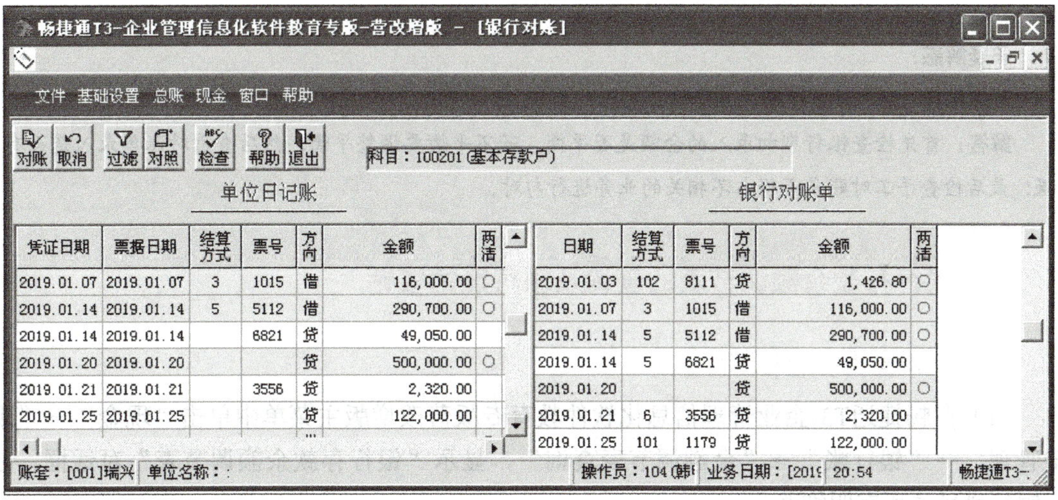

畅捷通T3-企业管理信息化软件教育专版-营改增版 - [银行对账]

文件 基础设置 总账 现金 窗口 帮助

对账 取消 过滤 对照 检查 帮助 退出

科目：100201（基本存款户）

单位日记账

凭证日期	票据日期	结算方式	票号	方向	金额	两清
2019.01.07	2019.01.07	3	1015	借	116,000.00	○
2019.01.14	2019.01.14	5	5112	借	290,700.00	○
2019.01.14	2019.01.14		6821	贷	49,050.00	
2019.01.20	2019.01.20			贷	500,000.00	○
2019.01.21	2019.01.21		3556	贷	2,320.00	
2019.01.25	2019.01.25			贷	122,000.00	

银行对账单

日期	结算方式	票号	方向	金额	两清
2019.01.03	102	8111	贷	1,426.80	○
2019.01.07	3	1015	借	116,000.00	○
2019.01.14	5	5112	借	290,700.00	○
2019.01.14	5	6821	贷	49,050.00	
2019.01.20			贷	500,000.00	○
2019.01.21	6	3556	贷	2,320.00	
2019.01.25	101	1179	贷	122,000.00	

账套：[001]瑞兴 单位名称：: 操作员：104（韩 业务日期：[201 20:54 畅捷通T3-

图5-6 手工对账

2）分别双击“两清”栏，手工对账两清的记录便标上了“Y”标志，如图5-7所示。

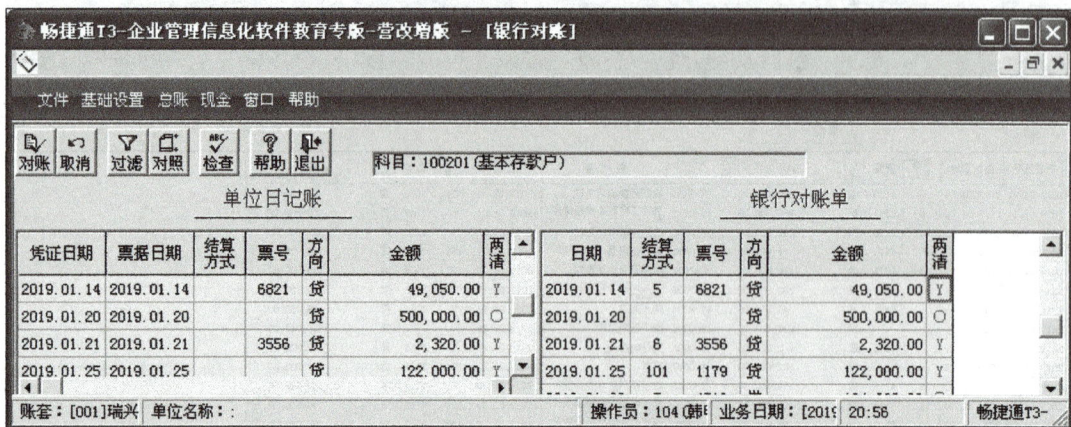

图5-7 银行手工对账标志

3）所有记录对完之后，单击"检查"按钮，显示对账平衡，表明对账无误，如图5-8所示。

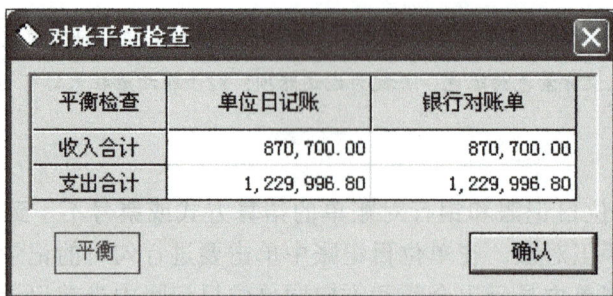

图5-8 对账平衡检查

答疑解惑：

如果银行对账显示不平衡，应如何应对？

解答： 首先检查银行期初录入的金额是否平衡，若不平衡要调整平衡；然后查看对账单录入是否有误；最后检查手工对账是否将本不相关的业务进行勾对。

三、银行存款余额调节表的查询及银行账的核销

1．银行存款余额调节表的查询

（1）在畅捷通T3-企业管理信息化软件教育专版营改增版主菜单中单击"现金"→"现金管理"→"银行账"→"余额调节表查询"，显示"银行存款余额调节表"对话框，显示银行科目的所有明细账户。

（2）双击"基本存款户"或选中"基本存款户"，单击"查看"按钮，显示"银行存款余额调节表"对话框，如图5-9所示。

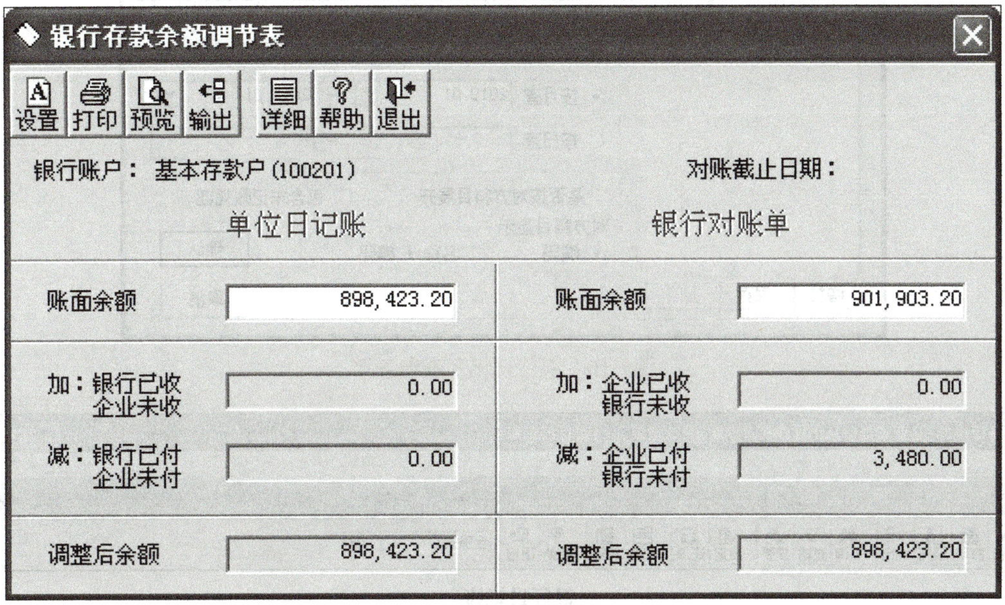

图5-9 查看"银行存款余额调节表"对话框

（3）单击"详细"按钮，系统显示余额调节表的详细情况。

2．银行勾对情况查询

（1）在畅捷通T3-企业管理信息化软件教育专版营改增版主菜单中单击"现金"→"现金管理"→"银行账"→"查询对账勾对情况"，显示"银行科目选择"对话框，选择"基本存款户"，默认系统的显示方式，选择"全部显示"，单击"确定"按钮，显示"查询银行勾对情况"对话框。

（2）在"查询银行勾对情况"对话框，单击"单位日记账"标签，可显示单位日记账的银行勾对情况。

3．核销已达账项

（1）在畅捷通T3-企业管理信息化软件教育专版营改增版主菜单中单击"现金"→"现金管理"→"银行账"→"核销银行账"，显示"核销银行账"对话框。

（2）选择"基本存款户"，单击"确定"按钮，系统提示"是否确实要进行银行账核销？"

（3）单击"是"按钮，系统自动核销已达账，提示"银行账核销完毕"。

四、日记账查询

（1）在畅捷通T3-企业管理信息化软件教育专版营改增版主菜单中单击"现金"→"现金管理"→"日记账"→"银行日记账"，系统显示"银行日记账查询条件"对话框，如图5-10所示。

（2）单击"确认"按钮，系统显示"银行日记账"对话框，如图5-11所示。

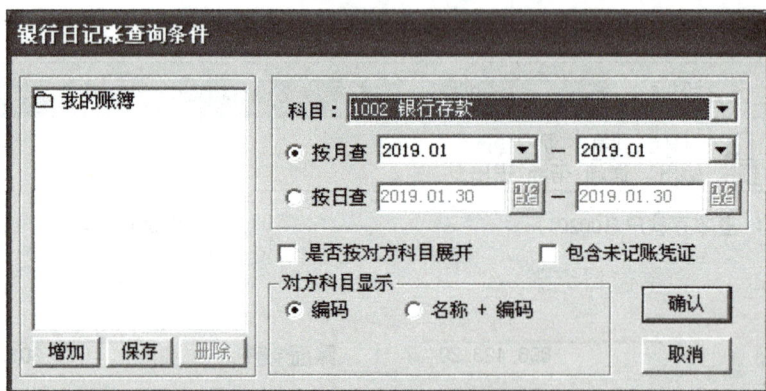

图5-10　银行日记账查询条件

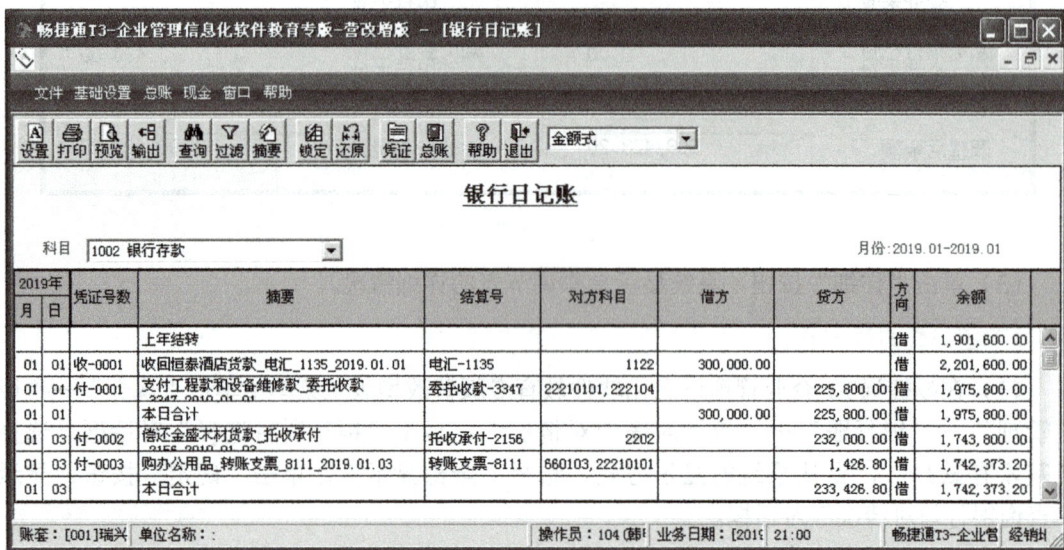

图5-11　"银行日记账"对话框

学生动手

请参照教师演示并结合图5-12的流程自行练习银行对账。

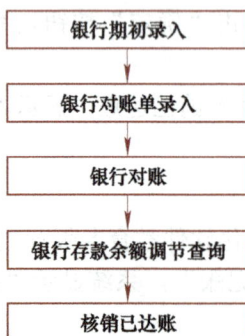

图5-12　银行对账操作流程

举一反三

（1）练习日记账中提供的各种功能，如通过查询和过滤直接查到符合条件的日记账、联查凭证、联查总账等。

（2）请尝试以最宽松的条件进行银行对账，即只选择必选项（方向相同、金额相同），其他条件取消。

（3）请尝试练习取消银行对账的功能。

学习评价

现金管理学习评价表，见表5-1。

表5-1　现金管理学习评价表

被考评人					
考评地点					
考评内容	查询日记账；登记支票登记簿；录入银行期初数据；录入银行对账单；银行对账；查询银行存款余额调节表；查询日记账				
考评标准	内　容	分值/分	自我评价/分	小组评议/分	实际得分/分
	能按条件查询日记账	15			
	熟练登记支票登记簿	15			
	录入银行期初数据	10			
	准确录入银行对账单	25			
	熟练完成手工对账和自动对账	25			
	查询银行存款余额调节表	10			
合　计		100			

注：1. 实际得分=自我评价40%+小组评议60%。

　　2. 考评满分为100分，60～74分为及格，75～84分为良好，85分（包括85分）以上为优秀。

任务二　项目总账和明细账的查询管理

任务描述

项目管理是总账系统辅助核算管理的一项重要功能，在基础设置中，我们已经进行了项目目录设置。本任务主要学习对项目总账、明细账以及项目统计表进行查询和打印。

任务目标

能按要求查询和打印项目总账和明细账；能查询项目统计表。

学时安排

1个学时（含教师演示和学生上机练习）。

情景导入

实习生姚宏学习了现金管理之后，又来向纪东阳学习项目管理。纪东阳告诉他因为初始化时项目目录已经设置好了，在日常凭证处理中进行了相关项目发生额的录入后，接下来主要进行的就是项目账的查询。下面我们一起来看一看他的讲解。

知识储备

一、项目总账查询

项目总账查询用于查询各项目所发生业务的汇总情况，系统提供了六种项目总账的查询方式，包括科目总账查询、项目总账查询、三栏式总账查询、分类总账查询、部门项目总账查询、个人总账查询。

二、项目明细账查询

项目明细账查询用于查询各项目业务发生的明细情况，系统提供了七种项目明细账的查询方式，包括科目明细账查询、项目明细账查询、三栏式明细账查询、分类明细账查询、部门项目明细账查询、个人明细账查询、多栏式明细账查询。

三、项目统计分析

项目统计分析用来统计所有项目的发生额及余额汇总情况。在对发生额及余额进行统计分析时，系统将科目、项目的期初、借方、贷方、余额一一列出，进行比较分析。

教师演示

（1）在畅捷通T3-企业管理信息化软件教育专版营改增版主菜单中单击"项目"→"账簿"→"项目总账"→"项目科目总账"，系统显示"项目科目总账条件"对话框，在此可输入查询条件，项目大类为"固定资产项目"，科目为"在建工程"，月份为"2019年1月"。

（2）单击"确定"按钮，系统显示"在建工程"科目下各明细项目的本期发生额及余额情况。

（3）单击"累计"按钮，系统不仅显示各项目的发生额，还显示各项目的累计发生额。

（4）单击"明细"按钮，系统显示各项目的明细账。

学生动手

请同学们参照教师演示并结合图5-13的操作流程自行练习项目账的查询。

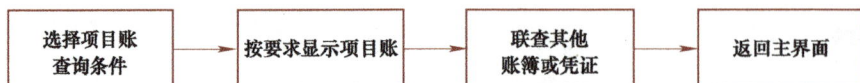

选择项目账查询条件 → 按要求显示项目账 → 联查其他账簿或凭证 → 返回主界面

图5-13 项目账查询的流程图

举一反三

系统提供了强大的查询功能，有兴趣的同学请尝试查询其他的项目账。

学习评价

项目总账和明细账的查询管理学习评价表，见表5-2。

表5-2 项目总账和明细账的查询管理学习评价表

被考评人					
考评地点					
考评内容	查询项目总账；查询项目明细账；查询项目统计表；联查其他相关账证				
考评标准	内　　容	分值/分	自我评价/分	小组评议/分	实际得分/分
	查询项目总账	30			
	查询项目明细账	30			
	查询项目统计表	30			
	联查其他相关账证	10			
合　　计		100			

注：1. 实际得分=自我评价40%+小组评议60%。
　　2. 考评满分为100分，60～74分为及格，75～84分为良好，85分（包括85分）以上为优秀。

任务三　往　来　管　理

任务描述

　　往来业务是指单位之间由于赊销、赊购商品或提供、接受劳务而发生债权、债务关系的经济业务。往来管理包括客户往来管理和供应商往来管理，这两种业务在操作上有很多共性，这里主要以客户往来为例进行讲解。畅捷通T3-企业管理信息化软件教育专版营改增版客户往来管理提供了客户分类、客户档案设置以及客户往来账的查询、打印等功能。客户信息已经在基础设置中建好，本任务主要介绍客户往来账的查询，客户往来账勾对，形成客户往来催款单，进行账龄分析。

任务目标

　　能按要求查询客户往来账；能进行客户往来账勾对；能形成客户往来催款单；能进行账龄分析。

学时安排

1个学时（含教师演示和学生上机练习）。

情景导入

计财部的实习生姚宏学会了查询项目账后又找到纪东阳，要向他学习客户往来管理，纪东阳很高兴地答应了小姚的要求。下面我们一起来看看客户往来管理的内容吧。

知识储备

一、客户往来账的查询

客户往来账包括客户余额表和客户往来明细账。

（1）客户余额表用于查询客户往来科目各个客户的期初余额、本期借方发生额合计、本期贷方发生额合计、期末余额。

（2）客户往来明细账用于查询客户往来科目下各个客户的往来明细账。

二、客户往来管理

客户往来管理包括客户往来两清、客户往来催款单和客户往来账龄分析。

（1）客户往来两清：可以在此进行客户往来款项的清理勾对工作，以便及时了解应收款的结算情况以及未达账情况，系统提供自动与手工勾对两种方式清理客户欠款。自动勾对是指系统根据预先设定的勾对条件快速进行勾对，不需要人工干预。对账过程中可能出现因误操作或其他原因导致系统无法对个别记录进行自动往来账勾对的情况，对此情况，系统提供了手工清理的办法进行往来账勾对。在欲进行两清的一条明细分录的两清区，双击鼠标，表示要将该笔业务两清；再次双击鼠标，取消所做的两清操作。

（2）客户往来催款单：可以在此输入函证信息，生成并打印客户往来催款单。

（3）客户往来账龄分析：可以在此了解单位往来款余额的时间分布情况，以便对应收款项实行不同的管理政策。

三、供应商往来的处理

供应商往来的处理同客户往来非常相似，请参照学习。

微课6
往来管理

教师演示

一、查询客户科目余额表

（1）在畅捷通T3-企业管理信息化软件教育专版营改增版主菜单中单击"往来"→"账簿"→"客户余额表"→"客户科目余额表"，系统显示"客户科目余额表"的查询条件，在此可选择科目"应收票据"，输入查询月份"2019年1月"、明细对象"客户"。

（2）单击"确定"按钮，系统显示"应收票据"的科目余额表。在此单击科目下拉框，选择其他科目查询余额表，在此还可以联查累计发生额、明细账等。

二、客户往来两清

（1）在畅捷通T3-企业管理信息化软件教育专版营改增版主菜单中单击"往来"→"账簿"→"往来管理"→"客户往来两清"，系统显示"客户往来两清"的查询条件，在此

可选择科目"应收票据"，双击选择客户"天丽公司"，截止月份为"2019年1月"，其他条件全部打对勾。

（2）单击"确定"按钮，然后单击"自动"按钮，系统显示"两清范围选择"，此时可以选择对所有科目、对所有客户进行两清选择，可一次完成客户往来两清。

（3）单击"确定"按钮，系统显示"客户往来勾对结果"对话框，如图5-14所示。

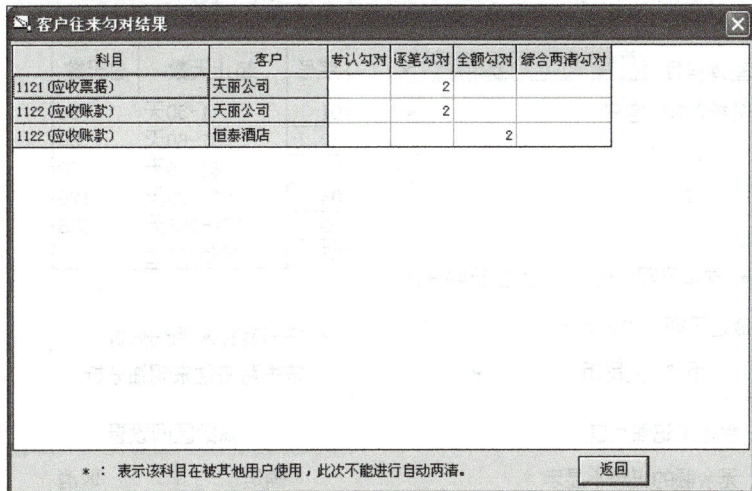

科目	客户	专认勾对	逐笔勾对	全额勾对	综合两清勾对
1121 (应收票据)	天丽公司		2		
1122 (应收账款)	天丽公司		2		
1122 (应收账款)	恒泰酒店			2	

﹡：表示该科目正在被其他用户使用，此次不能进行自动两清。　　返回

图5-14　客户往来勾对结果

（4）单击"返回"按钮，系统显示客户往来两清结果，在此可以联查"总账""凭证"等。单击"取消"按钮，可放弃刚才的操作，系统会返回刚才的界面，此时可以重新输入客户两清的条件。

（5）单击"检查"按钮，系统开始进行两清平衡检查，并显示检查结果。

三、客户往来催款单

（1）在畅捷通T3-企业管理信息化软件教育专版营改增版主界面中单击"往来"→"账簿"→"往来管理"→"客户往来催款单"，系统显示"客户往来催款"的查询条件，在此可双击选择客户"精英中学"，选择科目"应收账款"，截止月份为"2019年1月"，并在此输入函证信息："请贵公司核实应收账款的数额，如有问题，请及时回函告知！"

（2）单击"确定"按钮，然后单击"预览"按钮，显示"客户往来催款单"，可以查看催款单打印效果。

（3）在此可以单击"凭证"按钮联查凭证，还可以通过"查询"按钮生成其他客户和其他科目的催款单。

四、客户往来账龄分析

（1）在畅捷通T3-企业管理信息化软件教育专版营改增版主界面中单击"往来"→"账簿"→"往来管理"→"客户往来账龄分析"，系统显示"客户往来账龄"的查询条件，在此选择查询科目、分析对象、截止日期，如图5-15所示。

（2）单击"确定"按钮，系统显示"客户往来账龄"对话框。

（3）单击"查询"按钮，可以调出条件输入界面，重新输入查询条件；单击"比率"按钮，可以查看到比率的信息，再次单击该按钮，则隐去比率信息；单击"详细"按钮，可以查看更详细的信息。

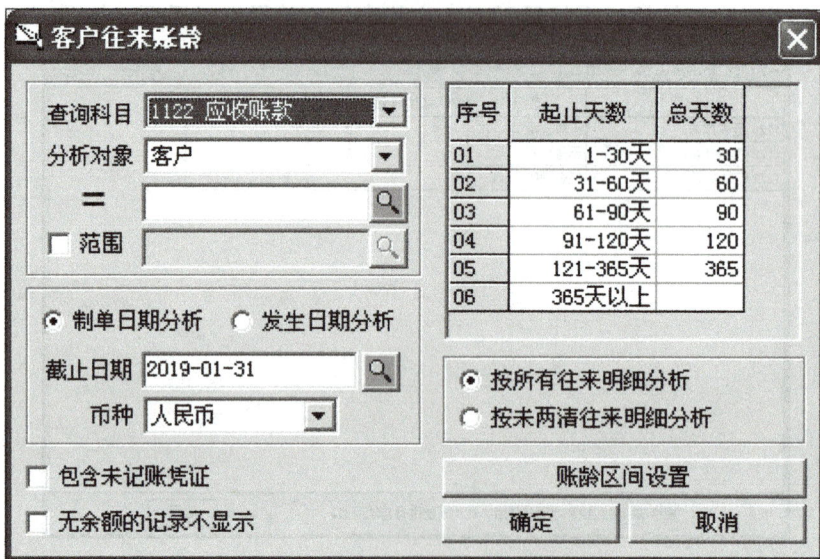

图5-15 "客户往来账龄"对话框

学生动手

请同学们参照教师演示并结合图5-16的操作流程自行练习客户往来账的管理。

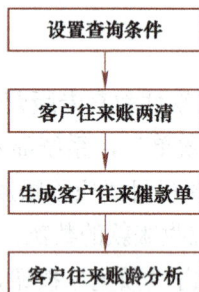

图5-16 客户往来账管理的操作流程

举一反三

（1）系统提供了强大的查询功能，请有兴趣的同学在教师的指导下进行尝试。

（2）请尝试手工进行客户往来账两清。

（3）按以上客户往来管理的讲解进行供应商往来管理的操作。

学习评价

往来管理学习评价表，见表5-3。

表5-3　往来管理学习评价表

被考评人					
考评地点					
考评内容	按要求查询客户往来账；进行客户往来账勾对；形成客户往来催款单；进行账龄区间设置；进行账龄分析				
考评标准	内　　容	分值/分	自我评价/分	小组评议/分	实际得分/分
	能按要求查询客户往来账	30			
	能进行客户往来账勾对	30			
	形成客户往来催款单	20			
	进行账龄分析	20			
合　　计		100			

注：1. 实际得分=自我评价40%+小组评议60%。

　　2. 考评满分为100分，60～74分为及格，75～84分为良好，85分（包括85分）以上为优秀。

扫码观看关于税费征收过程中现金收付的相关通知及影响会计人员的十大信息技术，并谈谈你的看法。

新政速递5　　案例分享3

第六单元　总账业务的期末处理　06

任务一　转账定义中的自定义转账和对应结转

任务描述

期末处理业务是指会计人员将本月所发生的日常经济业务全部登记入账后，在每个会计期末都需要完成的一些特定的会计工作，如费用的分摊、销售成本的计算、损益科目的结转等。由于这些业务的凭证摘要、涉及的会计科目及发生额的来源和计算方法是相对固定的，所以可以把这类凭证的生成方式进行预先定义，在每个会计期末使用时调用，即可准确快速地生成凭证。本任务学习自定义转账和对应结转的处理。

任务目标

掌握自定义转账及对应转账的设置方法；能够根据实际情况灵活进行转账科目和转账公式的设定。

学时安排

2个学时（含教师演示和学生上机练习）。

情景导入

计财部的实习生陈静在掌握凭证、账簿处理之后，打算学习对账结账工作。

账套主管赵莹莹说："不要着急，好多工作还没有完成呢！在结账前，我们需要做一些期末处理工作。"

知识储备

（1）自定义转账的功能非常强大，也很灵活，所有期末处理业务都可以通过自定义转账来完成。如：①"费用分配"的结转；②"费用分摊"的结转；③"税金计算"的结转；④"提取各项费用"的结转；⑤"部门核算"的结转；⑥"项目核算"的结转；⑦"个人核算"的结转；⑧"客户核算"的结转；⑨"供应商核算"的结转。

（2）在进行自定义转账过程中，有些地方需要设置公式，经常会用到一些函数，如：①期初余额"QC( )"；②期末余额"QM( )"；③发生净额"JE( )"；④发生额"FS( )"；

⑤累计发生额"LFS( )"；⑥对方科目数值"JG( )"；⑦借贷平衡差额函数"CE( )"。

（3）对应结转只用于期末余额的结转，可进行两个科目一对一结转，也可以一对多结转，对应结转的科目，其下级科目的科目结构必须一致（即要求有相同的明细科目），如有辅助核算，则两个科目的辅助账类也必须一一对应。

教师演示

将"5101制造费用"余额结转至"500103制造费用"的各个项目中去，资料见表6-1。

表6-1　制造费用的分配系数

产品名称	欧式木床	儿童床	书橱	餐桌
分配系数	0.3	0.2	0.2	0.3

（1）以"102陈亚楠"的身份于2019年1月31日登录系统。

（2）用鼠标单击系统主菜单下"总账"→"期末"→"转账定义"→"自定义转账"，系统显示"自动转账设置"对话框。

（3）单击"增加"按钮，增加一张新的转账凭证，进入"转账目录"对话框，输入相关内容，如图6-1所示。

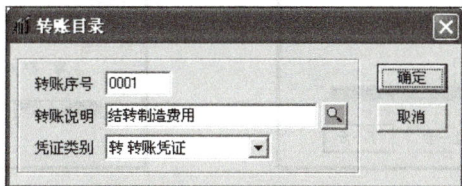

图6-1　"转账目录"对话框

（4）单击"确定"按钮，进入"自动转账设置"对话框，填入"结转制造费用""500103"，选中"欧式木床""借"，如图6-2所示。

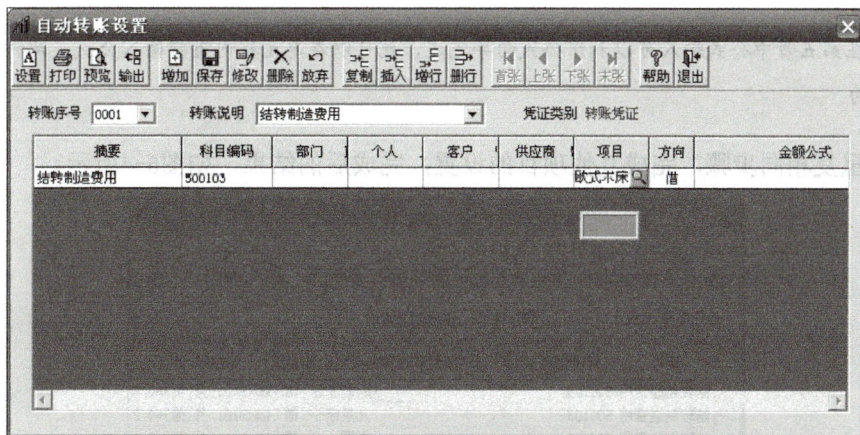

图6-2　"自动转账设置"对话框

（5）利用公式向导输入公式，首先选择函数名称，如图6-3a所示；然后设置转账科目及其所在期间和方向等，如图6-3b所示；最后输入公式乘以一个常数，如图6-3c、图6-3d所示。

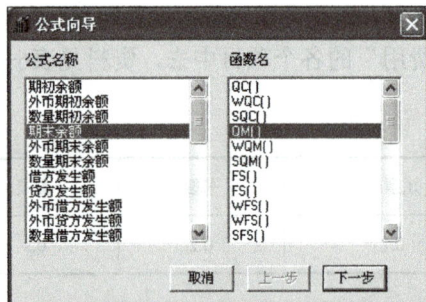

a)

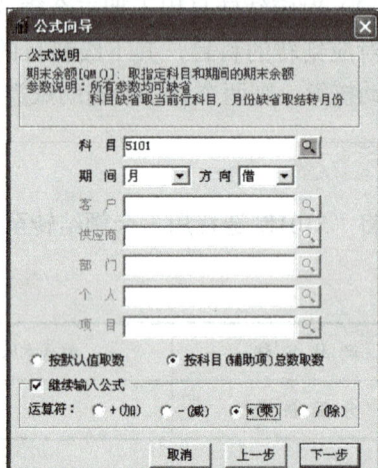

b)

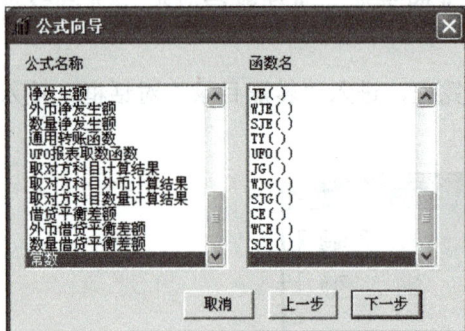

c)

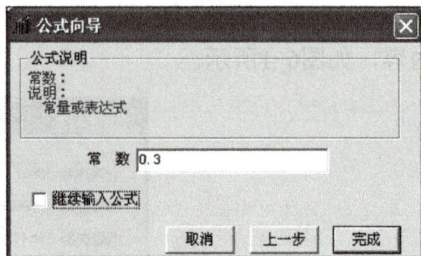

d)

图6-3　用于设置转账公式的"公式向导"对话框

提示

❍　在第五步中公式输入可以利用公式向导完成，也可以在单元格内直接输入公式，两种方法的结果是一样的。

（6）重复相同步骤，完成其他项目的设置，完成后的结果，如图6-4所示。

图6-4　在"自动转账设置"对话框显示完成结果

（7）单击"保存"按钮，存盘退出。

学生动手

（1）将本月应交未交的增值税结转至"应交税费——未交增值税"科目。

1）设置结转增值税的转账目录，设置结果如图6-5所示。

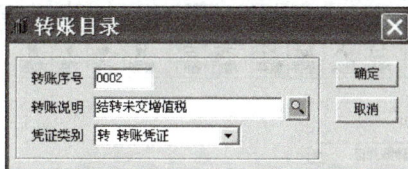

图6-5　在"转账目录"对话框中结转未交增值税

2）自动转账设置，设置结果如图6-6所示。

图6-6　在"自动转账设置"对话框中显示应交增值税的自动结转

（2）按本月应交增值税的7%计提城市维护建设税，按应交增值税的3%计提教育费附加。

1）设置转账目录，如图6-7所示。

图6-7　在"转账目录"对话框中设置

2）自动转账的设置，如图6-8所示。

图6-8　在"自动转账设置"对话框中显示结果

举一反三

制造费用可以在条件具备的情况下利用对应结转处理。

（1）以"102陈亚楠"的身份登录"畅捷通T3-企业管理信息化软件教育专版营改增版"。

（2）用鼠标单击系统主菜单下"总账"→"期末"→"转账定义"→"对应结转"，系统显示"对应结转设置"对话框（生产成本和制造费用必须有相同的辅助项或均无辅助项时才适用）。

（3）输入相关数据，如图6-9所示。

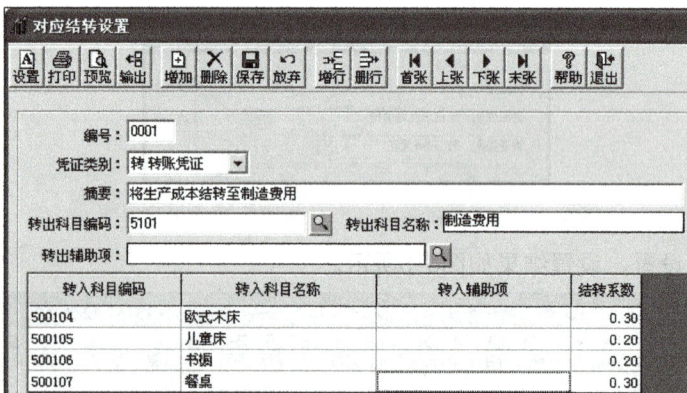

图6-9 "对应结转设置"对话框

提示

❍ 可定义多个转入科目。

❍ 转入、转出科目可为上级科目，但其下级科目的科目结构必须相同，若转出科目定义辅助项，则转入科目的辅助项不能为空。

❍ 本功能只结转期末余额。如果想转发生额，需到自定义结转中设置。

❍ 自动生成转账凭证时，如果同一凭证转入科目有多个，并且若同一凭证的结转系数之和为1，则最后一笔结转金额为转出科目余额减当前凭证已转出的余额。

学习评价

转账定义中的自定义转账和对应结转学习评价表，见表6-2。

表6-2 转账定义中的自定义转账和对应结转学习评价表

被考评人					
考评地点					
考评内容	自定义转账和对应结转的设置				
	内　容	分值/分	自我评价/分	小组评议/分	实际得分/分
考评标准	自定义转账操作步骤熟练性	20			
	公式的编辑是否准确	30			
	对应结转的应用是否正确	20			
	对应结转的操作步骤熟练性	30			
合　计		100			

注：1. 实际得分=自我评价40%+小组评议60%。

2. 考评满分为100分，60～74分为及格，75～84分为良好，85分（包括85分）以上为优秀。

任务二　转账定义中的销售成本结转

任务描述

很多企业销售产品时，只确认销售收入，待月末时集中进行产品销售成本的结转。使用这种方式结转销售成本可以简化核算，采用全月一次加权法把所有已售商品的成本一次结转完毕，这种方法被很多中小企业广泛采用。本任务介绍采用全月一次加权平均法结转销售成本的转账定义过程。

任务目标

掌握销售成本结转的使用条件及操作过程。

学时安排

1个学时（含教师演示和学生上机练习）。

情景导入

陈静兴奋地说："我学会了自定义转账和对应结转，那下面该学销售成本结转啦。销售成本结转是不是将已经销售的产品成本的结转，相当于我们财务会计里学的借记'主营业务成本'，贷记'库存商品'那笔业务？"

赵莹莹："你说得很对，在手工账条件下，我们每个月都要结转已售产品的成本，而且做的凭证除了数字不同外，其他都是相同的，所以在电算化条件下只需要做一次转账定义，每个月进行转账生成就可以啦，你看，电算化的优越性表现出来了吧！"

陈静："明白了，谢谢。"

知识储备

销售成本结转设置功能主要用来辅助没有启用购销存业务模块的企业，完成销售成本的计算和结转。畅捷通T3-企业管理信息化软件教育专版营改增版提供了两种销售成本的结转设置方式：全月平均法销售成本结转、商品售价（计划价）销售成本结转。后者一般在商业企业中使用，这里只介绍第一种结转方式。

销售成本结转涉及"库存商品""主营业务收入""主营业务成本"三个账户。系统要求这三个科目具有相同结构的明细科目，即要求库存商品科目、商品销售收入科目和商品销售成本科目下的所有明细科目必须都有数量核算，且这三个科目的明细科目必须一一对应，输入完成后，系统自动计算出所有商品的销售成本。计算公式为：

销售成本=销售数量×某存货单位成本

某存货单位成本=库存商品科目下某商品的月末金额÷月末数量

销售数量=主营业务收入下某商品的贷方数量

销售数量即录入销售业务凭证时，在主营业务收入科目中录入的数量，系统可汇总。

教师演示

（1）以"102陈亚楠"的身份于2019年1月31日登录系统。

（2）用鼠标单击系统主菜单下"总账"→"期末"→"转账定义"→"销售成本结转"，进入"销售成本结转设置"对话框。

（3）输入相关信息，如图6-10所示。

（4）单击"确定"按钮。

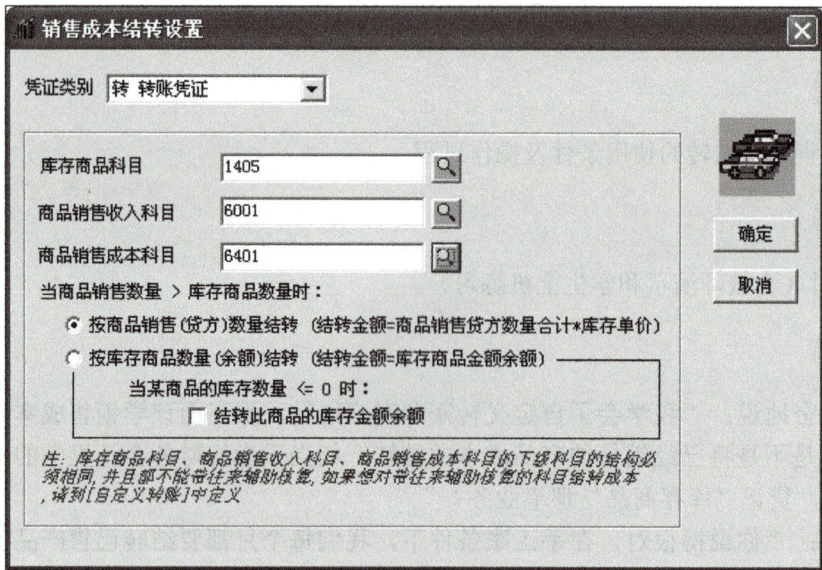

图6-10 "销售成本结转设置"对话框

提示

○ 库存商品科目、销售收入科目、销售成本科目可以有部门、项目核算，但不能有往来核算。

○ 当库存商品科目的期末数量余额小于商品销售收入科目的贷方数量发生额，若不希望造成结转后库存商品科目余额为负数的结果，可选择按库存商品科目的期末数量余额结转。

学生动手

参照教师演示进行销售成本结转的设置。

举一反三

库存商品科目、商品销售收入科目、商品销售成本科目及其明细科目的结构必须相同，并且都不能带辅助账类。如果想结转带有辅助账的销售成本，可以利用自定义转账来实现。其公式设置见表6-3。

表6-3　销售成本自定义结转的公式设置

科　目	金　额　公　式	数　量　公　式
库存商品科目	SFS（商品销售收入科目，月，贷）＊（QM（库存商品科目，月）/SQM（库存商品科目，月））①	SFS（商品销售收入科目，月，贷）
销售成本科目	SFS（商品销售收入科目，月，贷）＊（QM（库存商品科目，月）/SQM（库存商品科目，月））	SFS（商品销售收入科目，月，贷）

①金额公式的含义为：商品销售收入科目下某商品的贷方数量发生额＊（库存商品科目下某商品的月末金额/月末数量）。

学习评价

转账定义中的销售成本结转学习评价表，见表6-4。

表6-4　转账定义中的销售成本结转学习评价表

被考评人					
考评地点					
考评内容	销售成本的结转				
考评标准	内　　容	分值/分	自我评价/分	小组评议/分	实际得分/分
	销售成本结转的操作步骤	40			
	对销售成本结转公式的理解	30			
	销售成本结转的使用条件	30			
合　　计		100			

注：1. 实际得分=自我评价40%+小组评议60%。

　　2. 考评满分为100分，60～74分为及格，75～84分为良好，85分（包括85分）以上为优秀。

任务三　转账定义中的汇兑损益结转和期间损益结转

任务描述

汇兑损益结转用于期末自动计算外币账户的汇兑损益，并在转账生成中自动生成汇兑损益转账凭证。期间损益结转用于在会计期间终了时将损益类科目的余额结转到本年利润科目中，从而及时反映企业的盈亏状况。期间损益结转主要是对于主营业务成本、管理费用、销售费用、财务费用、主营业务收入、营业外收入、营业外支出等科目的结转。

任务目标

掌握汇兑损益结转和期间损益结转的使用条件和操作步骤。

学时安排

1个学时（含教师演示和学生上机练习）。

情景导入

陈静："赵主管，我是这样理解汇兑损益结转的，就是企业有外币核算时，要求每月月末对有关科目余额按期末汇率调整，没错吧？"

赵莹莹："对！"

陈静："那期间损益结转呢？我有点不太明白，您能说明一下吗？"

赵莹莹："通俗地讲，就是在期末把各损益类科目转入'本年利润'科目。结转的金额不需要人工查询，由系统直接从相关科目的发生额或余额中提取。"

知识储备

（1）汇兑损益结转。为了保证汇兑损益的正确计算，在填制某月的汇兑损益凭证时必须先将本月的所有未记账凭证先记账。汇兑损益入账科目不能是辅助账科目或有数量外币。

（2）期间损益结转用于在一个会计期间终了时将损益类科目的余额结转到本年利润科目中，从而及时反映企业的盈亏情况。

（3）期间损益结转的注意事项。损益科目结转表中将列出所有的损益科目。如果希望某损益科目参与期间损益的结转，则应在该科目所在行的本年利润科目栏填写相应的本年利润科目，若不填本年利润科目，则不转此损益科目的余额。

1）损益科目结转表的每一行中的损益科目的期末余额将转到该行的本年利润科目中。

2）若损益科目结转表的每一行中的损益科目与本年利润科目都有辅助核算，则辅助账类必须相同。

3）损益科目结转表中的本年利润科目必须为末级科目，且为本年利润入账科目的下级科目。

教师演示

1．汇兑损益转账定义

（1）以"102陈亚楠"的身份于2019年1月31日登录系统。

（2）用鼠标单击系统主菜单下"总账"→"期末"→"转账定义"→"汇兑损益结转"，进入"汇兑损益结转设置"对话框。

（3）选择凭证类别为"付款凭证"，选择汇兑损益入账科目为"6603"（即财务费用），如图6-11所示。

（4）双击"是否计算汇兑损益"下面的空格，显示"Y"表示计算汇兑损益。

（5）单击"确定"按钮，设置完毕。

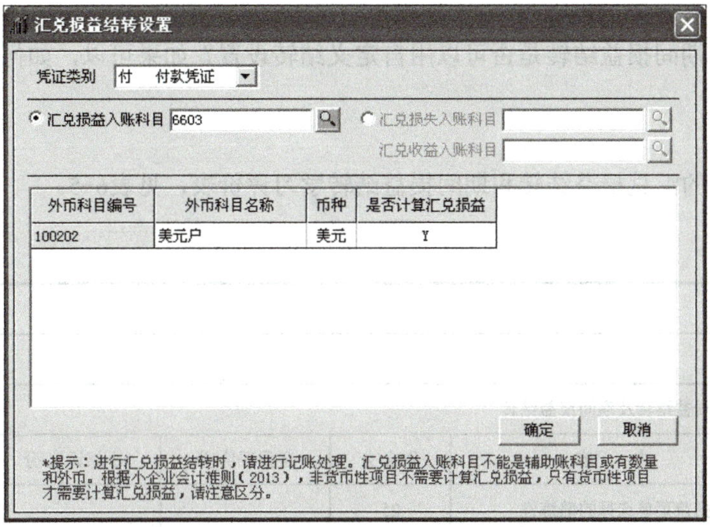

图6-11　"汇兑损益结转设置"对话框

2．期间损益转账定义

（1）以"102陈亚楠"的身份于2019年1月31日登录系统。

（2）用鼠标单击系统主菜单下"总账"→"期末"→"转账定义"→"期间损益结转"，进入"期间损益结转设置"对话框。

（3）选择凭证类别为"转账凭证"，选择本年利润科目为"4103"（即本年利润科目），如图6-12所示。

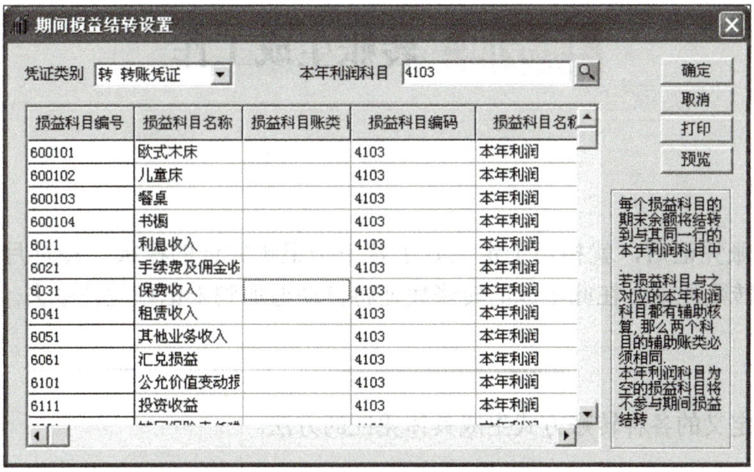

图6-12　"期间损益结转设置"对话框

（4）单击"确定"按钮，设置完毕。

学生动手

请同学们参照教师演示进行汇兑损益和期间损益的转账定义。

举一反三

汇兑损益和期间损益结转是否可以用自定义结转设置？如果可以，如何设置？

学习评价

转账定义中的汇兑损益结转和期间损益结转学习评价表，见表6-5。

表6-5　转账定义中的汇兑损益结转和期间损益结转学习评价表

被考评人					
考评地点					
考评内容	汇兑损益结转及期间损益结转				
考评标准	内　容	分值/分	自我评价/分	小组评议/分	实际得分/分
	汇兑损益菜单选择的熟练性	25			
	汇兑损益数据选择的正确性	25			
	期间损益菜单选择的熟练性	25			
	期间损益数据选择的正确性	25			
合　计		100			

注：1. 实际得分=自我评价40%+小组评议60%。

　　2. 考评满分为100分，60～74分为及格，75～84分为良好，85分（包括85分）以上为优秀。

任务四　转账生成工作

任务描述

定义完转账凭证后，就相当于定义好了若干个记账凭证的模板，每月月末只需调用它即可快速生成转账凭证，在此生成的转账凭证将自动追加到未记账凭证中去。

任务目标

掌握利用定义的各种转账方式生成具体凭证的方法。

学时安排

1个学时（含教师演示和学生上机练习）。

情景导入

陈静："赵主管，您看，我把这几个结转都学会了，是不是这个月的任务就完成了？"

赵莹莹连忙说：“还不行，我们做的这些只不过是生成一系列的模板而已，并没有生成凭证，还要用这些模板生成真正的凭证，然后才能进行对账、结账。”

陈静调皮地说：“我太着急了，我真想早日看到我做的第一本账，那是我胜利的果实呀！”

赵莹莹说：“别着急，马上好了，胜利就在眼前。”

知识储备

转账生成包括自定义转账、对应结转、销售成本结转、汇兑损益结转和期间损益的结转。

提示

○　期末结转应按一定次序来进行，否则可能漏记某些科目的发生额。

○　一般最后进行期间损益的转账生成工作。如果先结转了损益，然后进行销售成本和汇兑损益的结转，这时主营业务成本和财务费用科目又出现了新的发生额，这些金额没有被结转到本年利润中去，会计报表和账簿就会出现漏洞。

教师演示

1．自定义转账的生成

（1）单击系统主菜单下“总账”→“期末”→“转账生成”，进入“转账生成”对话框。

微课7
转账生成

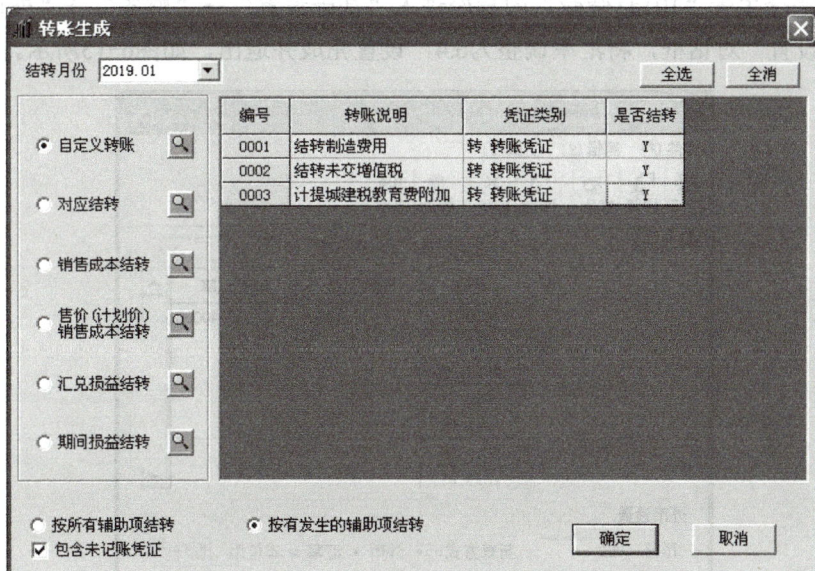

（2）单击“自定义转账”单选框，单击“全选”按钮。如果选择“包含未记账凭证”，系统假定未记账凭证已入账，按入账后的相关科目发生额和余额进行期末处理，如图6-13所示。

图6-13　在“转账生成”对话框中生成自定义转账

（3）单击“确定”按钮，系统会自动生成自定义的凭证，单击“保存”按钮完成自定义转账。对应结转与自定义转账的步骤相同，这里不再重复介绍。

2．销售成本结转的生成

（1）单击系统主菜单下"总账"→"期末"→"转账生成"，进入"转账生成"对话框。

（2）单击"销售成本结转"单选框，根据凭证处理的情况确定是否选择"包含未记账凭证"复选框，单击"确定"按钮，结果如图6-14所示。单击"确定"按钮生成一张转账凭证，单击"保存"按钮退出，转账凭证生成完毕。

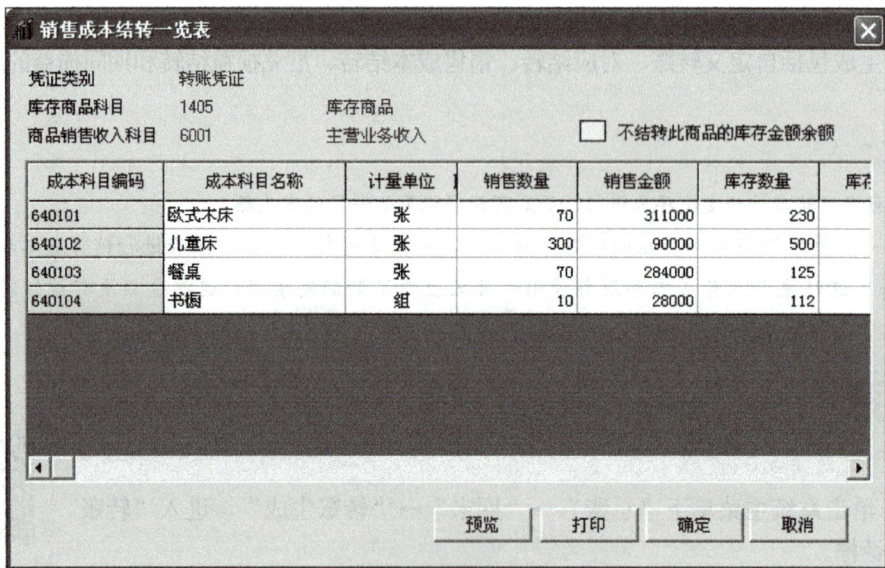

图6-14 "销售成本结转一览表"对话框

3．汇兑损益的结转生成

（1）以账套主管"101赵莹莹"的身份进入"基础设置"→"财务"→"外币种类"，打开"外币设置"对话框，将汇率调整为6.4，设置完成并退出，如图6-15所示。

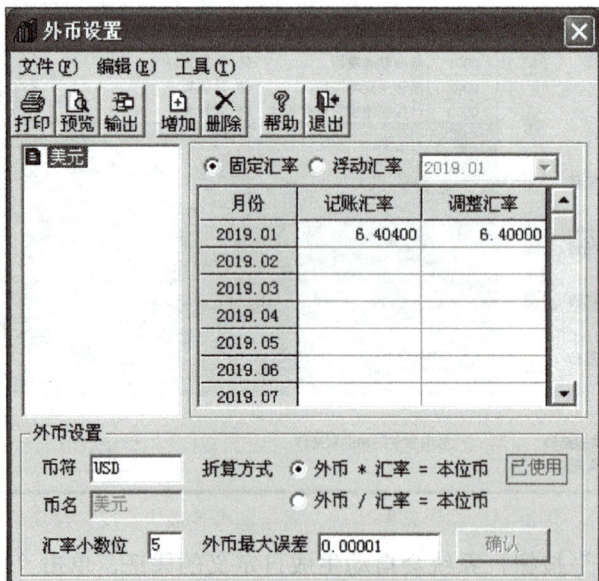

图6-15 汇率的调整

提示

- 先要设置好期末调整汇率后再进行月末调整，否则结转分录不正确。

（2）单击“总账”→“期末”→“转账生成”，进入“转账生成”对话框，单击“汇兑损益结转”单选框，选择外币币种为“美元”，根据凭证处理的情况确定是否选择“包含未记账凭证”，单击“全选”按钮，单击“确定”按钮，显示“汇兑损益试算表”对话框，如图6-16所示。

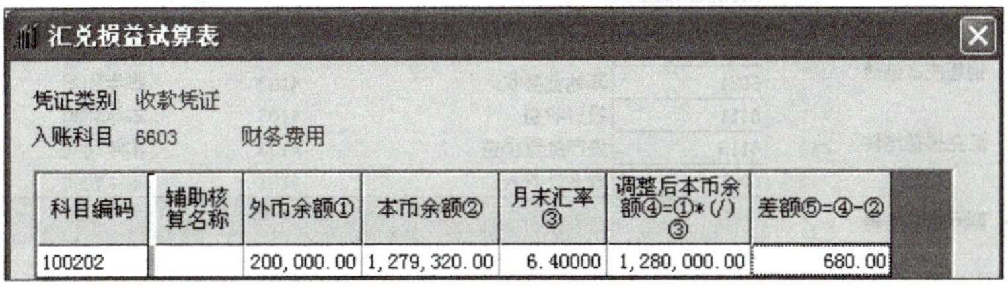
汇兑损益试算表
凭证类别 收款凭证
入账科目 6603 财务费用
科目编码
辅助核算名称
外币余额①
本币余额②
月末汇率③
调整后本币余额④=①*(/)③
差额⑤=④-②
100202
200,000.00
1,279,320.00
6.40000
1,280,000.00
680.00

图6-16 “汇兑损益试算表”对话框

（3）单击“确定”按钮生成凭证，输入现金流量项目“23”“汇率变动对现金的影响”，单击“保存”退出，生成汇兑损益结转凭证，如图6-17所示。

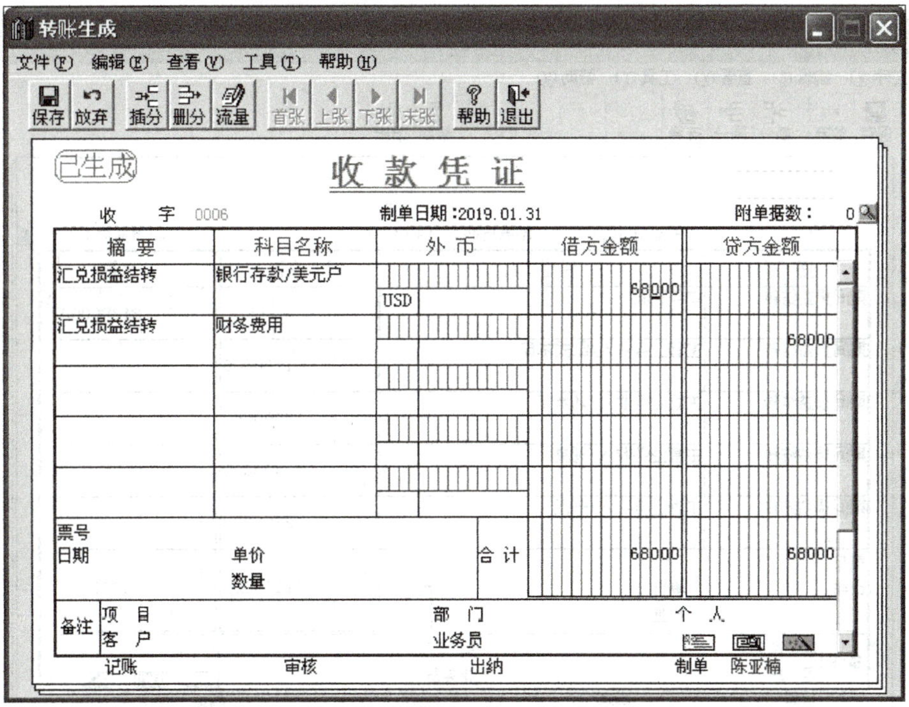
转账生成
文件(F) 编辑(E) 查看(V) 工具(T) 帮助(H)
保存 放弃 插分 删分 流量 首张 上张 下张 末张 帮助 退出
已生成
收 款 凭 证
收 字 0006
制单日期：2019.01.31
附单据数： 0
摘 要
科目名称
外 币
借方金额
贷方金额
汇兑损益结转
银行存款/美元户
USD
68000
汇兑损益结转
财务费用
68000
票号
日期
单价
数量
合 计
68000
68000
备注
项 目
客 户
部 门
业务员
个 人
记账
审核
出纳
制单 陈亚楠

图6-17 在“转账生成”对话框中生成的汇兑损益结转凭证

4. 期间损益的转账生成

（1）单击系统主菜单下“总账”→“期末”→“转账生成”，进入“转账生成”对话框。

（2）单击“期间损益结转”单选框，在“类型”下拉框中选择“收入”，单击“全选”按钮，选择“包含未记账凭证”复选框，单击“确定”按钮，如图6-18所示。这样，收入类科目便转入本年利润，生成如图6-19所示的凭证。

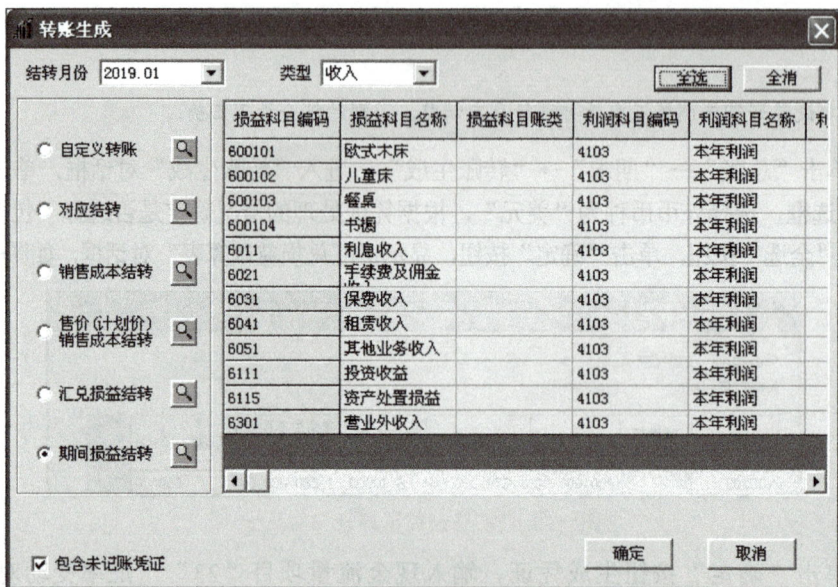

图6-18　在"转账生成"对话框中"期间损益结转"项下结转收入

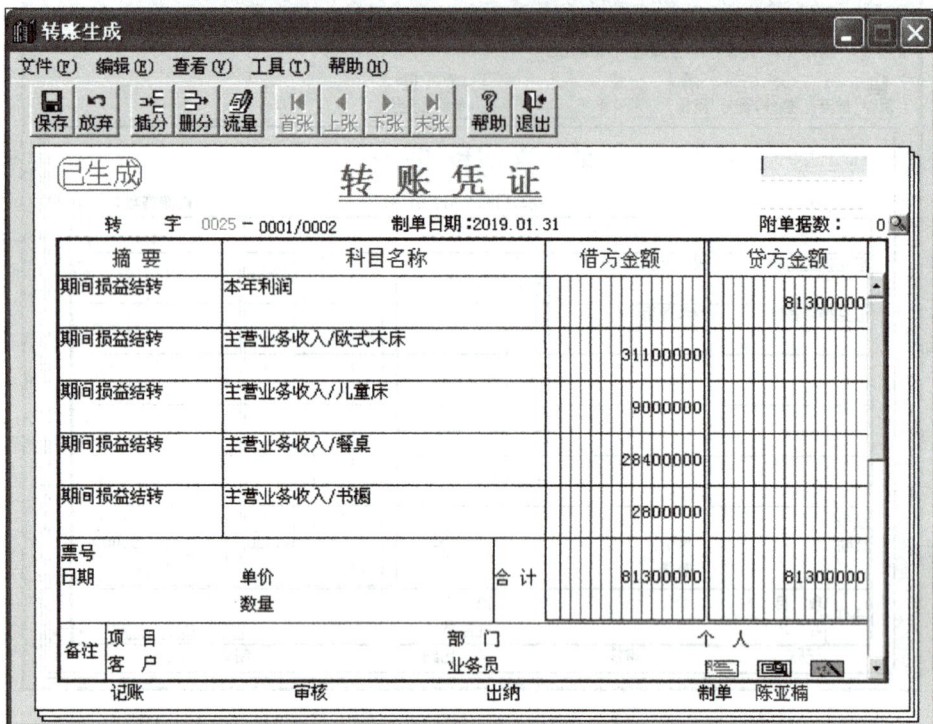

图6-19　在"转账生成"对话框中生成期间损益结转凭证（收入部分）

（3）在图6-18中，选择"类型"下拉菜单中的"支出"项，单击"确定"按钮可以将所有支出类科目的余额结转至本年利润中去。

用户也可选择将所有损益类科目一次结转至本年利润中，即一张凭证中既结转收入类科目也结转支出类科目，二者相抵得出本年利润。

5．出纳签字、审核记账

期末系统会自动生成一系列凭证。这些由系统自动生成的凭证如同用户手工填制的凭证一样都需要进行出纳签字、审核和记账。演示中以韩明江的身份进行出纳签字，以李海英的身份审核凭证并记账。

学生动手

请同学们参照教师演示分别完成收入部分和支出部分期间损益的结转。

举一反三

试一试将收入和支出两个部分合并结转。

学习评价

转账生成工作学习评价表，见表6-6。

表6-6　转账生成工作学习评价表

被考评人					
考评地点					
考评内容	自定义转账、对应结转、销售成本结转、汇兑损益结转和期间损益结转				
考评标准	内　　容	分值/分	自我评价/分	小组评议/分	实际得分/分
	自定义及对应结转的生成	25			
	销售成本结转的生成	25			
	汇兑损益的结转生成	25			
	期间损益的结转生成	25			
合　　计		100			

注：1．实际得分=自我评价40%+小组评议60%。

2．考评满分为100分，60～74分为及格，75～84分为良好，85分（包括85分）以上为优秀。

任务五　对账及结账工作

任务描述

全月的业务处理完毕之后，为确保万无一失，要进行对账工作，以检查记账是否正确，如果没有问题，可以对本月业务进行结账处理。

任务目标

掌握对账结账的方法、结账的条件以及结账的限制。

学时安排

1个学时（含教师演示和学生上机练习）。

情景导入

陈静："赵主管，我们把期末结转工作做完了，现在可以结账了吧！"

赵莹莹："差不多了，结账前，我们先要对账，没有问题再结账，结完账这个月的工作就完成了。"

知识储备

（1）对账即核对账簿数据，以检查记账是否正确以及账簿是否平衡。对账主要是通过核对总账与明细账、总账与辅助账数据来完成账账核对。一般来说，实行计算机记账后，只要记账凭证录入正确，计算机自动记账后各种账簿都应是正确的、平衡的，但由于非法操作、计算机病毒或其他原因有可能会造成某些数据被破坏，引起账账不符。为了保证账证相符、账账相符，用户应经常进行对账，至少每月一次，一般可在月末结账前进行。

（2）在手工会计处理中有结账的过程，为符合会计制度的要求，在电算化会计处理中也应有这一过程。结账只能每月进行一次。

1）本月还有未记账凭证时，本月不能结账。

2）若上月未结账，则本月不能记账、不能结账，但可以填制、复核凭证。

3）若总账与明细账对账不符，则不能结账，即每月对账正确后才能结账。

4）结账只能由有结账权的人进行。

5）年底结账前先进行数据备份，再结账。

6）已结账月份不能再填制凭证。

教师演示

1. 对账

（1）以"102陈亚楠"的身份登录系统，单击"总账"→"期末"→"对账"。

（2）单击"选择"按钮，激活"对账"按钮，同时在1月份的"是否对账"栏内显示"Y"，表示"是"，如图6-20所示。

月份	对账日期	对账结果	是否结账	是否对账
2019.01				Y
2019.02				
2019.03				
2019.04				
2019.05				
2019.06				
2019.07				
2019.08				
2019.09				
2019.10				
2019.11				
2019.12				

选择核对内容：总账与明细账、总账与部门账、总账与客户往来账、总账与供应商往来账、总账与个人往来账、总账与项目账

图6-20 "对账"对话框中的设置

（3）单击"对账"按钮，系统开始对账，对账结束后显示对账结果正确。单击"试算"按钮，如图6-21所示，试算完毕，显示试算平衡表。

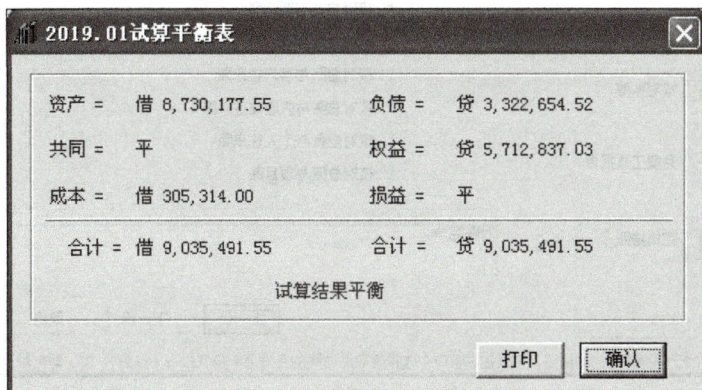

图6-21　"试算平衡表"对话框

（4）单击"确认"按钮退出。

2. 结账

（1）以"102陈亚楠"的身份登录系统，单击"总账"→"期末"→"结账"，进入"结账"对话框，如图6-22所示。

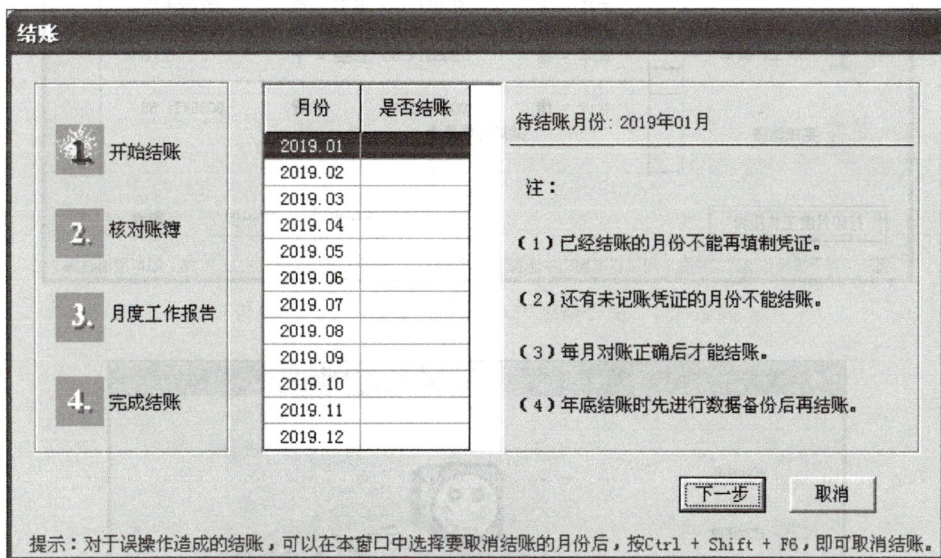

图6-22　"结账"对话框

（2）选择要结账的月份，单击"下一步"按钮。

（3）单击"对账"按钮，系统开始核对账簿，如图6-23所示，核对完毕后单击"下一步"按钮。

（4）系统结账前会出具月度工作报告，如图6-24所示。月度工作报告提示满足结账条件后单击"下一步"按钮，出现如图6-25所示界面，单击"结账"按钮，结账工作完毕。

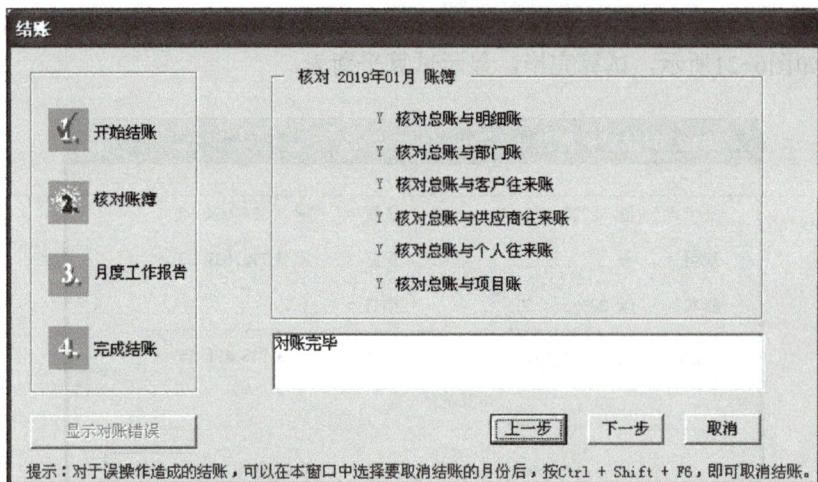

图6-23　在"结账"对话框中核对账簿

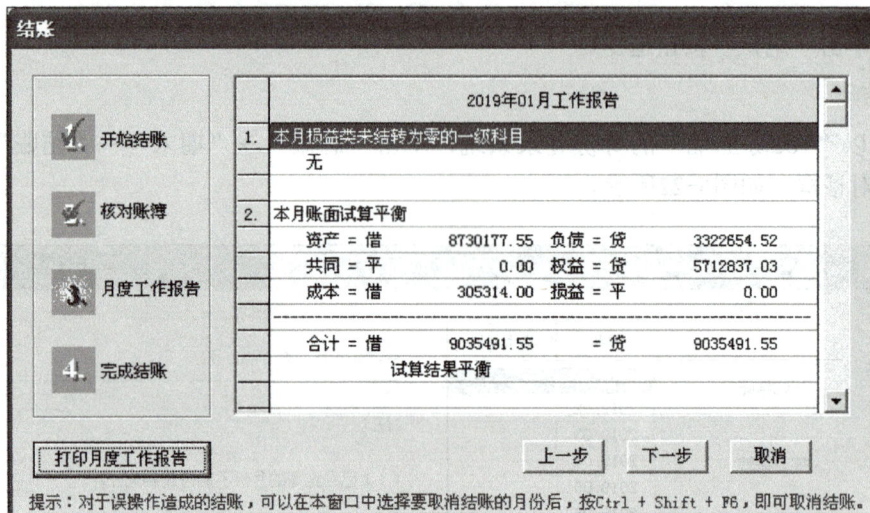

图6-24　在"结账"对话框中显示月度工作报告

图6-25　在"结账"对话框中完成结账

学生动手

请同学们参照教师演示对本月的账簿进行记账、结账处理。

举一反三

1．取消记账

（1）以"101赵莹莹"的身份登录系统，单击"总账"→"期末"→"对账"，显示"对账"对话框，按"Ctrl+H"组合键激活"恢复记账前功能"。

（2）单击"总账"→"凭证"→"恢复记账前状态"。

（3）根据具体情况选择恢复至最近一次记账前状态或者当月月初状态，如图6-26所示。

（4）输入主管口令，确认后记账恢复完毕。

2．反结账

（1）以"101赵莹莹"的身份登录系统，单击"总账"→"期末"→"结账"，进入"结账"对话框。

（2）选择需要反结账的月份，按"Ctrl+Shift+F6"组合键，然后单击"确认"按钮，若结账栏中的符号"Y"消失，则反结账完成。

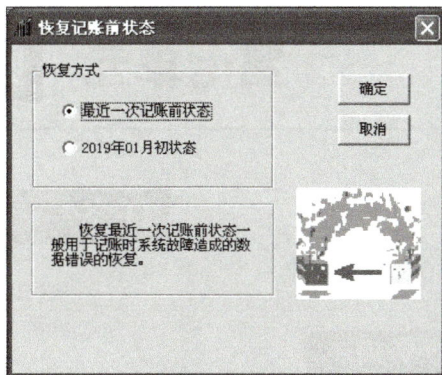

图6-26 "恢复记账前状态"对话框

学习评价

对账及结账工作学习评价表，见表6-7。

表6-7 对账及结账工作学习评价表

被考评人					
考评地点					
考评内容	对账、结账以及取消记账、反结账的操作				
考评标准	内　容	分值/分	自我评价/分	小组评议/分	实际得分/分
	对账的操作步骤及条件	25			
	结账的操作步骤及条件	25			
	取消记账的操作是否正确	25			
	反结账的操作是否正确	25			
合　计		100			

注：1．实际得分=自我评价40%+小组评议60%。

2．考评满分为100分，60~74分为及格，75~84分为良好，85分（包括85分）以上为优秀。

扫码观看关于小微企业所得税优惠政策的公告及会计学界泰斗潘序伦的案例，并谈谈你的看法。

新政速递6

案例分享4

第七单元　财务报表处理　*07*

任务一　财务报表格式设计

任务描述

　　编制财务报表是企业会计工作中一项非常重要的内容。财务报表是凭证和账簿数据的概括和延伸，因此报表数据的说明力极强。本任务是掌握畅捷通T3-企业管理信息化软件教育专版营改增版中财务报表的基本知识和报表格式设计的方法。

任务目标

　　熟悉报表的基本编制流程，能创建和保存新表；掌握报表的单元类型和单元属性；理解财务报表系统的格式和数据状态分别处理的内容；熟练设计报表格式。

学时安排

　　2个学时（含教师演示和学生上机练习）。

情景导入

　　月底临近，计财部要进行实现电算化后第一次财务报表的编制。实习生陈静想向账套主管赵莹莹学习财务报表的编制，赵莹莹非常爽快地答应了这个要求，她首先向陈静介绍了财务报表系统的基础知识，又教她如何设计一张报表的基本格式。我们跟陈静一起来开始学习吧！

知识储备

一、财务报表的基础知识

1. 财务报表系统的主要功能

　　（1）提供各行业报表模板：用户可以从财务报表系统提供的各行业报表模板中进行选择，生成本单位所需报表。如有必要，部分格式和公式可以自行设置。另外，系统还提供自定义模板功能，可以根据本单位的实际需要定制模板。

　　（2）文件管理功能：系统生成的报表默认后缀为"*.rep"，它还可以同文本文件、"*.mdb"文件、"*.dbf"文件、"*.xls"文件、LOTUS1-2-3文件进行转换；可以通过"导入""导出"功能和其他财务软件进行数据交换。

（3）格式设计功能：系统提供了设置表尺寸、组合单元、画表格线（包括斜线）、调整行高列宽、设置字体图案及边框、设置显示比例等格式设计功能。用户通过此功能可以方便地设计出各种内部管理报表。

（4）数据处理功能：财务报表可管理大量不同的表页，能将多达99 999张具有相同格式的报表资料在一个报表文件中统一管理，并且在每张表页之间建立有机联系；提供了排序、审核、舍位平衡、汇总功能；提供了绝对单元公式和相对单元公式的设置，可以方便、迅速地定义计算公式；提供了种类丰富的函数，可以从其他模块中提取数据，生成财务报表。

（5）图表功能：采用“图文混排”方式，可以很方便地用图形方式对数据进行组织和分析，制作出多种图表，还可以编辑图表的位置、大小、标题、字体、颜色等，并打印输出图表。

2. 报表的基本结构

财务报表一般由标题、表头、表体和表尾四部分组成，如图7-1所示。

部分科目发生额及余额表　　标题

单位名称：年　月　日　　　　单位：元　　表头

科目名称	年初余额	期末余额	本期发生额
货币资金	#####	#####	
应收账款	#####	#####	
库存商品	#####	#####	
固定资产	#####	#####	
应付账款	#####	#####	
管理费用			#####
销售费用			#####
主营业务收入			#####
主营业务成本			#####

表体

会计主管：　　制表人：　　审核人：　　表尾

图7-1　报表的组成

（1）标题：标明报表名称，一般需将该行进行单元组合后居中显示。

（2）表头：标明编制单位、编制日期、报表内部的相关栏目等。报表栏目的设置直接决定了报表的复杂程度和报表的主体结构。简单表的栏目一般只有一行，而复杂表可能有多行栏目嵌套。

（3）表体：报表的主体，是存放各具体项目和数据的部分，一般是报表中比重最大的区域。

（4）表尾：填制一些辅助性信息。

3. 报表单元

单元是报表的基本组成单位，同Excel文件相同，单元由所在行和列组合起来进行标识。行号用数字1～9999表示，列标用字母A～IU表示。例如，第三行第四列交汇所在的单元格名为“D3”。

畅捷通T3-企业管理信息化软件教育专版营改增版财务报表系统中的单元共有3种类

型，如图7-2所示。

单元类型 {
数值单元：是填列报表数据的主体部分。新表建立后，所有单元的类型均为数值型，无须单独设置。用户可在数值单元中编制公式，用于自动生成数据，也可在数据状态下手工录入数据。

字符单元：是报表的数据之一，在数据状态下（"格式/数据"按钮显示为"数据"时）输入。

表样单元：是报表的格式，在格式状态下设置的报表的标题、表头及报表内的各项目名称等一般都是表样单元。表样单元需在格式状态下设置，并且作用于所有表页。
}

图7-2　3种单元类型

提示

○　一般来说，数值单元无须单独设置，默认报表所有单元均为数值型，除非对其进行其他单元类型的设定。数值单元最多可为15位有效数字。

○　可以将数值单元设置为按千分位方式显示，可以在数据前增加货币符号，也可设置数据应保留的小数位个数。

○　在格式状态下，表样单元也无须单独在菜单中进行设置，只要在某个单元格中输入文字、数字等内容，这个单元就会自动成为表样单元。

○　字符单元的内容可以是汉字、字母、数字及各种键盘可输入的符号组成的一串字符，一个单元中最多可输入63个字符或31个汉字。字符单元的内容也可由单元公式生成。

畅捷通T3-企业管理信息化软件教育专版营改增版财务报表系统提供了四种单元属性设置的基本内容，如图7-3所示。

单元属性 {
单元类型：可选择将某单元设置为数值型、字符型和表样型。

字体图案：可对选中的单元进行字体、字号和颜色背景等的设置。

对　　齐：可对选定单元的内容进行垂直和水平方向上各种对齐方式的设置，可选择文字在单元内是否折行。

边　　框：可对选定区域的边框线进行自定义设置。
}

图7-3　单元属性设置的基本内容

4．报表文件和表页

（1）在畅捷通T3-企业管理信息化软件教育专版营改增版财务报表系统中创建的报表后缀名为"*.rep"，系统将其作为报表文件进行管理。

（2）报表文件可由多张表页组成，每张表页的格式均相同。

（3）报表文件所含的各表页关键字的内容不同，数据也不同。

（4）只有在数据状态下才能查看不同的表页（单击表页左下方的标签）。

5．关键字

关键字是游离于单元之外的特殊数据单元，用于定位表页；在编制完单元公式后进行数据计算时，关键字也是提取数据的重要依据。

（1）财务报表共提供了六种关键字：单位名称、单位编号、年、季、月、日。

（2）关键字的显示位置在格式状态下设置，关键字的值则在数据状态下录入。

（3）每个报表可以定义多个关键字，但每个关键字只能出现一次。

（4）格式状态只显示已经设置了哪几类关键字及其位置，关键字的具体内容则不显示。

（5）在数据状态下可录入关键字并显示关键字的具体内容。

6. 财务报表系统的格式和数据状态

畅捷通T3-企业管理信息化软件教育专版营改增版财务报表系统有"格式"和"数据"两种显示状态，它们是通过屏幕左下角"格式/数据"按钮来实现不同状态切换的，其各自功能特点见表7-1。

表7-1 格式和数据状态对照表

对比项目	格式状态	数据状态
功能	设置表尺寸、行高列宽、区域画线、单元属性、组合单元，设置可变区，设置表样，设置关键字，定义公式	录入关键字的值（逐页录入）、表页（整表）重算、录入数据、审核数据、舍位平衡、汇总合并、插入图表对象
特点	● 其设置作用于所有表页 ● 只能设置报表格式，不能处理数据 ● 在此只能观察到报表格式	● 可以呈现全部的报表格式和数据 ● 不能修改报表格式 ● 不能修改报表公式

二、报表格式设计

在"格式"菜单中有很多进行报表格式设计的功能，这些功能基本上都需要将报表定位在格式状态才能使用。经常使用到的格式设置功能有以下几个：

1. 表尺寸

表尺寸是指一个财务报表所占用的行数和列数。当用户新建一个空白报表后，系统默认这个表为50行7列，用户可以根据自身的实际需要进行行列数的调整。

2. 行高、列宽

财务报表系统中报表的默认行高为5毫米，默认列宽为25毫米，如果不能满足需要则用户可以对其进行调整。若对个别的行高、列宽不要求很高的精度，可以用鼠标直接拖动行列间的分隔线进行调整；若要对很多行高、列宽进行一次性的精确的定义，则需要先用鼠标选中所需调整的区域，再录入确定的数字，则可快速准确地实现行高列宽的定义。

3. 区域画线

在这个功能中，系统为用户提供了六种画线类型：网线、框线、横线、竖线、正斜线、反斜线。另外，还提供了很多表线的样式，有不同磅数的实线和间隔长短不同的虚线。

4. 组合单元

在很多情况下，需要将报表中相邻的单元组合成一个整体来进行编辑，这时可以使用组合单元这个功能。将所需组合的单元用鼠标选中后，在"格式"菜单中调用组合单元，可以方便地将其组合成一个大的单元。例如，将C1至E6组合成一个单元，就可以用C1:E6表示。

提示

○ 只有几个相邻单元均属同一种单元类型时才可以将其进行组合。

○ 财务报表系统将组合后的单元视为一个单元进行处理。

○ 组合方式有按行组合、按列组合、整体组合（一张表页内多行多列的区域进行组合），不需要组合时还可以取消组合。

5. 设置关键字

（1）编制不同报表所需设置的关键字不相同，首先要选定需设置哪些关键字。

（2）选择适当的位置进行关键字设置。关键字一般在标题之下，报表主体部分之上（关键字需逐一进行设置）。

（3）不需要的关键字设置后还可以取消；关键字位置设置不当时，可以在适当位置再次设置同一关键字，原关键字被自动取消。

（4）"单位名称"默认左对齐，"年""季""月""日"等默认右对齐。

6. 设置单元类型和单元属性

根据不同的财务报表的需要，可以将单元设置为数值型、表样型和字符型；可以设置各单元的字体图案、对齐方式、边框格式。

提示

○ 确定报表行数时从标题开始，关键字所在行也单独作为一行。

教师演示

下面以图7-1为例演示创建新表和报表格式设计。

（1）进入畅捷通T3-企业管理信息化软件教育专版营改增版财务报表系统，单击工具栏中的第一个按钮"□"，新建一个空表，如图7-4所示。

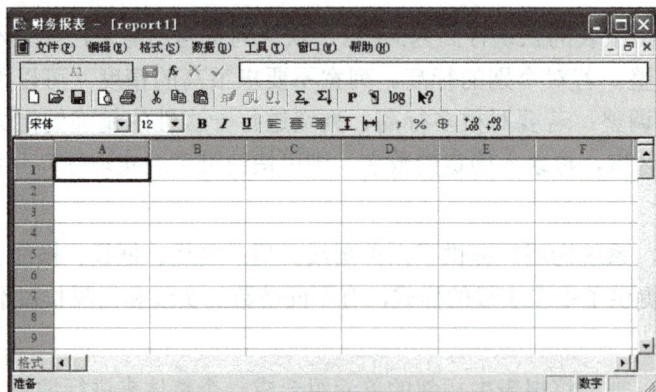

图7-4　新建一张空表

（2）设置表尺寸。通过观察自第一行标题起至表尾整个报表共计13行4列。单击"格式"→"表尺寸"，录入行列数，如图7-5所示。

（3）行高、列宽设置。选中报表所有行，单击"格式"→"行高"，录入行高为8毫米，如图7-6所示。选中报表所有列，单击"格式"→"列宽"，录入宽度为30毫米，如图7-7所示。

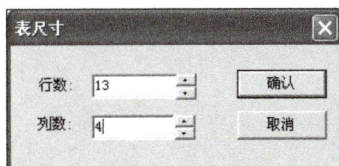

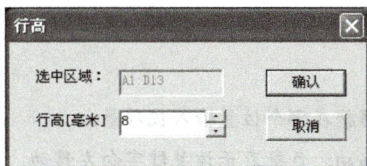

图7-5　表尺寸　　　　　图7-6　行高设置　　　　　图7-7　列宽设置

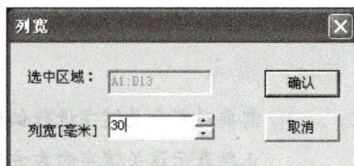

（4）选中报表第3至12行，单击"格式"→"区域画线"，选择画线类型为网线，样式为默认的细实线，如图7-8所示。

（5）选中报表第1行，单击"格式"→"组合单元"，选择整体组合或按行组合均可，如图7-9所示。

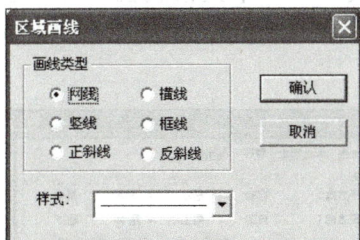

图7-8　区域画线　　　　　　　　　图7-9　组合单元

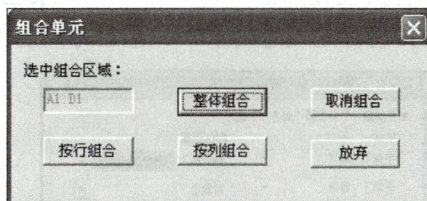

提示

- 按行组合可将选中的区域中每一行分别组合成一个横向的单元。
- 按列组合可将选中的区域中每一列分别组合成一个纵向的单元。
- 整体组合可将选中的区域组合成一个大的单元。
- 取消组合是以上三种组合的逆向操作。

（6）关键字的设置。单击A2单元格，单击"数据"→"关键字"→"设置"，出现如图7-10的对话框，选中"单位名称"后单击"确定"按钮。重复以上步骤分别在B2单元格中设置关键字"年"，在C2单元格中设置关键字"月"和"日"。

（7）完成上述步骤后，可以发现关键字"月"和"年"在C2单元格中是重叠在一起的，可以通过关键字的偏移来解决这个重叠问题。单击"数据"→"偏移"，在"月"所对应的位置输入偏移量"-45"，如图7-11所示。

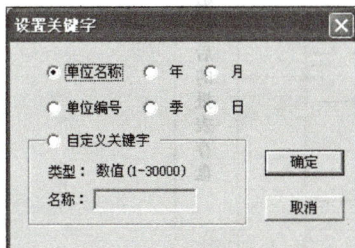

图7-10　设置关键字　　　　　图7-11　定义关键字偏移

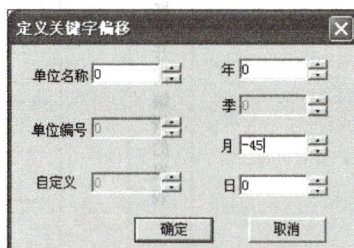

提示

- 需要对哪个关键字进行偏移就在哪个位置输入偏移量。
- 正数表示该关键字向右方移动；负数表示该关键字向左移动。
- 关键字偏移的程度以使报表美观为原则，不拘于定数。

（8）按图7-1输入文字，包括标题、报表栏目、报表项目、表尾等。

1）录入文字后，这些单元自动被设置为表样单元。

2）未录入表样的单元默认为数值型，不需单独设置。

（9）设置单元类型。

1）设置标题格式：选中标题所在行，单击"格式"→"单元格属性"→"字体图案"，将其设置为黑体、14号字、前景色为深蓝色，如图7-12所示；继续单击"对齐"，按图7-13将标题设置为水平和垂直方向居中显示。

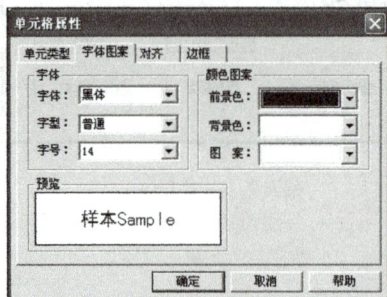

图7-12　字体图案设置　　　　　图7-13　对齐方式设置

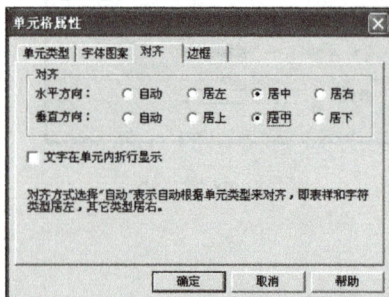

2）同理将报表的第三行设置为：楷体、14号字、水平和垂直居中；将A4:A12设置为：楷体、12号字、水平左对齐、垂直居中。

3）选中A3:D12区域，设置内外边框线均为粗实线。至此，本表的格式设置工作结束，存盘即可。

学生动手

请同学们按照图7-14的要求设计报表格式。

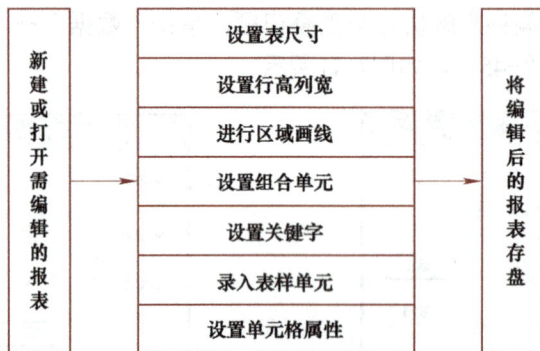

图7-14　报表格式设置的基本流程

举一反三

（1）请同学们尝试一下将新建的报表另存为其他格式，如保存为"*.xls"格式。

（2）在"格式"菜单下还有一个"套用格式"功能，其中保存了一些报表格式设计的模板。用户可以在待选套用格式中选择一种适合的格式直接套用到自己的报表中，这样省时省力。请同学们按自己的喜好练习套用。

1）区域套用格式之后，区域中原有格式和数据全部丢失。

2）有些套用格式中已设置了计算公式，当前区域套用该格式后，公式同时写入了相应单元。

（3）教师演示只示范了格式设计的部分功能，请同学们练习使用未演示但软件中已提供的其他格式设计功能。尝试绘制斜线表头，尝试对行、列进行追加、插入、删除和交换等操作。

提示

○ 选择一行单元格，单击"编辑"→"插入"→"行"，录入行数，可在当前行上方增加行。

○ 选择一行单元格，单击"编辑"→"追加"→"行"，录入行数，可在当前行下方增加行。

○ 选择一列单元格，单击"编辑"→"插入"→"列"，录入列数，可在当前列左侧增加列。

○ 选择一列单元格，单击"编辑"→"追加"→"列"，录入列数，可在当前列右侧增加列。

○ 单击"编辑"→"交换"→"行"，可以将两行内容对调（需输入想交换的行号）。

○ 单击"编辑"→"交换"→"列"，可以将两列内容对调（需输入想交换的列号）。

学习评价

财务报表格式设计学习评价表，见表7-2。

表7-2 财务报表格式设计学习评价表

被考评人					
考评地点					
考评内容	财务报表系统的几个关键概念的理解，报表各项格式设置的功能				
	内　容	分值/分	自我评价/分	小组评议/分	实际得分/分
考评标准	能熟练表述报表格式状态和数据状态各自的功能	20			
	自如地设置关键字	15			
	深刻理解三种单元类型的含义	15			
	快速准确地设置报表格式	50			
	合　计	100			

注：1. 实际得分=自我评价40%+小组评议60%。

2. 考评满分为100分，60～74分为及格，75～84分为良好，85分（包括85分）以上为优秀。

任务二　报表公式的定义

任务描述

在上一任务中，我们学习了如何设计出简洁大方的报表。本任务将学习单元公式、审核公式和舍位平衡公式的原理和设置方法。

任务目标

认识报表单元公式的几种大的类型；熟练运用资产负债表和利润表中最常用的期初（QC）函数、期末（QM）函数、发生（FS）函数；熟练运用简单的统计函数，如"PTOTAL（）"；合理设置审核公式和舍位平衡公式。

学时安排

3个学时（含教师演示和学生上机练习）。

情景导入

陈静经过练习可以根据要求熟练地设计出各种格式的报表。午休时，她又向赵莹莹请教："我设计报表已经比较熟练了，但是这些都是空表，怎么样才能提取到数据呢？"赵莹莹说："那还需要进行公式的设置，今天四点以后工作不多，我为你讲解一下。"

知识储备

畅捷通T3-企业管理信息化软件教育专版营改增版财务报表系统中提供了三种主要的公式：单元公式、审核公式、舍位平衡公式。

一、单元公式

数据是报表的实质性内容，是报表的灵魂。在电算化处理之后，很多会计工作的方法都发生了变化，其中之一就是会计报表的编制方法。在手工处理方式下，会计人员在每期期末都需从账簿凭证等资料中摘抄数据，分析计算汇总后填列到会计报表中。这对编制报表的会计人员要求比较高，有时个别数据抄转的错误会引起整个报表的重新核对。

电算化方式下一般采用在报表单元中直接定义公式来解决报表数据的提取问题。把这种直接定义在单元中的公式叫作单元公式。畅捷通T3-企业管理信息化软件教育专版营改增版财务报表软件中，单元公式能够直接定义在数值型或字符型单元内。在定义公式时，既可以直接录入公式内容，也可以使用函数向导在财务报表系统的提示下一步步地生成公式。

提示

○ 编辑单元公式必须要在格式状态下进行操作。

○ 单元公式在保存时，系统会自动进行检查。如果公式存在语法错误，则系统给予提示且不予存盘。用户修正单元公式后系统再次检查，通过后方可保存。

常用财务报表的绝大部分数据都是在账簿中提取的。畅捷通T3-企业管理信息化软件教育专版营改增版财务报表系统中提供了很多类型的取数函数，可用于从账簿中取数。函数是单元公式最重要的组成部分。下面介绍在资产负债表和利润表生成过程中常用的几种函数，见表7-3、表7-4。

表7-3　主要总账函数列表

函数名称	金额式	数量式	外币式
期初额函数	QC	SQC	WQC
期末额函数	QM	SQM	WQM
发生额函数	FS	SFS	WFS
累计发生额函数	LFS	SLFS	WLFS
条件发生额函数	TFS	STFS	WTFS
对方科目发生额函数	DFS	SDFS	WDFS
净额函数	JE	SJE	WJE
现金流量函数	XJLL		

表7-4　主要统计函数列表

函数名称	固定区	可变区	立体方向
合计函数	PTOTAL	GTOTAL	TOTAL
平均值函数	PAVG	GAVG	AVG
计数函数	PCOUNT	GCOUNT	COUNT
最小值函数	PMIN	GMIN	MIN
最大值函数	PMAX	GMAX	MAX

1. 账务函数

财务函数的基本格式如下：

函数名（<科目编码>，<会计期间>，[<方向>]，[<账套号>]，[<会计年度>]，[<编码1>]，[<编码2>]，[截止日期]）

（1）以上公式中有些参数可以省略不写，例如方向、账套号、会计年度、编码等。

（2）如果省略的参数后面没有内容，则可以不写逗号。

（3）如果省略的参数后面还有内容，则必须写逗号，并把它们的位置留出来。

（4）"编码1""编码2"表示的是辅助核算编码。

（5）函数中的标点符号（如引号和逗号等）支持半角也支持全角。

（6）函数中的参数除了日期字符串必须加引号之外，其他参数可以不加引号。

按照上述格式为"生产成本"科目编制期末单元公式如下：

QM（"5001"，月,,,,,,,,,）

这个公式的含义是：取科目代码为5001的科目当月的期末余额。取数时余额方向、账套号和会计年度均为默认。

提示

❍　单元公式设置时若不输入余额方向，表示以会计科目设置中设定的余额方向为默认余额方向。

❍　单元公式设置时若不输入账套号和会计年度，表示以财务报表系统数据主菜单下账套初始中确定的账套号和年度为默认值。

其他账务函数的格式都和上例类似，不一一列举。

2．统计函数

在编制报表时，经常需要将报表内的数据进行统计，如求和、求平均数、取最值等。使用统计函数时要注意区分几个概念：

（1）固定区：在固定区中行数和列数均为固定的数量，不能变动。一个报表中如果均为固定区，则称为固定表。

下面以固定区合计函数为例进行统计函数使用的说明。

PTOTAL(<区域>,[<区域筛选条件>])

1）PTOTAL(E:F)表示取当前表页的E列与F列中的所有固定区单元数值的合计。

2）PTOTAL(B3:E15@3)表示取表页3中区域B3:E15中所有固定区单元值的合计。

3）PTOTAL(B5:B36,B5:B36>2000)表示取当前表页中区域B5:B36的固定区中值大于2000的所有单元数值的合计。

比如在编制资产负债表时，"流动资产合计"这个单元需要将该列十几个单元的数值进行合计，就可以使用这个函数。

（2）可变区：一个区域内的行数或列数不固定，由用户在格式设计中设定行可变区域或者列可变区域（二者只能选一）。存在可变区的报表也称为可变表。

（3）立体方向：报表中每一张表页都是由行和列组成的，是二维表。如果一个报表由格式相同的多张表页组成，这个报表就是三维表，定位某一个单元时需要三个坐标：表页号、行号、列号。当对表页号不同而行号、列号相同的单元进行处理时需使用立体方向函数。

二、审核公式

利用报表单元公式可以提取数据，生成报表。在单元公式定义过程中如果操作人员出现疏忽，可能会导致一些单元公式的定义并不正确或不严密，导致利用这种公式提取出的数据也是错误的。当报表单元很多、数据关系比较复杂时，通过人工一一验证是很困难和费时的，也不符合电算化的工作理念。为此，可以设置审核公式来验证报表内（报表间）各项目钩稽关系是否正确。

（1）审核公式可以看作是对财务报表数据的又一次核对和把关，用于审核报表内或报表之间项目的钩稽关系是否正确。

（2）审核公式不能独立提取数据生成报表，它只是对已生成数据的报表中相互关联的数据的一种验证。

（3）如果符合这种验证关系，则原报表可能无误；如果不符合这种验证关系，则报表单元数据一定有误，系统会提示用户及时更正。

（4）审核公式实质上就是一种规则，是在正常情况下报表有关单元中的数据之间应该达到的数据关系。

在畅捷通T3-企业管理信息化软件教育专版营改增版中，审核公式同单元公式一样需要在格式状态下进行定义，一般常用的审核公式的格式为

<算术表达式><关系表达式><算术表达式>

MESSAGE“<提示信息>”

这个格式可以这样理解：第一行是报表数据应该达到的数据的钩稽关系；第二行的提示信息表示若不满足上方列示的关系式，系统会如何提示。

以图7-15所示的“存货收发存明细表”为例编制审核公式。

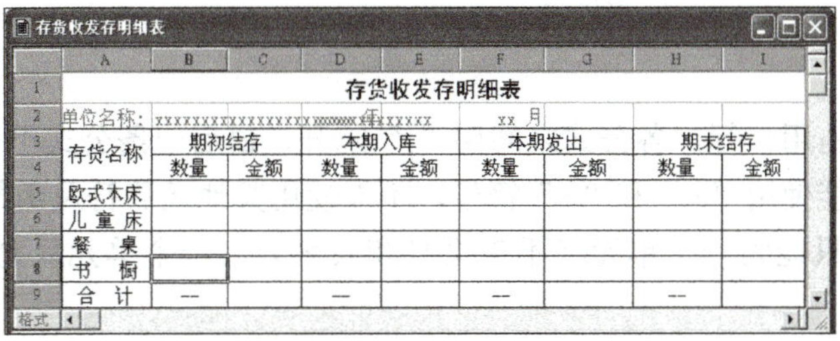

存货收发存明细表

	A	B	C	D	E	F	G	H	I
1	存货收发存明细表								
2	单位名称：	xxxxxxxxxxxxxxxxxxxxxxxxx年xxxxxx				xx 月			
3	存货名称	期初结存		本期入库		本期发出		期末结存	
4		数量	金额	数量	金额	数量	金额	数量	金额
5	欧式木床								
6	儿 童 床								
7	餐　桌								
8	书　橱								
9	合　计	--		—		--		--	

图7-15　存货收发存明细表

经分析，该报表应符合如下钩稽关系：

库存商品的期末结存金额合计=所有商品期初结存金额合计+所有商品本期入库金额合计–所有商品本期发出金额合计

按这种钩稽关系定义的审核公式为

I9=C9+E9−G9

MESSAGE“库存商品结存总金额有误”

提示

○　在资产负债表中，一般根据“资产合计=负债及所有者权益合计”这一钩稽关系设置审核公式。

三、舍位平衡公式

财务报表的金额单位可根据企业自身情况设定为元、千元、万元等。在某些情况下（如编制合并报表），需要将报表的金额单位进行进位处理，比如由元调整为万元。这项操作可能会破坏原来报表的平衡关系，造成数据混乱，但可以通过设置舍位平衡公式来解决这个问题。

（1）舍位平衡包括两个工作：对报表数据进行进位处理（即舍位）；设置平衡调整公式对舍位后的报表进行处理，使其仍然保持平衡关系。

（2）舍位表名：前表舍位后会形成一张新报表，由用户定义表名，但不能同当前报表重名。

（3）舍位范围：将需舍位的区域全部包括在内，不连续的区域用“，”隔开。

（4）舍位位数：1～8位，舍几位表示将原数据小数点左移几位。

（5）平衡调整公式：按原报表数据汇总的顺序逆向编制，由最终运算结果逐层向前一步骤分解，如图7-16所示。

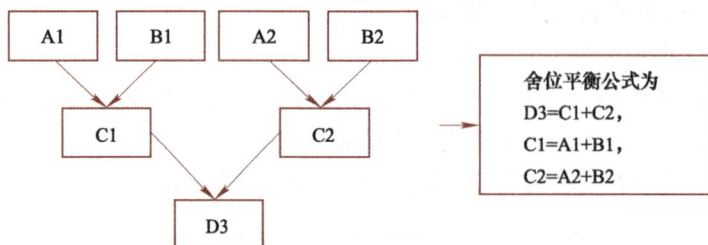

图7-16　舍位平衡公式的编制

（6）每个公式占用一行，各公式之间用","隔开，最后一条公式不用写逗号。

（7）公式中只能使用"+"和"-"符号，不能使用其他运算符及函数。

（8）等号左边只能为一个单元（不带页号和表名），一个单元只允许在等号右边出现一次。

教师演示

请打开配套光盘中"教材案例备份"→"7.1"文件夹中的"存货收发存明细表.rep"文件如图7-15所示，利用刚刚学过的函数编制这个报表的单元公式。

期初结存——数量栏：应使用SQC数量期初函数。

期初结存——金额栏：应使用QC期初函数。

本期入库——数量栏：应使用SFS数量发生函数（取对应科目的借方）。

本期入库——金额栏：应使用FS发生函数（取对应科目的借方）。

本期发出——数量栏：应使用SFS数量发生函数（取对应科目的贷方）。

本期发出——金额栏：应使用FS发生函数（取对应科目的贷方）。

期末结存——数量栏：应使用SQM数量期末函数。

期末结存——金额栏：应使用QM期末函数。

合计：PTOTAL合计函数。

1．账务函数的运用

图7-15的第五行至第八行都需要使用账务函数，以B5单元（欧式木床的期初数量）的公式编制举例，以下是具体的操作方法。

（1）单击单元B5，单击屏幕上方工具栏的"FX"图标，弹出公式编制的对话框，如图7-17所示。

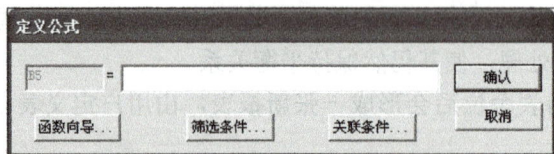

图7-17　"定义公式"对话框

（2）单击"函数向导"按钮后单击"确认"按钮，弹出"函数向导"对话框，如图7-18所示，单击左侧方框中的"用友账务函数"，在随其出现的右侧对应函数中选择"数量期初（SQC）"，单击"下一步"按钮。

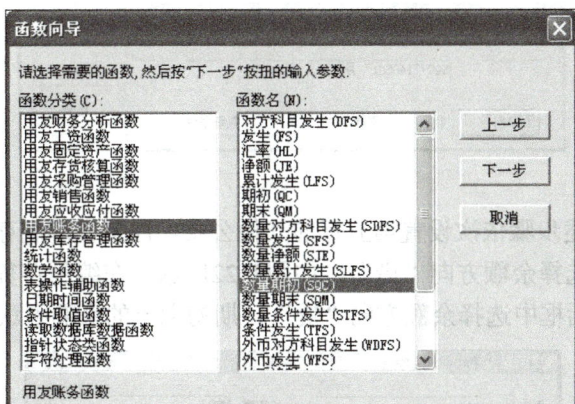

图7-18 "函数向导"对话框

（3）这时屏幕上会出现"用友账务函数"对话框，如图7-19所示，单击"参照"按钮。

（4）在弹出的"账务函数"对话框中录入"库存商品——欧式木床"的科目代码"140501"，其他内容默认，单击"确定"按钮，如图7-20所示。

（5）以上操作就是在函数向导的提示下，完成了"库存商品——欧式木床"期初数量结存的单元公式的设置，并返回"定义公式"对话框，如图7-21所示，单击"确认"按钮，公式单元设置完成。

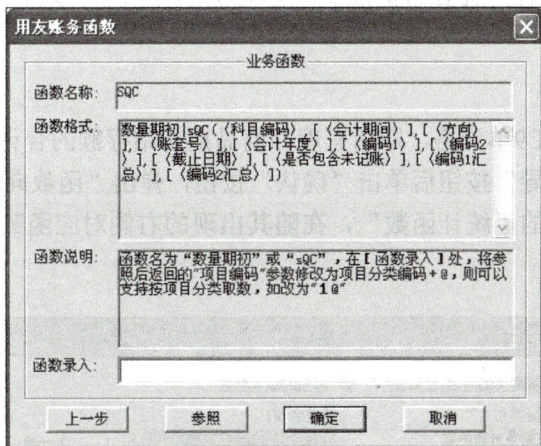

图7-19 "用友账务函数"对话框

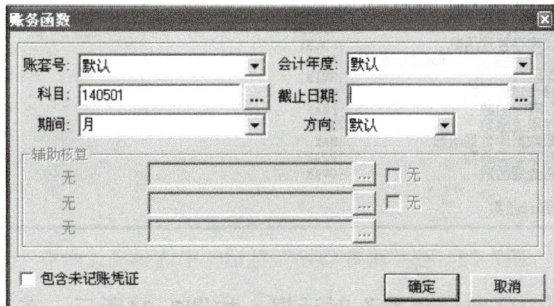

图7-20 "账务函数"对话框

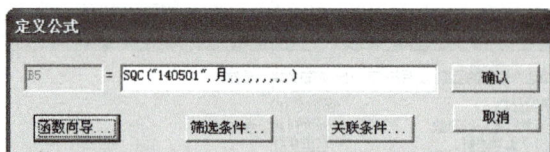
图7-21　返回"定义公式"对话框

（6）请大家按上述步骤依次设置第五行的其他公式，注意在编制存货入库数量或金额的公式时需在对话框中选择余额方向"借"，如图7-22所示，在编制存货发出数量或金额提取数量的公式时需在对话框中选择余额方向"贷"，期初期末的余额则默认余额方向即可。

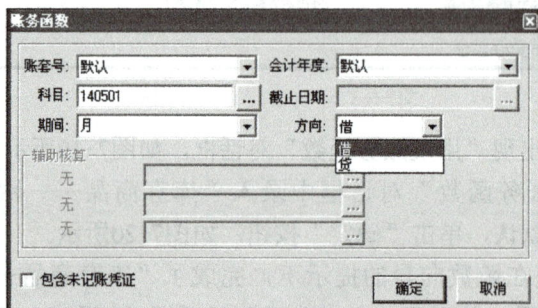
图7-22　在"账务函数"对话框中选择余额方向

（7）第六行至第八行其他存货的编制方法与第五行相同，不一一列举，请同学们依次处理。

2．统计函数的应用

（1）接上例，单击C9单元格，即所有库存商品期初结存额的合计单元，单击"FX"。

（2）单击"函数向导"按钮后单击"确认"按钮，弹出"函数向导"对话框，如图7-23所示，单击左侧方框中的"统计函数"，在随其出现的右侧对应函数中选择"PTOTAL"，单击"下一步"按钮。

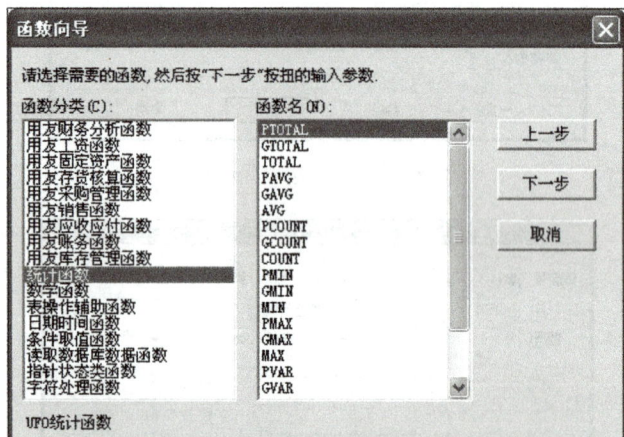
图7-23　在"函数向导"对话框中选择统计函数

（3）系统弹出"固定区统计函数"对话框，如图7-24所示，在"固定区区域"中录入需要求和的单元C5:C8，即对欧式木床、儿童床、餐桌和书橱的期初结存金额进行合计，单击"确认"按钮返回。

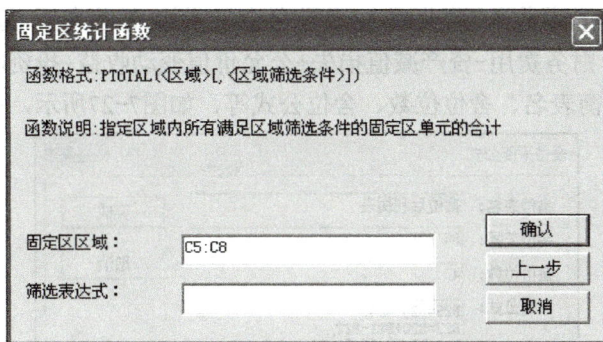

图7-24　"固定区统计函数"对话框

（4）系统将完整的公式提示给用户，如图7-25所示，单击"确认"按钮。

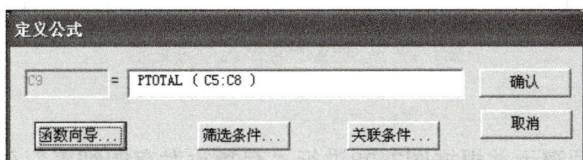

图7-25　在"定义公式"对话框中显示结果

重复以上步骤分别进行E9、G9、I9单元公式的定义，完成后保存报表。公式编制完成后，所有编制了公式的单元中都会显示"公式单元"。

3. 审核公式定义

（1）打开"存货收发存明细表"将其调整至格式状态，打开"数据"→"编辑公式"→"审核公式"。

（2）系统显示"审核公式"对话框，输入审核公式，如图7-26所示，完成后单击"确定"按钮，报表系统会保存公式，供以后审核时使用。

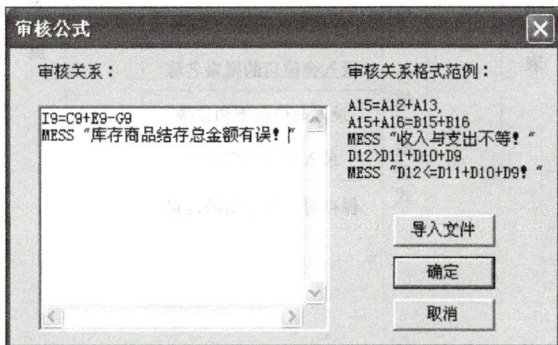

图7-26　"审核公式"对话框

4. 舍位平衡公式定义

（1）打开"舍位平衡练习利润表"将其调整至格式状态，打开"数据"→"编辑公式"→"舍位平衡公式"。将此利润表从净利润逐级向前一步骤分解，过程大致为

净利润=利润总额-所得税费用；

利润总额=营业利润+营业外收入-营业外支出；

营业利润=营业收入-营业成本-营业税金及附加-销售费用-管理费用-

财务费用-资产减值损失+公允价值变动收益+投资收益。

（2）输入舍位平衡表名、舍位位数、舍位公式等，如图7-27所示，单击"确定"按钮。

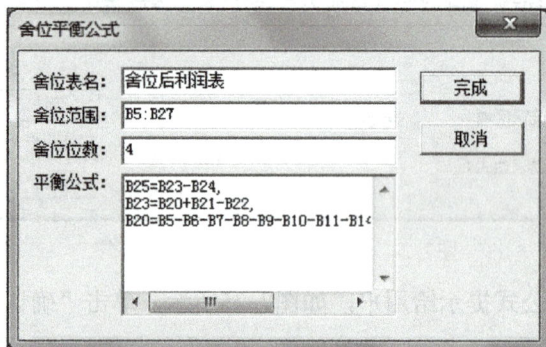

图7-27 "舍位平衡公式"对话框

学生动手

请同学们参照教师演示并根据图7-28进行"存货收发存明细表"公式的编制。

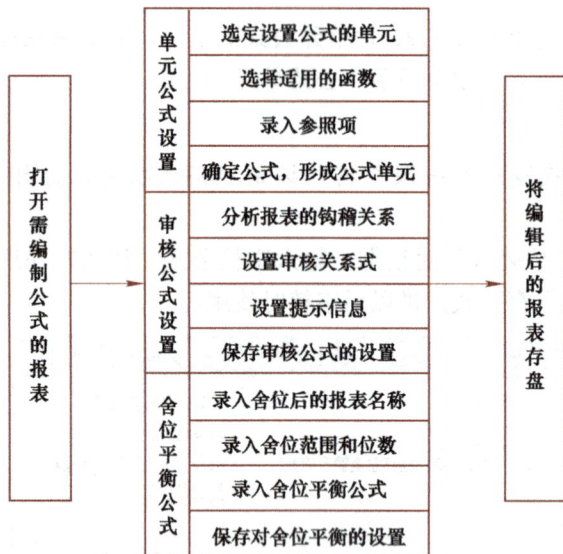

图7-28 编制公式流程

举一反三

账务函数中除了以上介绍的常用的取期初数、取期末数和取发生额的函数之外还有大量的函数供用户选用，同学们可以在教师的指导下有选择地进行学习和演练。

学习评价

报表公式的定义学习评价表，见表7-5。

表7-5　报表公式的定义学习评价表

被考评人					
考评地点					
考评内容	掌握不同报表使用的不同函数；能熟练运用生成资产负债表和利润表上的常用函数：期初函数（QC）、期末函数（QM）、发生函数（FS）、统计函数等；能根据报表钩稽关系灵活设定审核公式；能设定舍位平衡公式				
考评标准	内　　容	分值/分	自我评价/分	小组评议/分	实际得分/分
	熟悉常用函数的含义和基本格式	30			
	熟练运用函数进行单元公式设定	40			
	灵活设定审核公式	20			
	了解舍位平衡公式的原理和应用	10			
	合　　计	100			

注：1. 实际得分=自我评价40%+小组评议60%。

2. 考评满分为100分，60～74分为及格，75～84分为良好，85分（包括85分）以上为优秀。

任务三　报表数据的处理

任务描述

　　为财务报表编制各种公式是生成报表的一个基础性工作。只编制了公式，报表内还不能自动显示出用户所需的数据。要实际生成一张报表，要按公式要求提取数据、计算数据、审核数据，就需要进一步的处理。本任务就是学习报表数据的处理。

任务目标

　　熟练地录入关键字；掌握如何进行账套初始；熟练地进行表页重算或整表重算；会进行报表的审核；会生成舍位报表；了解报表的数据透视和汇总功能。

学时安排

　　1个学时（含教师演示和学生上机练习）。

情景导入

　　陈静反复练习报表公式的定义和审核公式的定义，各类公式的格式和编制方法都已熟悉，但这样的报表仅仅是在格式状态下显示为"公式单元"，如何查看报表生成的数据呢？赵莹莹又开始了对陈静的辅导，这次的内容是报表数据的处理。

知识储备

　　在格式状态下进行单元公式的定义，只是定义了报表单元数据提取的规则。仅仅确定报表公式提取的规则，还不能使报表自动出具用户所需的报表数据，要在数据状态下进行报表的数据处理才能得到这些数据。

提 示

在报表计算过程中，按"Esc"键可以终止计算。

报表的数据处理主要包括以下几个部分，这些功能都必须在数据状态下才能实现。

1．关键字的录入

关键字是表头的一部分，是区分报表表页的重要标识，有了它，就可以在大量的表页中快速找到所需表页。

在畅捷通T3-企业管理信息化软件教育专版营改增版中，一个报表文件可以进行多个表页的管理，多张表页组成一个报表文件，对外有统一的文件名称。报表内部的表页是依靠为各个表页设置不同的关键字来进行区别的。在生成财务报表数据时，关键字还是一项非常重要的条件，系统会根据关键字在指定的时间和账套中进行数据的提取。

例如，企业全年可以只建立一个资产负债表文件，在其中设置12个表页，每页均设置四个关键字：单位名称、年、月、日。其中"单位名称"和"年"各个表页均相同，关键字"月"在每张表页上依次设置为1~12，关键字"日"随所在月份确认合适的日期。

这样，为报表设置单元公式时，在公式中不必指定取具体哪个月的数据，而是以该表页上所设定的关键字"月"作为取数的依据，增加了公式的通用性和灵活性。

2．报表重算

（1）整表重算：如果在格式状态下定义了单元公式，进入数据状态之后，系统会提示"是否确定全表重算"。当单元公式中引用单元的数据发生变化时，公式也随之自动运算并显示结果。若要重新计算所有表页的单元公式，则在数据状态下单击"数据"菜单中的"整表重算"。

（2）表页重算：在"数据"菜单下有"表页重算"功能，选择它可以只对当前正在显示的表页按单元公式进行重新计算，而其他表页不参与重算。

（3）表页不计算：设置表页不计算可以改善系统的性能，加快软件运算速度。当表页设置了"表页不计算"之后，无论任何情况下，表页中的单元公式都不再重新计算。例如，当从账务系统中取账务数据时，取到正确的数据之后设置"表页不计算"标志。这样在账务系统中月底结转之后，报表数据不会受到影响。若要设置"表页不计算"标志，则要在数据菜单中选择"表页不计算"菜单项或单击"表页不计算"按钮，按钮随表页"计算"或"不计算"呈"按下"与"恢复"状态显示。

3．账套初始

在"数据"菜单中有一项"账套初始"功能，在其中可以指定默认账套和会计年度。如果目前使用的账套是008，就可以在该功能中将008账套定义为默认账套并录入对应的会计年度。定义公式时若使用的账务函数未指明账套号，则财务报表会自动从008账套中提取数据。

4．审核

在格式状态下设置审核公式，只是对报表应该达到什么样的钩稽关系做了定义，还需要在数据状态下执行"审核"功能才能根据审核公式对报表进行实质的检查和验证，查看报表是否达到了审核公式所设定的要求。

提示

○ 只有设置了审核公式，在数据状态下，"审核"菜单才会呈现被激活的状态。

若经审核发现报表无误，则报表系统会在状态栏左侧注明"完全正确"；若经审核发现报表某些数据不符合设定的钩稽关系，则系统会提示审核公式定义中所录入的"MESSAGE"信息。

5．舍位平衡

（1）只有在格式状态下完成了舍位平衡公式的设置，才能在数据状态下执行。

（2）系统将舍位平衡后的报表另存为一张新表，按用户设置的表名命名。

教师演示

（1）打开"存货收发明细表"并将其切换至数据状态。

（2）若系统提示"是否重算"，则单击"否"按钮不重算报表，原因是尚未录入关键字，生成的数据可能不准确。

（3）账套初始。单击"数据"→"账套初始"，录入默认账套的编号和会计年度，如图7-29所示。

（4）关键字录入。单击"数据"→"关键字"→"录入"，按图7-30的要求进行关键字的录入，录入完成后单击"确认"按钮。

微课8 报表数据处理

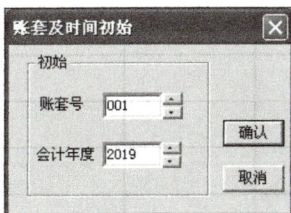

图7-29 "账套及时间初始"对话框

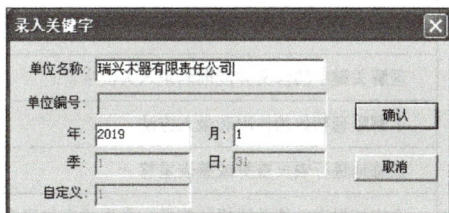

图7-30 "录入关键字"对话框

（5）单击"数据"→"整表重算"，报表系统会提示如图7-31的对话框，单击"是"按钮，报表利用单元公式对整个报表的全部表页进行重新计算。在计算过程中，状态栏左方会有提示，当完成重算后同一位置会提示"计算完毕"，然后将生成数据后的报表存盘。根据实际情况，也可以选择"表页重算"，只对当前的表页进行重算。

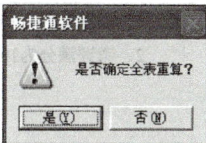

图7-31 整表重算

（6）审核报表：在数据状态下单击"数据"→"审核"，系统根据已录入的审核公式进行审核。若报表有关项目不满足审核关系式，则按原设定的提示信息对用户进行提示。

（7）舍位平衡。在数据状态下单击"数据"→"舍位平衡"，系统会根据舍位平衡中的各项设定生成一张舍位报表。

学生动手

请同学们按照图7-32所示流程进行练习。

图7-32　数据处理操作流程图

举一反三

在数据处理功能中还有报表表页的透视、排序和汇总功能，请有兴趣的同学在教师的指导下进行演练。

学习评价

报表数据的处理学习评价表，见表7-6。

表7-6　报表数据的处理学习评价表

被考评人					
考评地点					
考评内容	录入关键字；了解如何进行账套初始；熟练地进行表页重算或整表重算；会进行报表的审核				
考评标准	内　容	分值/分	自我评价/分	小组评议/分	实际得分/分
	理解关键字的含义并能准确录入关键字	15			
	了解账套初始的作用和录入方法	20			
	熟练地进行表页重算或整表重算	40			
	会审核报表并能关注提示信息，会生成舍位平衡报表	25			
合　计		100			

注：1. 实际得分=自我评价40%+小组评议60%。

2. 考评满分为100分，60~74分为及格，75~84分为良好，85分（包括85分）以上为优秀。

任务四　利用报表模板生成报表

任务描述

在畅捷通T3-企业管理信息化软件教育专版营改增版财务报表系统中已经提前预置了许多行业的常用财务报表模板。用户可以直接调用报表模板生成所需要的报表。报表模板中不仅定义了报表的格式，还设置了大部分的公式单元。当然，这些报表的格式或公式设置有时并不完全符合用户的需要，用户可以根据自身情况进行修正。

任务目标

熟悉报表系统中预置的各行业的报表模板；能熟练地利用报表模板生成资产负债表和利润表；能灵活地根据企业自身的要求进行报表格式和公式单元的修正。

学时安排

2个学时（含教师演示和学生上机练习）。

情景导入

赵莹莹对陈静的辅导快结束了，陈静向赵莹莹提出问题："怎么感觉编制报表是一件很麻烦的事呢？每次都要设置格式和公式，很不方便。"于是赵莹莹向陈静提供了一种生成常用对外报表的方法，即利用报表模板生成常用报表。

知识储备

一、报表模板

为了方便用户，使其可以简单快捷地生成财务报表，畅捷通T3-企业管理信息化软件教育专版营改增版财务报表系统为用户预置了21个行业的各种财务报表。这样就免去了很多用户进行报表格式设置和公式单元设置的工作。

（1）一般企业常用的报表，如资产负债表、利润表、现金流量表在系统中都已经预置，用户可以直接调用。

（2）会计报表模板中可能有个别的格式和单元公式不能完全符合用户的需要，对于这部分内容用户可以进行调整。

（3）在会计准则和相关会计制度的框架内，用户可根据自身实际情况将报表修正至满足需要为止。

提示

- 现金流量表的编制和使用需要做一些前期工作：
- 在"指定科目"中指定现金流量科目（一般应包括库存现金和银行存款）。
- 在"项目目录"中增加"现金流量项目"大类（项目分类和项目目录系统已预置）。
- 凭证录入涉及现金流量科目时，将其以准确的现金流量金额归入恰当的项目目录。
- 当前报表套用标准财务报表模板后，原有内容将丢失。

二、各种常用报表有关项目的调整

1. 往来类项目单元公式的调整

这类项目包括应收账款、应付账款、预收款项和预付款项。

以应收账款为例，应收账款项目在系统内预置的公式为：QM（"1122"，月,,,年,,）-QM（"1231"，月,,,年,,），即取"1122应收账款"科目期末余额扣除"1231坏账准备"期末余额。

这个公式和会计处理上对应收账款项目的要求就不一致，需要进行修正，会计准则对资产负债表上的这类项目的填制要求如下：

（1）应收账款项目取"应收账款"和"预收账款"所有有借方余额的客户合计减去为应收账款提取的坏账准备。

（2）预收款项取"应收账款"和"预收账款"所有有贷方余额的客户合计。

（3）应付账款取"应付账款"和"预付账款"所有有贷方余额的供应商合计。

（4）预付款项取"应付账款"和"预付账款"所有有借方余额的供应商合计。

一般来说，对于应收账款、应付账款、预收账款和预付账款科目，都会为其设置"客户往来"或"供应商往来"核算。在公式单元编制时，函数的参照界面有几个实用的功能可以实现这些科目特殊的公式编制要求。假如现在需要修正"应收账款"期末余额的公式，按如下步骤设置即可实现：

第一步，图7-33中"方向：借"表示取余额方向为借方的客户的余额数据。

图7-33　应收账款的单元公式（部分）

第二步，"按客户编码汇总"表示取应收账款符合条件1的所有客户余额的汇总数。

图7-33只是部分的单元公式，还应加上预收账款的与该图设置相同的公式再减去坏账准备，最后形成的完整的期末数公式为

应收账款=QM（"1122",月,"借",,,""",,,,"t",)+QM（"2203",月,"借",,,""",,,,"t",)－QM（"1231",月,,,,,,,,,,)。

其他几个公式的完整表达为

预收款项=QM（"1122",月,"贷",,,""",,,"t",)+QM（"2203",月,"贷",,,""",,,"t",)；

应付账款=QM（"1123",月,"贷",,,""",,,"t",)+QM（"2202",月,"贷",,,""",,,"t",)；

预付款项=QM（"1123",月,"借",,,""",,,"t",)+QM（"2202",月,"借",,,""",,,"t",)。

2. 管理费用等项目的调整

在利润表的模板上，许多项目的公式均使用"FS"函数取某些科目的"借"方或"贷"方发生额。这种方法在某些情况下可能导致取数不准确。

以管理费用为例，假如本月借贷方发生额如图7-34所示。

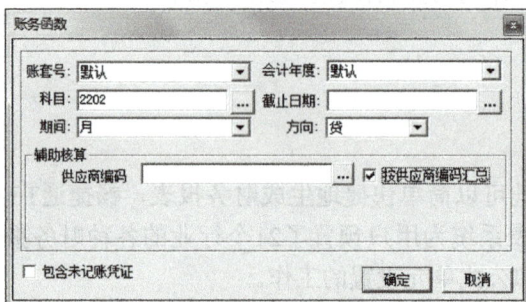

图7-34　管理费用明细账

图中①表示本月借方管理费用发生额合计共30 000元；图中②表示有一笔存货盘盈了3 500元冲减管理费用，计入管理费用贷方；图中③表示期末损益结转时将30 000元冲减3 500元后以26 500元转入本年利润科目，即26 500元才是真正的本期管理费用金额。如果使用"FS"函数，不论取借方还是贷方发生额均只会取到30 000元；期末损益结转后如果使用"JE"函数，则取出的数据为零。

可供参考的解决方法有：

第一种：做分录时将起到冲减作用的3 500元以红字记入管理费用借方（可能会与"有借必有贷"原则冲突）。

第二种：期间损益结转后，使用条件发生额"TFS"函数，条件为取摘要为"期间损益结转"的发生额，这样可以取到正确数据（建议使用该方法）。

类似项目还有主营业务收入、主营业务成本、财务费用、公允价值变动损益、投资收益等。

3．其他项目公式的设置

（1）资产负债表上"开发支出"项目未设置公式，请自行设定。

（2）资产负债表上"未分配利润"项目公式为QM（"4104"，月,,,年,,），即取"利润分配"科目当年当月的期末数。如果在年末年结工作完成后，这个公式可以取到准确数据，但由于1~11月实现的利润并不转入"利润分配"科目，而是在"本年利润"中核算，仅取"利润分配"的余额就不能体现完整的未分配利润金额。可以考虑将"本年利润"的期末数并入该项目的公式。

（3）现金流量表上"汇率变动对现金及现金等价物的影响"未设置公式。在现金流量项目目录中仅设置了一项"汇率变动对现金的影响"（方向为"流入"）。当汇率变动引起现金及等价物增加时，现金流量函数取"借"方金额，反之取"贷"方金额（以负数表示）。本项目公式可以设置为：XJLL(,,"借"，"23",,,,月)-XJLL(,,"贷"，"23",,,,月)。

教师演示

（1）在畅捷通T3-企业管理信息化软件教育专版营改增版财务报表系统中新建一张报表，单击"格式"→"报表模板"，选择"一般企业（2007年新会计准则）"下的"资产负债表"，如图7-35所示，选择完成后单击"确认"按钮，一张资产负债表模板就呈现在用户面前了。

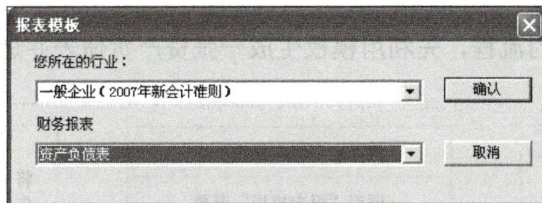

微课9 利用报表模板生成报表

图7-35 报表模板的选择

（2）单击"应收账款"的"期末余额"单元，单击"FX"进入单元公式设置。先将原财务报表系统预置的公式删除，然后单击"函数向导"，确认后选择"用友账务函数"下的"期末"函数，单击"下一步"按钮，在下一个对话框中单击"参照"按钮。

（3）系统弹出函数参照的对话框，按图7-33的内容录入相关设置，取"1122"有"借"方余额的"按客户编码汇总"的金额。一步步确认返回初始公式设置界面，效果如图7-36所示。

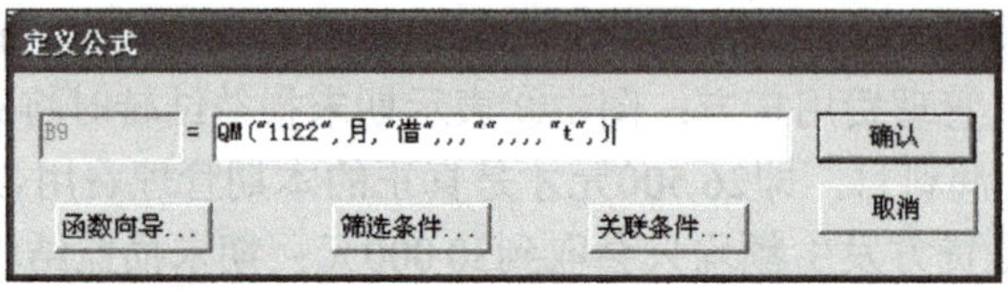

图7-36　应收账款公式修正（部分）

（4）在图7-36所示的公式后输入"+"号，继续设置"1122预收账款"有"借"方余额的"按客户编码汇总"的金额，再减去坏账准备的期末余额，完整的公式如下：

QM（"1122"，月，"借"，，，""，，，，"t"，)+QM（"2203"，月，"借"，，，""，，，，"t"，)-QM（"1231"，月，，，，，，，，)

（5）按同理修正应付账款、预收款项、预付款项和未分配利润的单元公式。

答疑解惑：

为什么资产负债表不平衡，如何查找原因？

解答：

1. 请检查账务系统的相关工作是否已完成。
   - ❑ 制造费用是否已结转至生产成本账户。
   - ❑ 是否仍有已填制，但未记账的凭证。
   - ❑ 期末处理是否已完成，是否登记入账。
   - ❑ 查看损益类科目是否已全部结平。
   - ❑ 查看余额表是否有科目存在异常余额方向。
2. 检查相关公式的设置是否正确，是否仍有表内科目未纳入相关公式的取数范围。

（6）单击左下角的"格式/数据"切换按钮，将报表切换到数据状态，录入报表的关键字，进行报表重算，公式单元中提取出了大量的数据，这样就利用模板生成了资产负债表。

以上是利用模板生成资产负债表的方法，用模板生成利润表的方法步骤类似，不再重复。

学生动手

请同学们按图7-37的流程，先利用模板生成一张资产负债表并进行公式修正，再利用模板生成一张利润表。

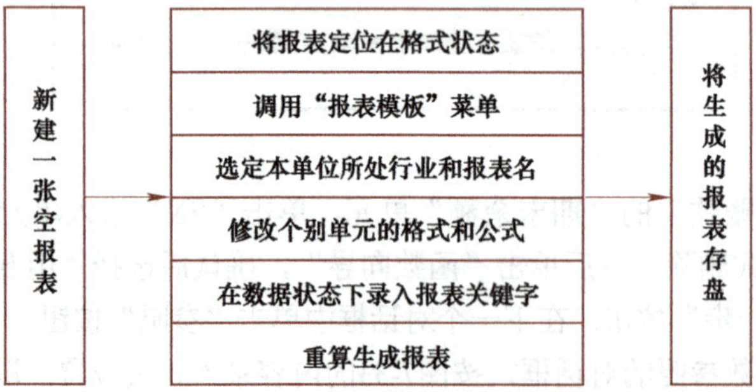

图7-37　利用模板生成资产负债表流程

举一反三

除了畅捷通T3-企业管理信息化软件教育专版营改增版对用户预置的报表模板外，用户还可以把本企业常用的内部报表生成自定义报表模板，集中保存，需要时可快速调用生成报表。请同学们在教师的指导下演练这个功能。

学习评价

利用报表模板生成报表学习评价表，见表7-7。

表7-7　利用报表模板生成报表学习评价表

被考评人					
考评地点					
考评内容	熟悉报表系统中预置的各行业的报表模板；能利用报表模板生成资产负债表和利润表；能灵活地根据企业自身的要求进行报表格式和公式单元的修正				
考评标准	内　　容	分值/分	自我评价/分	小组评议/分	实际得分
	快速准确地利用模板生成资产负债表（适当修改部分公式）	40			
	快速准确地利用模板生成利润表	40			
	快速准确地利用模板生成现金流量表（适当修改部分公式）	20			
合　　计		100			

注：1. 实际得分=自我评价40%+小组评议60%。

　　2. 考评满分为100分，60～74分为及格，75～84分为良好，85分（包括85分）以上为优秀。

扫码观看关于一般企业财务报表格式的通知及财务报表造假案例，并谈谈你的看法。

新政速递7

案例分享5

第八单元 工资管理 08

任务一 工资套的建立

任务描述

工资核算是每一个企业必不可少的工作，关系到每个职工的切身利益。工资最终应计入成本费用中，其核算的准确性和及时性会影响到整个企业的利润水平。计算机在会计中最早的应用就是进行工资核算。

手工条件下对工资进行核算是一个很繁杂的工作，大量的数据需要处理，还要涉及个人所得税的计算，会计人员的工作量很大。实现电算化后，会计人员部分摆脱了这种困境。

任务目标

建立一个工资套，为以后工资的核算奠定基础。

学时安排

0.5个学时（含教师演示和学生上机练习）。

情景导入

陈静："想了解一下工资核算，我应该从哪儿开始？"

赵莹莹："应该先启用工资模块，然后建立一个工资套，以后的工作都是在这个基础上进行的。"

知识储备

建账工作是整个工资管理正确运行的基础。建立一个完整的账套，是系统正常运行的根本保证。可通过系统提供的建账向导，逐步完成整套工资的建账工作。系统提供的建账向导共分为四步，即参数设置、扣税设置、扣零设置、人员编码。

（1）参数设置。当启动工资管理系统并注册完毕后，如所选择账套为首次使用，系统将自动进入建账向导。

1）选择本账套处理的工资类别个数。

2）选择该套工资的核算币种。系统提供币别参照供用户选择，若选择账套本位币以外其他币别，则还需要在工资类别参数维护中设置汇率。

（2）扣税设置。选择在工资计算中是否代扣个人所得税。

（3）扣零设置。系统在计算工资时将依据扣零类型进行扣零计算。

1）扣零至元，即工资发放时不发10元以下的元、角、分。

2）扣零至角，即工资发放时不发1元以下的角、分。

3）扣零至分，即工资发放时不发1角以下的分。

（4）人员编码。以数字作为人员编码，用户根据需要可自由定义人员编码长度，但总长不能超过10个字符。

微课10
工资套的建立

教师演示

1. 启用"工资"系统

（1）单击"开始"→"程序"→"T3－企业管理信息化软件教育专版"→"T3"→"系统管理"，进入到"系统管理"对话框。

（2）在"系统管理"对话框中，以账套主管"101赵莹莹"的身份进入系统管理。

（3）单击"账套"→"启用"，打开"系统启用"对话框。

（4）选中"工资管理"复选框，在日历对话框中选择开启时间2019年2月1日，如图8-1所示。

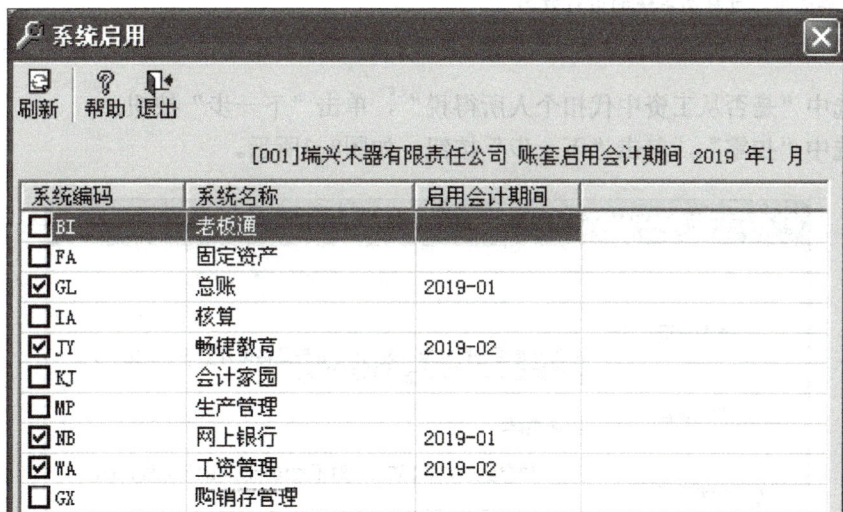

图8-1　工资系统的启用

提示

○　进入工资系统前注意修改系统日期为2019年2月底。

○　启用工资系统的只能是账套主管。

2. 建立工资套

（1）以"103纪东阳"的身份登录进入畅捷通T3-企业管理信息化软件教育专版营改增版。

（2）单击"工资"菜单，进入"建立工资套"对话框，如图8-2所示。

（3）选中"单个"单选框，单击"下一步"按钮。

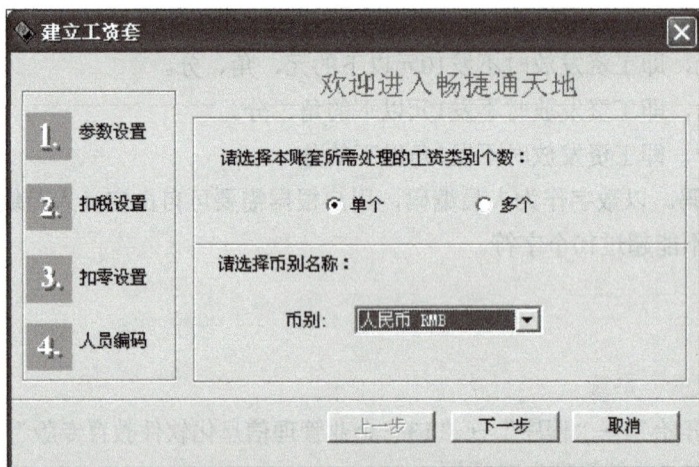

图8-2 "建立工资套"对话框

提示

○ 如果单位中所有人员的工资是统一管理的，而且人员的工资项目、工资计算公式全部相同，选择"单个"单选框，可提高系统的运行效率。

○ 如单位按周或月多次发放工资，又或者是单位中有不同类别的人员，应选择"多个"单选框。

（4）选中"是否从工资中代扣个人所得税"，单击"下一步"按钮。

（5）选中"扣零"，单击"下一步"按钮，如图8-3所示。

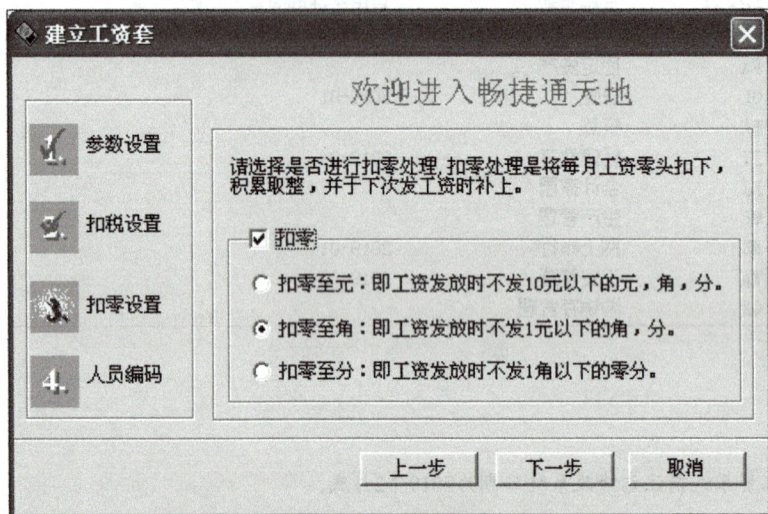

图8-3 扣零设置

（6）把人员编码长度设置为"4"，勾选"预置工资项目"，单击"完成"按钮，如图8-4所示。

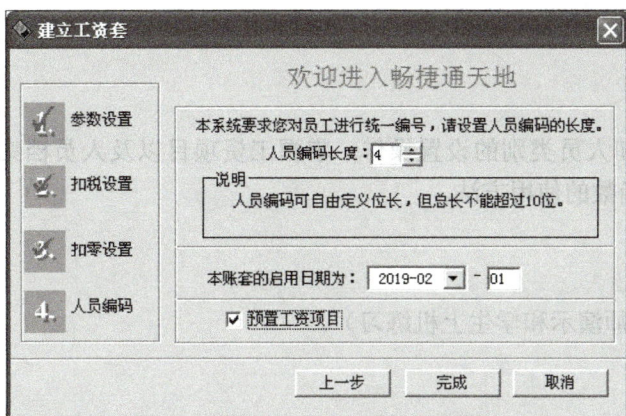

图8-4 人员编码设置

学生动手

请同学们建立工资套之前先启用工资系统，然后练习模块的启用，熟悉建立工资账套的过程。

举一反三

建立工资账套时选择设置多个工资类别，为各工资类别设置名称并选择各自对应的部门。

学习评价

工资套的建立学习评价表，见表8-1。

表8-1 工资套的建立学习评价表

被考评人					
考评地点					
考评内容	工资系统的启用和工资套的建立				
考评标准	内　容	分值/分	自我评价/分	小组评议/分	实际得分/分
	工资系统的启用是否正确	30			
	工资套的建立是否熟练	70			
合　计		100			

注：1. 实际得分=自我评价40%+小组评议60%。

2. 考评满分为100分，60～74分为及格，75～84分为良好，85分（包括85分）以上为优秀。

任务二　工资模块的基础设置

任务描述

在正式进行工资核算之前，应该对企业的一些基本情况进行设置，一些基础数据需要录入，以便为以后的工作奠定基础。

任务目标

熟悉银行名称和人员类别的设置操作；掌握工资项目以及人员档案的设置；掌握有关计算公式的编辑和函数的使用方法。

学时安排

4个学时（含教师演示和学生上机练习）。

情景导入

陈静："现在是不是可以开始算工资了？"

赵莹莹笑了笑："你太着急了，会计软件还不知道咱们单位有哪些人，不知道咱们单位在哪个银行存钱，不知道有什么工资项目，怎么能帮我们工作？先做基础设置吧！"

知识储备

工资模块的初始设置包括四个部分：一是银行名称和人员类别设置；二是工资项目设置；三是人员档案设置；四是计算公式设置。当然，之前最好由账套主管将适当人员设置为工资套的主管（即权限设置）。

1. 设置银行名称和人员类别

现代大多数企业都是采用银行代发形式发放工资，这就要求在计算机中设定代发银行的名称、职工的类别及账号。企业的人员类别主要包括"管理人员""财务人员""采购人员""销售人员""车间管理人员"和"生产工人"等，对人员进行分类有助于以后对工资的分摊。根据企业会计准则的规定，不同类型人员的工资要计入不同的成本费用项目中去。人员类别的设置和会计核算紧密联系在一起，每一类人员的工资都要记入特定的账户。

$$管理人员工资 \longrightarrow 管理费用$$
$$销售人员工资 \longrightarrow 销售费用$$
$$车间管理人员工资 \longrightarrow 制造费用$$
$$车间一线工人工资 \longrightarrow 生产成本$$

2. 工资项目设置

在企业里，一个职工的工资是由多个工资项目构成的，每个企业的行业性质不同，工资的构成也不同。工资的构成体现着一个企业的分配政策。一般来说，工资有基本工资、岗位工资、加班工资、各种补贴、奖金、病事假扣款等。

3. 人员档案设置

人员档案设置用于登记职员的姓名、职工编号、所在部门、人员类别等信息，员工的增减变动都必须先在人员档案设置功能中处理。

4．计算公式设置

工资项目中有一些是固定不变的，有一些是变动的，而且变动是有规律可循的，可以通过设置公式的形式，利用数据之间的关系，批量处理一些数据，以提高工作效率。

教师演示

以账套主管"101赵莹莹"的身份于2019年2月1日登录系统后，单击"工资"→"设置"→"权限设置"，单击"修改"按钮，将"103纪东阳"设置为瑞兴木器责任有限公司的工资类别主管并保存，如图8-5所示。

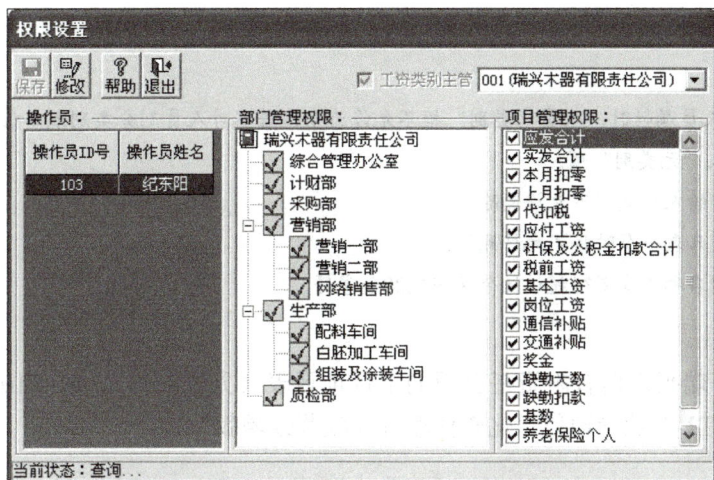

图8-5 工资类别主管设置

1．设置银行名称

（1）以"103纪东阳"的身份登录"畅捷通T3-企业管理信息化软件教育专版营改增版"。

（2）在"畅捷通T3-企业管理信息化软件教育专版营改增版"对话框中，单击"工资"→"设置"→"银行名称设置"，打开"银行名称设置"对话框，如图8-6所示。

（3）把录入时需要自动带出的账号长度设置为"7"。

（4）选择"工商银行"，增加后返回。

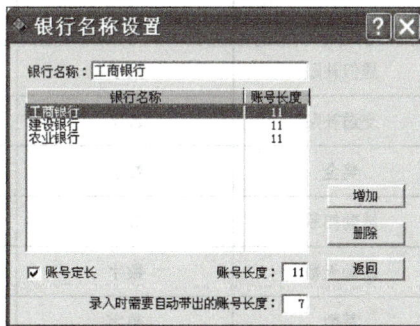

图8-6 "银行名称设置"对话框

提示

○ 银行账号长度不得为空，且不能超过30位。

○ 录入时需要自动带出的账号长度是指在录入"人员档案"的银行账号时，从第二个人开始，系统将根据用户在此定义的长度自动带出银行账号的相应长度。

2．设置人员类别

（1）以"103纪东阳"的身份登录"畅捷通T3-企业管理信息化软件教育专版营改增版"。

（2）在主界面中单击"工资"→"设置"→"人员类别设置"。

（3）单击"增加"按钮并按要求设置人员，如图8-7所示。

（4）单击"返回"按钮。

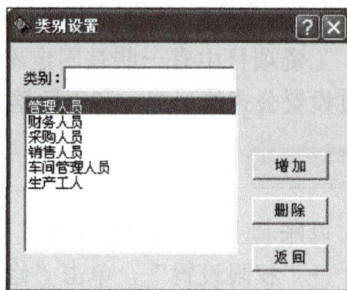

图8-7 "类别设置"对话框

提示

○ 在输入人员属性时，人员"类别"框不允许为空。若不对人员划分类别或单位中某些人员无具体类别，则应输入"无类别"项。

○ 已经使用的人员类别不允许删除。

○ 人员类别只剩一个时将不允许删除。

○ 人员类别名称长度不得超过10个汉字或20个字符。

3．设置工资项目

（1）准备好瑞兴木器有限责任公司的工资项目表（见表8-2），以"103纪东阳"的身份登录"畅捷通T3-企业管理信息化软件教育专版营改增版"。

表8-2 瑞兴木器有限责任公司的工资项目（部分）

工资项目名称	类　型	长　度	小　数	增　减　项
基本工资	数字	8	2	增项
岗位工资	数字	8	2	增项
通信补贴	数字	8	2	增项
交通补贴	数字	8	2	增项
奖金	数字	8	2	增项
缺勤扣款	数字	8	2	减项
缺勤天数	数字	8	1	其他
基数	数字	8	2	其他
养老保险个人	数字	8	2	其他
医疗保险个人	数字	8	2	其他

（2）在主界面中单击"工资"→"设置"→"工资项目设置"。

（3）单击"名称参照"→"基本工资"，增加"基本工资"项目，设置其他各项参数。

（4）按照要求设置其他工资项目，如图8-8所示。

（5）单击"确认"按钮后退出。

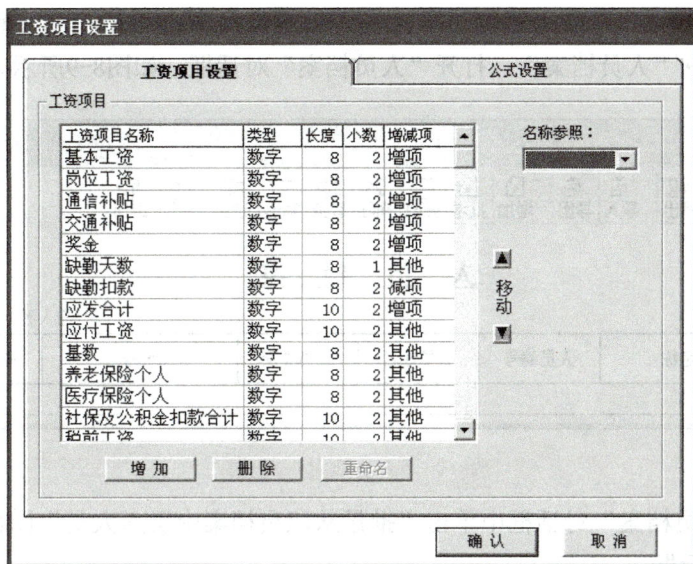

图8-8　工资项目设置

4. 设置人员档案

请按表8-3进行人员档案录入。

表8-3　本企业的部分人员档案

职 员 编 号	职 员 名 称	所 属 部 门	职 员 属 性	银行代发账号
1001	孙洋	综合管理办公室	管理人员	88888881001
2001	赵莹莹	计财部	财务人员	88888882001
2002	陈亚楠	计财部	财务人员	88888882002
3001	陈晶	采购部	采购人员	88888883001
4011	钱红	营销一部	销售人员	88888884011
4012	魏锋	营销一部	销售人员	88888884012
4021	王立	营销二部	销售人员	88888884021
4022	代玲	营销二部	销售人员	88888884022
4031	冯凯	网络销售部	销售人员	88888884031
5011	刘坤	配料车间	车间管理人员	88888885011
5012	程辉	配料车间	生产工人	88888885012
5013	于萍	配料车间	生产工人	88888885013
5021	马波	白胚加工车间	车间管理人员	88888885021
5022	赵阳	白胚加工车间	生产工人	88888885022
5023	元菲	白胚加工车间	生产工人	88888885023
5031	韩晨	组装及涂装车间	车间管理人员	88888885031
5032	曾益	组装及涂装车间	生产工人	88888885032
6001	郑政	质检部	管理人员	88888886001

（1）在"畅捷通T3-企业管理信息化软件教育专版营改增版"对话框中，单击"工资"→"设置"→"人员档案"，打开"人员档案"对话框，如图8-9所示。

图8-9 "人员档案"对话框

（2）在"人员档案"对话框中单击"批量从职员档案中引入人员"图标 ⊡，打开"人员批量增加"对话框。

（3）选中有关部门，并将人员类别按要求进行设置，如图8-10所示。

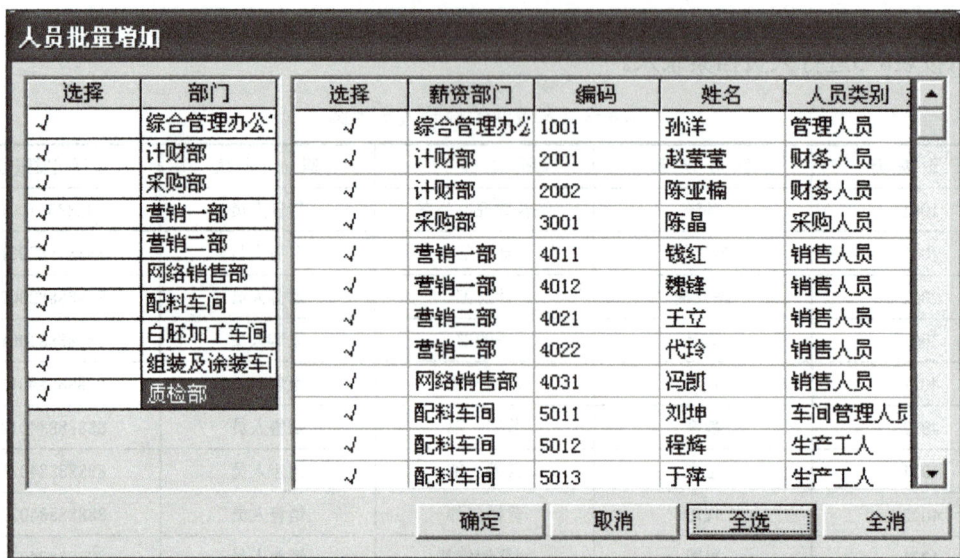

图8-10 "人员批量增加"对话框

（4）单击"确定"按钮，生成人员档案。

（5）修改人员档案。

1）选中姓名为"孙洋"的所在行，单击"人员信息修改"图标 ，打开"人员档案"对话框。

2）选择代发银行名称为"工商银行"，输入银行账号"88888881001"，如图8-11所示。

3）以相同方法输入其他人员的有关信息，如图8-12所示。

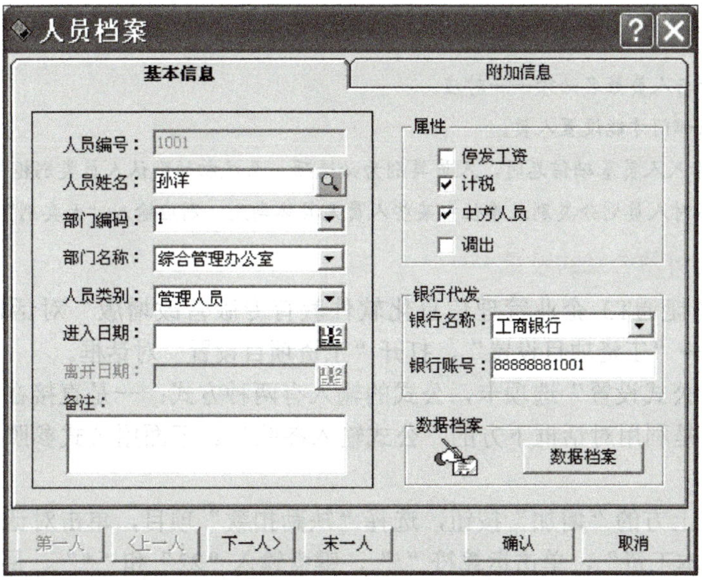

图8-11　人员档案的修改

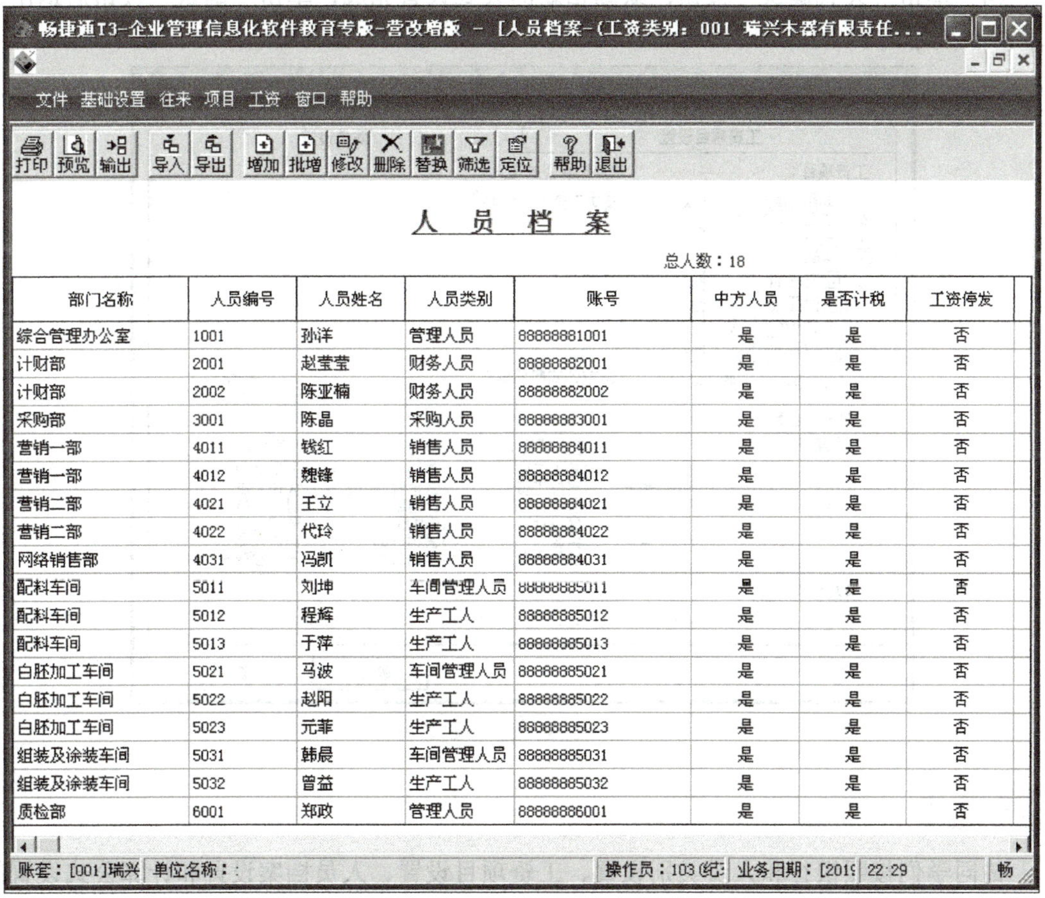

人员档案

总人数：18

部门名称	人员编号	人员姓名	人员类别	账号	中方人员	是否计税	工资停发
综合管理办公室	1001	孙洋	管理人员	88888881001	是	是	否
计财部	2001	赵莹莹	财务人员	88888882001	是	是	否
计财部	2002	陈亚楠	财务人员	88888882002	是	是	否
采购部	3001	陈晶	采购人员	88888883001	是	是	否
营销一部	4011	钱红	销售人员	88888884011	是	是	否
营销一部	4012	魏锋	销售人员	88888884012	是	是	否
营销二部	4021	王立	销售人员	88888884021	是	是	否
营销二部	4022	代玲	销售人员	88888884022	是	是	否
网络销售部	4031	冯凯	销售人员	88888884031	是	是	否
配料车间	5011	刘坤	车间管理人员	88888885011	是	是	否
配料车间	5012	程辉	生产工人	88888885012	是	是	否
配料车间	5013	于萍	生产工人	88888885013	是	是	否
白胚加工车间	5021	马波	车间管理人员	88888885021	是	是	否
白胚加工车间	5022	赵阳	生产工人	88888885022	是	是	否
白胚加工车间	5023	元菲	生产工人	88888885023	是	是	否
组装及涂装车间	5031	韩晨	车间管理人员	88888885031	是	是	否
组装及涂装车间	5032	曾益	生产工人	88888885032	是	是	否
质检部	6001	郑政	管理人员	88888886001	是	是	否

图8-12　人员档案的设置结果

提示

- 人员编号与人员姓名必须一一对应。
- 只有末级部门才能设置人员。
- 用户在输入人员基础信息时，人员类别为必选项。系统初始默认人员类别框中有"无类别"一项，若用户单位不对人员划分类别或单位中某些人员无具体类别，则应输入"无类别"项。

5. 工资项目计算公式的设置

（1）在"畅捷通T3-企业管理信息化软件教育专版营改增版"对话框中，单击"工资"→"设置"→"工资项目设置"，打开"工资项目设置"对话框。

（2）单击"公式设置"选项卡，公式的输入有两种方式：一是直接在公式定义栏内输入公式内容；二是利用对话框下方的"公式输入参照"。下面用公式参照的方法设置缺勤扣款的计算公式。

（3）单击左上方的"增加"按钮，选择"缺勤扣款"项目，单击对话框下方的"工资项目"中的"基本工资"，单击运算符"/"，键盘输入"22"和"*"，最后单击"工资项目"里的"缺勤扣款"。

（4）单击"公式确认"按钮，缺勤扣款的公式设置完成，单击"确认"按钮后退出，如图8-13所示。

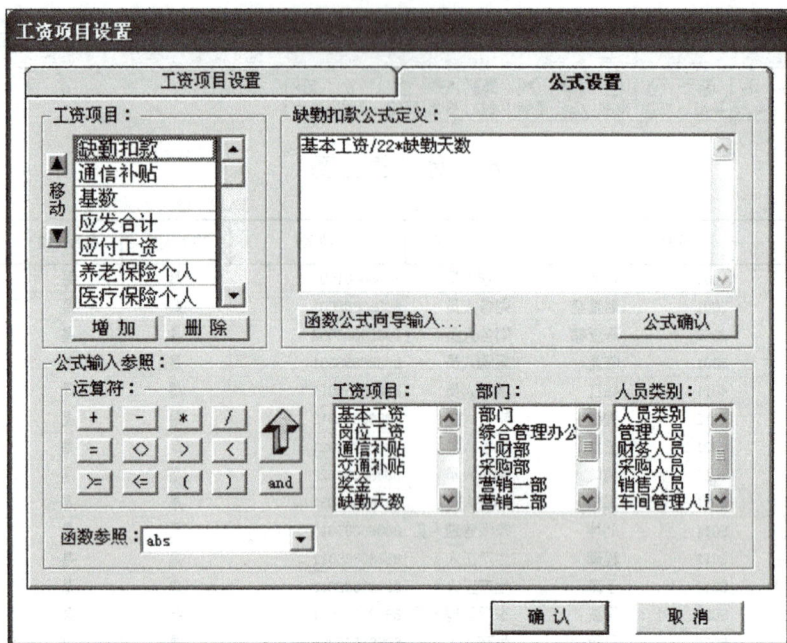

图8-13　缺勤扣款公式的设置

学生动手

请同学们按照银行和人员类别设置、工资项目设置、人员档案设置和计算公式设置的顺序，完成工资的基础设置内容练习。

举一反三

如果在公式的设置中用到函数，那么可以利用"函数公式向导输入"来进行设置，如设置"通信补贴"的计算公式。由于销售人员对外联系比较多，所以公司对销售人员的通信补贴比较多，而对于一般人员的补贴则较少。假如公司规定，销售人员每月补贴通信费为400元，其他人员为200元。

（1）单击"工资项目设置"对话框左上方的"增加"按钮，选择"通信补贴"项目。

（2）打开"函数公式向导输入"对话框，选择"iff"函数，如图8-14所示。

（3）单击"下一步"按钮，输入表达式，如图8-15所示。

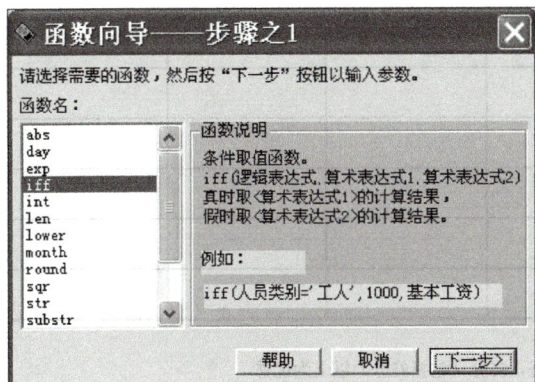

图8-14　利用函数向导编辑公式一　　　　图8-15　利用函数向导编辑公式二

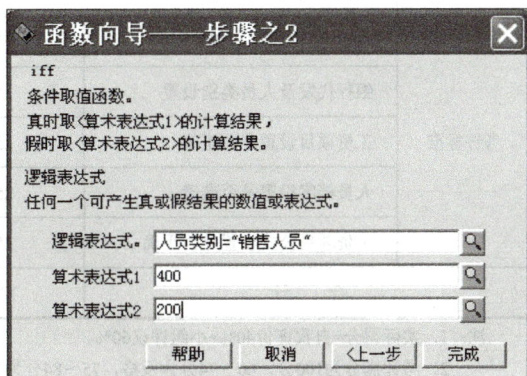

（4）单击"完成"按钮，出现如图8-16所示的结果。该表达式的含义为："如果是销售人员，那么通信补贴为400元，否则通信补贴为200元。"

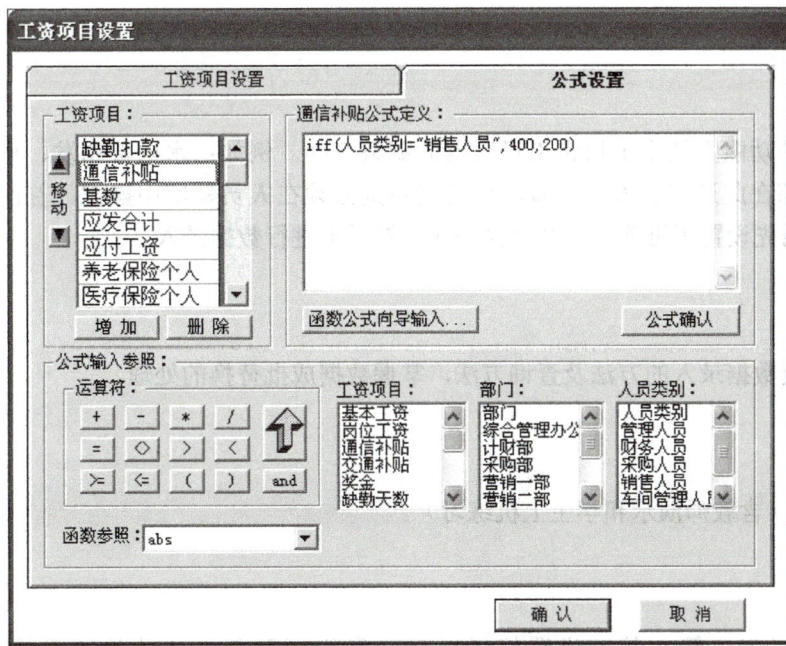

图8-16　通信补贴公式设置的结果

（5）单击"公式确认"按钮，输入完毕，确认退出。

学习评价

工资模块的基础设置学习评价表，见表8-4。

表8-4 工资模块的基础设置学习评价表

被考评人					
考评地点					
考评内容	设置工资项目计算公式				
考评标准	内　容	分值/分	自我评价/分	小组评议/分	实际得分/分
	银行代发及人员类别设置	25			
	工资项目设置是否正确	25			
	人员档案设置是否准确	25			
	工资项目公式设置是否正确	25			
合　计		100			

注：1. 实际得分=自我评价40%+小组评议60%。

2. 考评满分为100分，60～74分为及格，75～84分为良好，85分（包括85分）以上为优秀。

任务三 工 资 变 动

任务描述

工资变动功能主要用于日常工资数据的调整变动。例如：水电费扣发、事病假扣发、奖金录入等都在此进行。人员增减、部门变更则必须在人员档案中操作。首次进入工资变动功能前，需先设置工资项目及其计算公式，然后再进行数据录入。

任务目标

掌握工资数据录入的方法及查询方法，掌握数据成批替换的处理。

学时安排

1个学时（含教师演示和学生上机练习）。

情景导入

陈静："赵主管，基础设置好了以后，我们还要怎么样才能让系统自动计算工资呢？"

赵莹莹："基础设置完毕，还要录入各个职员的工资数据，才能利用公式计算每个人的工资。"

知识储备

工资数据的填写方式有三种：一是直接填写法；二是利用数据替换功能；三是利用公式设置自动填入。

对于无规律可循的数据需要逐一录入，如病事假天数、加班费等。

某些规则明确的工资项目可以使用替换功能。例如：将销售人员的交通费设置为200元，只要在数据替换对话框中设定适当条件，不论销售人员有多少名，都可以一次性进行数据替换，准确高效。

若对某工资项目设置了公式，在工资变动窗口不需录入该项目的数据，而只将其使用的源数据录入后，系统即可自动生成数据。例如：在系统中已设置了公式"病假扣款=病假天数*30"，则在工资变动中只录入病假天数，病假扣款会自动根据公式计算生成。

系统另外提供了几种实用功能便于用户更快捷地进行工资数据处理：

（1）页编辑：可对选定人员进行工资数据的快速录入。在工资变动主界面单击"编辑"图标或单击鼠标右键菜单中的"页编辑"，可进入功能界面。

（2）过滤器：可选择某些工资项目进行数据录入或将某些工资项目作为一种项目类别保存并定义类别名称，以便于录入工资数据时更加方便。项目下拉框缺省过滤器名称（项目类别）为"所有项目"。过滤器名称必须唯一。

（3）重算工资：在修改了某些数据、重新设置了计算公式、进行了数据替换或在个人所得税中变更了扣税设置等操作后，最好调用重算工资功能对个人工资数据重新计算，以保证数据正确。通常实发合计、应发合计、扣款合计在修改完数据后不自动计算合计项，如要检查合计项是否正确，可先执行重算工资，如果不执行重算工资，在退出工资变动时，系统会自动提示重新计算。

（4）工资汇总：若对工资数据的内容进行了变更，在执行了重算工资后，为保证数据的准确性，可调用工资汇总功能对工资数据进行重新汇总。在退出工资变动时，如未执行"工资汇总"，系统会自动提示进行汇总操作。

（5）数据刷新：当多个操作员在不同的站点上同时进行数据变动处理时，当前页面上只显示操作员本人对数据的变动处理结果。刷新功能可将全部操作员的数据变动处理情况显示出来，供查询参考。

（6）显示排序：按人员编号或按姓名、部门进行升序或降序排列，有利于用户录入和查询工资数据。

（7）动态计算：在数据变动界面，用户可单击鼠标右键编辑菜单"动态计算"功能。选择此功能，在数据或项目发生变动后，不必单击"重新计算"功能按钮，系统自动予以计算并生成新的数据表，即当光标离开当前行时，若当前行发生数据变动，则系统自动予以计算。

教师演示

2019年2月，有关工资数据见表8-5。

表8-5 工资数据一览表（部分）

职员编号	人员姓名	所属部门	人员类别	基本工资	岗位工资	交通补贴	通信补贴	缺勤天数
1001	孙洋	综合管理办公室	管理人员	2 000	2 200	500	200	
2001	赵莹莹	计财部	财务人员	1 800	1 500	500	200	
3001	陈晶	采购部	采购人员	1 800	1 600	500	200	
4012	魏锋	营销一部	销售人员	1 500	1 700	500	400	3
4021	王立	营销二部	销售人员	1 400	1 700	500	400	
4031	冯凯	网络销售部	销售人员	1 300	1 800	500	400	
5011	刘坤	配料车间	车间管理人员	1 600	1 800	500	200	
5012	程辉	配料车间	生产工人	1 300	1 200	500	200	
5021	马波	白胚加工车间	车间管理人员	1 400	1 800	500	200	2
5022	赵阳	白胚加工车间	生产工人	1 300	1 200	500	200	
5031	韩晨	组装及涂装车间	车间管理人员	1 500	1 800	500	200	
5032	曾益	组装及涂装车间	生产工人	1 200	1 200	500	200	
6001	郑政	质检部	管理人员	1 600	1 500	500	200	

（1）以"101赵莹莹"的身份登录系统，在"畅捷通T3-企业管理信息化软件教育专版营改增版"窗口中，单击"工资"→"业务处理"→"工资变动"，打开"工资变动"对话框。

（2）按照有关资料录入"基本工资""岗位工资"和"缺勤天数"的相应数据，如图8-17所示。

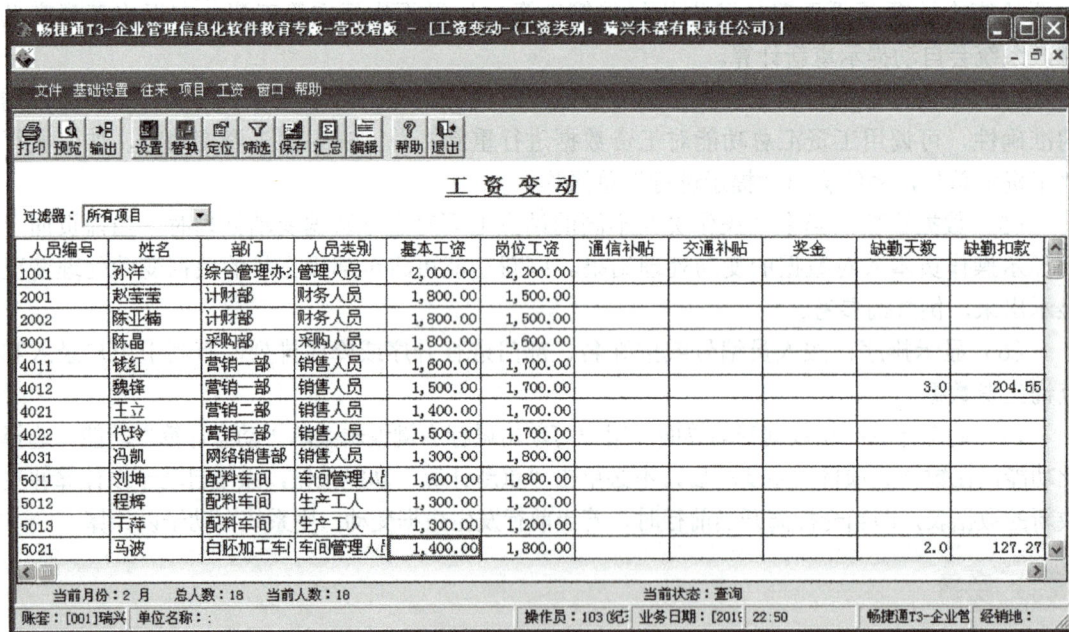

图8-17 工资变动输入的结果

（3）有关项目也可以用"替换"按钮![]来实现，如"交通补贴"都是"500"，可以单击"替换"按钮，在弹出的窗口中输入有关信息，如图8-18所示。

（4）单击"确认"按钮，系统提示"数据替换后将不可恢复，是否继续？"单击"是"按钮。

（5）系统提示"18条记录被替换，是否重新计算？"，单击"是"按钮。这样"交通补贴"就全部被替换成500了。

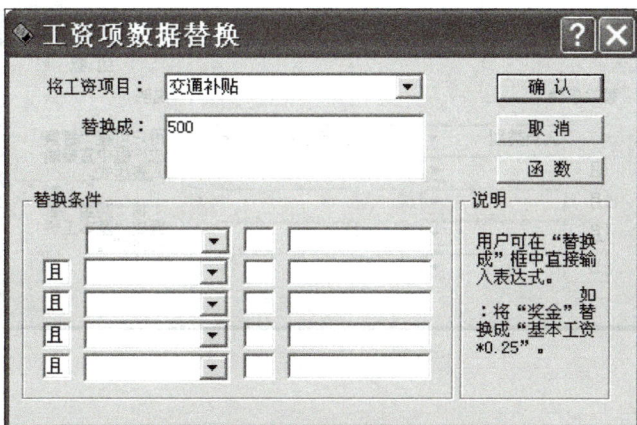

图8-18 利用数据替换功能输入交通补贴

（6）缺勤扣款和通信补贴会根据原设置的公式自动生成数据，如图8-19所示。

图8-19 工资变动设置的结果

学生动手

请同学们输入以上教师演示中的数据，并且指出三种数据输入的方式。

举一反三

替换数据时可以设置替换条件来满足各种实际需要。请同学们练习将人员类别为生产工人的职工每人发奖金300元的操作。其数据替换公式的输入如图8-20所示。

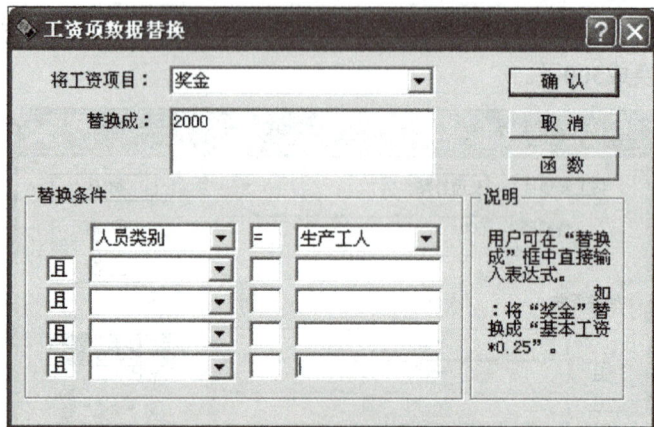

图8-20　工资项数据替换

学习评价

工资变动学习评价表，见表8-6。

表8-6　工资变动学习评价表

被考评人					
考评地点					
考评内容	工资变动的操作流程				
考评标准	内　　容	分值/分	自我评价/分	小组评议/分	实际得分/分
	菜单选择的操作是否熟练	30			
	基本数据的输入是否准确	30			
	数据替换操作是否完成	30			
	重新计算数据是否准确	10			
合　　计		100			

注：1. 实际得分=自我评价40%+小组评议60%。

2. 考评满分为100分，60～74分为及格，75～84分为良好，85分（包括85分）以上为优秀。

任务四　扣缴所得税设置

任务描述

根据税法规定，个人所得税以所得人为纳税义务人，以支付所得的单位或者个人为扣缴义务人，因而个人所得税实行以代扣代缴为主，以自行申报纳税为辅的征收管理方式。按照税法规定，代扣代缴个人所得税是扣缴义务人的法定义务。扣缴义务人在向个人支付应纳税所得（包括现金、实物和有价证券）时，应依法代扣代缴其应纳的个人所得税税款。本任务就是要进行扣缴所得税的基础设置。

任务目标

掌握个人所得减除费用金额的设置，掌握税率表的查询修改方法。

学时安排

1个学时（含教师演示和学生上机练习）。

情景导入

陈静："赵主管，咱们企业这么多职工，扣缴的个人所得税需要一个一个算吗？"

赵莹莹："只要做好扣缴所得税的设置，系统可以一次性自动生成所有职工的个人所得税，很方便的。你仔细看一看纪东阳是怎么做的吧！"

知识储备

在本书中核算的个人所得税一般为工资薪金所得。自2011年9月起，我国个人所得中工资薪金所得的起征点为3 500元，采用七级超额累进税率。在中国境内工作的外国人、港澳台同胞、华侨等以及在外国工作的中国人和远洋航行船员的，可以在3 500元的基础上再扣减1 300元，这个1 300元就是附加费用扣除标准。在畅捷通T3-企业管理信息化软件教育专版营改增版中，用户可以根据税收法律法规的调整对税率表进行灵活设置，非常容易操作。系统根据工资变动资料和税率表自动计算个人所得税，既减轻了会计人员的工作负担，又提高了工作效率。

（1）税率表上的应纳税所得额上下限、税率和速算扣除数均可直接修改。

（2）同一级次上限必须高于下限，上一级次的上限自动生成为下一级次的下限。

（3）增加级次时只能从当前末级后增加，删除级次时只能删除最末级。

微课11　扣缴所得税设置

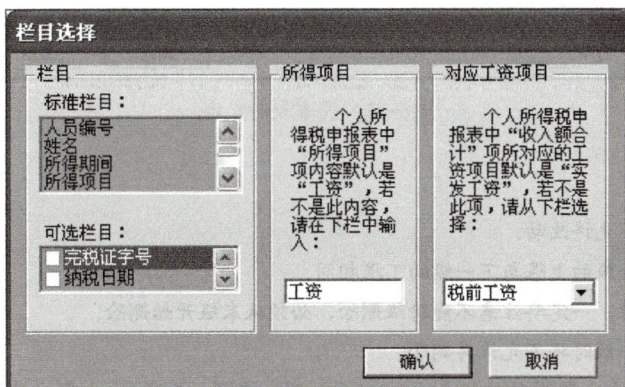

教师演示

（1）在"畅捷通T3-企业管理信息化软件教育专版营改增版"主界面中，单击"工资"→"业务处理"→"扣缴所得税"，打开"栏目选择"对话框，如图8-21所示。

图8-21　"栏目选择"对话框

（2）单击“确认”按钮，打开“个人所得税扣缴申报表”窗口，如图8-22所示。

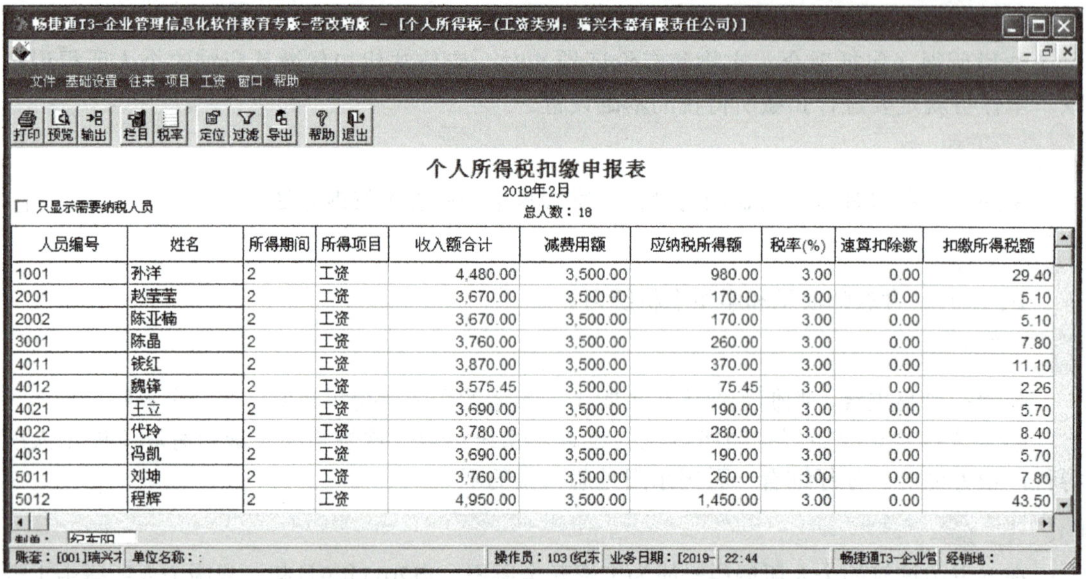

人员编号	姓名	所得期间	所得项目	收入额合计	减费用额	应纳税所得额	税率(%)	速算扣除数	扣缴所得税额
1001	孙洋	2	工资	4,480.00	3,500.00	980.00	3.00	0.00	29.40
2001	赵莹莹	2	工资	3,670.00	3,500.00	170.00	3.00	0.00	5.10
2002	陈亚楠	2	工资	3,670.00	3,500.00	170.00	3.00	0.00	5.10
3001	陈晶	2	工资	3,760.00	3,500.00	260.00	3.00	0.00	7.80
4011	钱红	2	工资	3,870.00	3,500.00	370.00	3.00	0.00	11.10
4012	魏锋	2	工资	3,575.45	3,500.00	75.45	3.00	0.00	2.26
4021	王立	2	工资	3,690.00	3,500.00	190.00	3.00	0.00	5.70
4022	代玲	2	工资	3,780.00	3,500.00	280.00	3.00	0.00	8.40
4031	冯凯	2	工资	3,690.00	3,500.00	190.00	3.00	0.00	5.70
5011	刘坤	2	工资	3,760.00	3,500.00	260.00	3.00	0.00	7.80
5012	程辉	2	工资	4,950.00	3,500.00	1,450.00	3.00	0.00	43.50

图8-22 “个人所得税扣缴申报表”对话框

（3）单击税率表按钮，打开“个人所得税申报表——税率表”对话框，如图8-23所示。核对扣税基数为3 500，7级超额累进税率的上下限和税率及扣除数，完成后单击“确认”按钮退出。

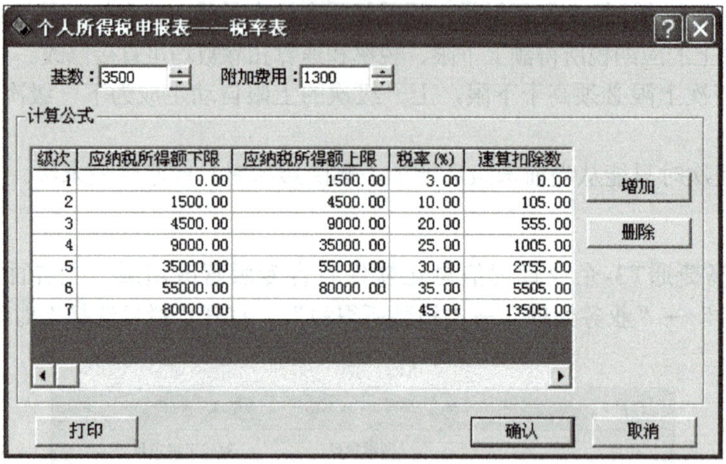

级次	应纳税所得额下限	应纳税所得额上限	税率(%)	速算扣除数
1	0.00	1500.00	3.00	0.00
2	1500.00	4500.00	10.00	105.00
3	4500.00	9000.00	20.00	555.00
4	9000.00	35000.00	25.00	1005.00
5	35000.00	55000.00	30.00	2755.00
6	55000.00	80000.00	35.00	5505.00
7	80000.00		45.00	13505.00

图8-23 税率表的设定

提示

- 级数及下限不允许改动。
- 系统设定上一级的上限与下一级的下限相同。
- 用户在删除时，一定要注意不能跨级删除，必须从末级开始删除。
- 税率表只剩一级时将不允许再删除。
- 系统默认的个人所得税起征点为3 500元，附加费用为1 300元。用户根据税法要求可以适当修改，修改后系统会保存新的起征点和附加费用。

（4）系统提示"调整税率表后，个人所得税需重新计算，是否重新计算个人所得税？"单击"是"按钮。

（5）设置完毕，退出。

学生动手

请同学们参照教师演示进行扣缴个人所得税的设置。

举一反三

手工计算个人所得税。如果三个人的收入分别是3 900元、5 200元和8 000元，他们分别应缴纳多少个人所得税，与工资模块自动计算的结果比较一下看是否一致。

学习评价

扣缴所得税设置学习评价表，见表8-7。

表8-7　扣缴所得税设置学习评价表

被考评人					
考评地点					
考评内容	个人所得税的代扣代缴金额的计算				
考评标准	内　　容	分值/分	自我评价/分	小组评议/分	实际得分/分
	菜单的选择操作是否熟练	30			
	减除费用、税率表设定是否准确	40			
	税法变动时能否熟练修改税率表	30			
合　　计		100			

注：1. 实际得分=自我评价40%+小组评议60%。

　　2. 考评满分为100分，60～74分为及格，75～84分为良好，85分（包括85分）以上为优秀。

任务五　工资分摊的处理

任务描述

工资变动完成后，系统中会形成每个职员的工资数据。工资分摊功能可以设置各职工的所在部门、职员类别同成本费用科目的对应关系，便于系统自动将职工工资进行汇总后计入相应会计科目，生成计提工资及附加费的凭证。

任务目标

掌握工资分摊的设置步骤，能熟练地根据工资设置生成记账凭证。

1个学时（含教师演示和学生上机练习）。

陈静："赵主管，这个月每个职工的工资我们都算好了，任务该结束了吧？"

赵莹莹："那怎么行，我们还要把每个职工的工资分类汇总，生成记账凭证。这就要用到工资分摊功能了。纪东阳正要做这项工作，快去学习一下吧！"

工资分摊功能可以自动完成工资分摊、计提、转账业务，具体包括：工资分摊、单位负担养老保险计提、个人负担养老保险计提、自定义分摊和计提、凭证查询等。

1. 工资分摊设置

（1）设置分摊类型。工资是必须进行设置的分摊类型。如果企业缴纳的养老保险、医疗保险同工资项目有固定的比率关系，也需要在此进行分摊设置。

（2）设置工资分摊的方法和依据。畅捷通T3-企业管理信息化软件教育专版营改增版中把职工所在部门、职工类别、工资项目作为分摊工资的关键字，需要按对应关系将相关工资数据归集到设定的借贷方科目中。

2. 生成工资分摊的凭证

工资分摊类型设置完成后，需要根据工资分摊中设定的规则将大量的工资数据进行归集、分类汇总并计入适当的科目，最后形成工资分摊凭证。在工资模块中生成的凭证会自动传递到总账系统。如果凭证有误，不能在总账中进行凭证的修改和删除，必须回到工资模块中进行处理。

1. 工资分摊的设置

（1）在"畅捷通T3-企业管理信息化软件教育专版营改增版"窗口中，单击"工资"→"业务处理"→"工资分摊"，打开"工资分摊"对话框，如图8-24所示。

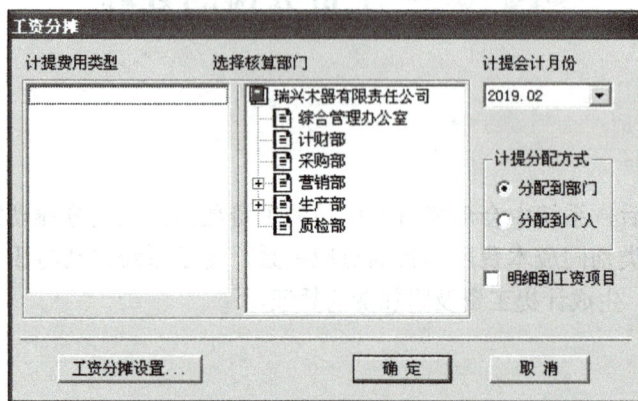

图8-24 "工资分摊"对话框

（2）单击"工资分摊设置"按钮，出现"分摊类型设置"对话框，单击"增加"按钮，出现"分摊计提比例设置"对话框，输入分摊类型"工资"，如图8-25所示。

（3）单击"下一步"按钮，出现"分摊构成设置"对话框，如图8-26所示。

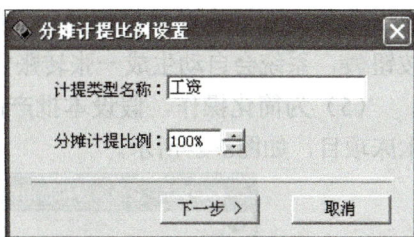

图8-25 "分摊计提比例设置"对话框

图8-26 "分摊构成设置"对话框

2．分摊工资并生成转账凭证

（1）在"畅捷通T3-企业管理信息化软件教育专版营改增版"窗口中，单击"工资"→"业务处理"→"工资分摊"，打开"工资分摊"对话框。

（2）选择"计提费用类型"中的全部内容，在"选择核算部门"中单击要选择的部门（本例中所有部门均参加核算），勾选"明细到工资项目"复选框，如图8-27所示。

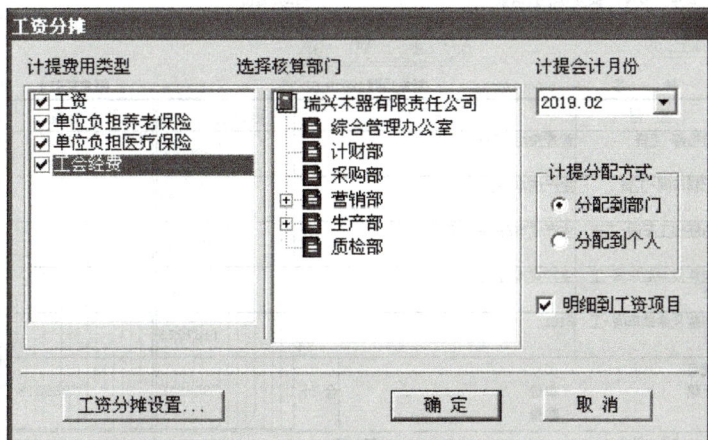

图8-27 分摊费用部门选择

（3）单击"确定"按钮，如图8-28所示。

（4）勾选“合并科目相同、辅助项相同的分录”，可以使凭证更简洁。单击“制单”按钮，系统会自动生成一张转账凭证。

（5）为简化操作，假设本批产品均为欧式木床，即需要辅助核算的项目都设置为欧式木床项目，如图8-29所示。

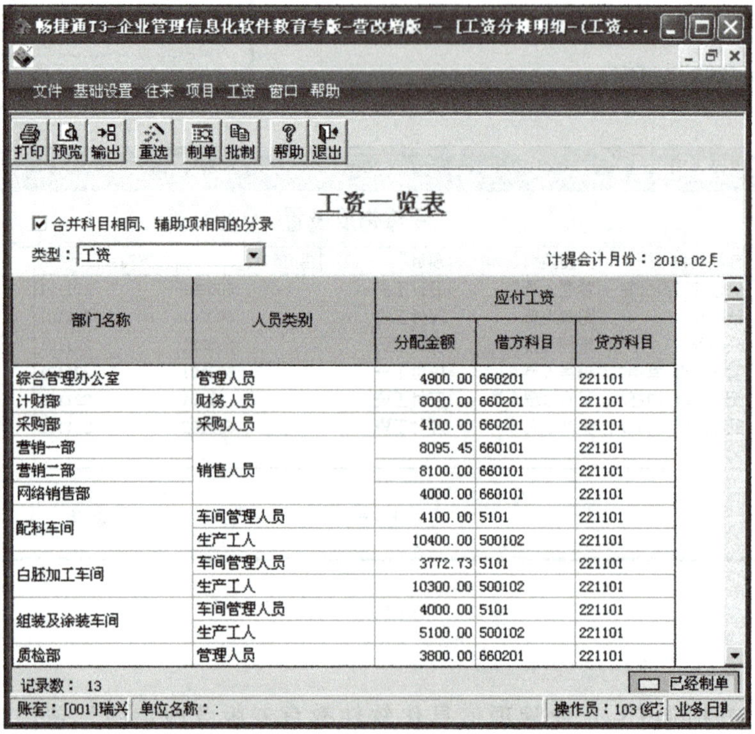

部门名称	人员类别	应付工资 分配金额	借方科目	贷方科目
综合管理办公室	管理人员	4900.00	660201	221101
计财部	财务人员	8000.00	660201	221101
采购部	采购人员	4100.00	660201	221101
营销一部	销售人员	8095.45	660101	221101
营销二部		8100.00	660101	221101
网络销售部		4000.00	660101	221101
配料车间	车间管理人员	4100.00	5101	221101
	生产工人	10400.00	500102	221101
白胚加工车间	车间管理人员	3772.73	5101	221101
	生产工人	10300.00	500102	221101
组装及涂装车间	车间管理人员	4000.00	5101	221101
	生产工人	5100.00	500102	221101
质检部	管理人员	3800.00	660201	221101

图8-28 应付职工薪酬一览表

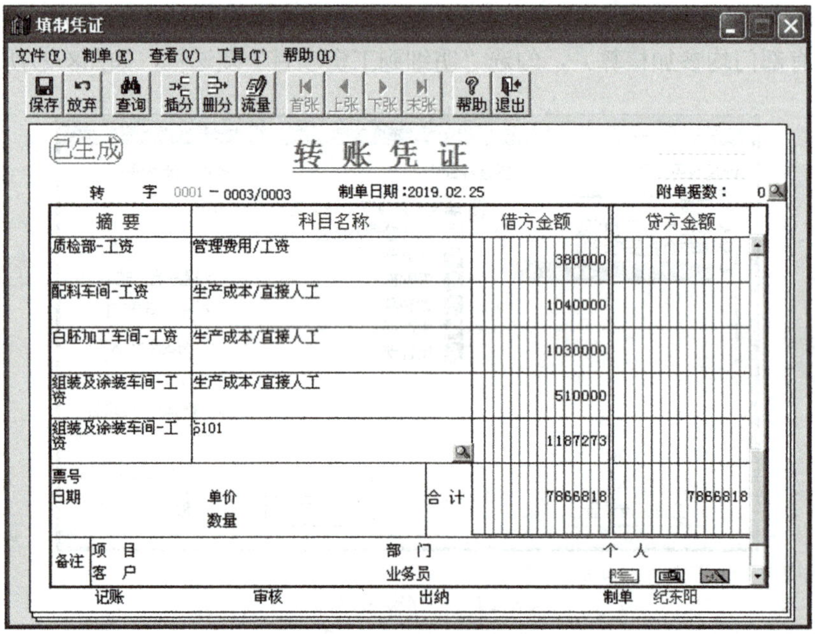

图8-29 工资分摊形成凭证

（6）单击"类型"对应的下拉菜单，选择其他分摊类型，依次生成工资分摊凭证。

学生动手

请同学们参照教师演示进行工资的分摊处理。

举一反三

请同学们依据教师演示的步骤完成扩展练习：首先设置分摊类型，按基数的20%计提企业负担的养老保险，按基数的8%计提企业负担的医疗保险。然后生成转账凭证，在工资一览表中生成凭证时，单击"类型"对应的下拉菜单，选择其他分摊类型，依次生成工资分摊凭证。

学习评价

工资分摊的处理学习评价表，见表8-8。

表8-8 工资分摊的处理学习评价表

被考评人					
考评地点					
考评内容	工资的分摊				
考评标准	内　　容	分值/分	自我评价/分	小组评议/分	实际得分/分
	菜单的选择操作是否熟练	10			
	工资分摊的设置是否准确	30			
	工资分摊的操作是否正确	30			
	转账凭证的生成是否正确	30			
合　　计		100			

注：1. 实际得分=自我评价40%+小组评议60%。

　　2. 考评满分为100分，60～74分为及格，75～84分为良好，85分（包括85分）以上为优秀。

任务六　工资模块的其他处理

任务描述

在畅捷通T3-企业管理信息化软件教育专版营改增版中，每个模块在当月业务全部完成后都要进行月末处理。一般来说，月末处理后不再允许录入或修改当月的业务数据。月末处理后如果确有必要，可以对上月进行反结账，以便于修正数据。

任务目标

熟练掌握月末处理的流程，了解反结账的意义和操作方法。

学时安排

1个学时（含教师演示和学生上机练习）。

情景导入

陈静："赵主管，这月分摊工资的凭证做好就没事了吧？"

赵莹莹："不是的，就像手工处理时月末结账一样，畅捷通T3软件中的各个模块都要单独进行月末处理。只有月末处理后当月的业务才算完成，而且不能变动了。"

陈静："如果有特殊情况要变动数据怎么办呢？"

赵莹莹："那就需要反结账了。"

知识储备

月末结转是将当月数据经过处理后结转至下月。每月工资数据处理完毕后均可进行月末结转。月末处理后，本月的工资明细表将不能再进行修改，同时生成下月的工资明细表。

反结账只能由账套主管完成，反结账的条件：①本月工资类别未制单到总账系统。②成本在上月未结账。③总账系统上月未结账。反结账工资类别的可处理会计月份为"反结账会计月-1"，如3月可以对2月进行反结账。

教师演示

1. 月末处理

（1）以"103纪东阳"身份登录系统，在"畅捷通T3-企业管理信息化软件教育专版营改增版"窗口中，单击"工资"→"业务处理"→"月末处理"，打开"月末处理"对话框，单击"确认"按钮。

（2）系统提示"月末处理之后，本月工资将不允许变动！继续月末处理吗？"单击"是"按钮。

（3）系统提示"是否选择清零项？"单击"否"按钮，如图8-30所示。

（4）系统提示"月末处理完毕"。

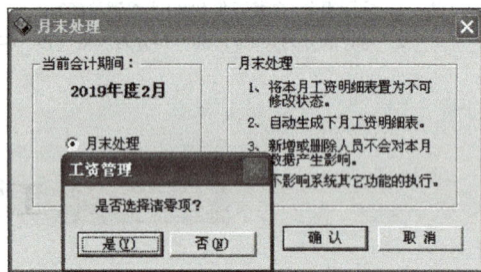

图8-30 "月末处理"对话框

提示

○ 月末结转只有在会计年度的1月至11月可进行。

○ 月末结转只有在当月工资数据处理完毕后才可进行。

○ 如果设置了多个工资类别，应对每个工资类别分别进行月末处理。

○ 进行月末处理后，当月数据将不再允许变动。

2. 反结账

（1）以账套主管"101赵莹莹"的身份于2019年3月1日登录。

（2）在"畅捷通T3-企业管理信息化软件教育专版营改增版"窗口中，单击"工资"→"业务处理"→"反结账"，如图8-31所示。

（3）单击"确定"按钮，反结账完成。

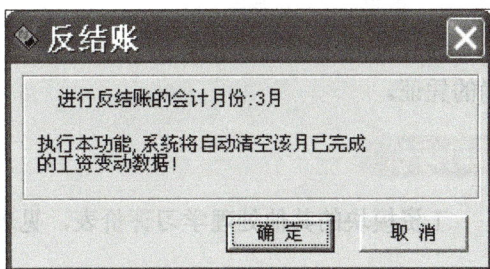

图8-31 "反结账"对话框

学生动手

请同学们参照教师演示对所做账套进行月末处理及反结账操作。反结账修改完有关数据后，需要再次进行月末处理。如果设置了多个工资类别，那么反结账前应关闭工资类别。

举一反三

工资凭证有误的处理方法：

1. 在工资模块中删除错误凭证

（1）在"畅捷通T3-企业管理信息化软件教育专版营改增版"窗口中，单击"工资"→"统计分析"→"凭证查询"，如图8-32所示。

（2）选中错误凭证，单击"删除"按钮"✕"，删除凭证。只有未审核的凭证才能删除。

图8-32 删除凭证

提示

❍ 此项删除凭证的操作仅相当于作废凭证，不是真正意义上的删除。此时查询总账的凭证能够查询到带有"作废"标记的凭证。可以通过整理凭证功能彻底删除。

2. 检查错误原因进行相应处理

（1）由公式错误造成的，修改公式设置。

（2）工资分摊设置存在问题的，则修改工资分摊设置。

（3）工资数据录入有误的，修改工资变动内容。

（4）人员档案设置有误的，修改人员档案。

3. 重新进行工资分摊

经过前两个步骤的处理后，各项错误已经得到纠正，这时再进行工资分摊即可得到正确的凭证。

学习评价

工资模块的其他处理学习评价表，见表8-9。

表8-9　工资模块的其他处理学习评价表

被考评人					
考评地点					
考评内容	月末处理、反结账、修改凭证				
考评标准	内　　容	分值/分	自我评价/分	小组评议/分	实际得分/分
	月末处理是否正确	30			
	反结账操作是否正确	30			
	错误凭证的更正	40			
合　　计		100			

注：1. 实际得分=自我评价40%+小组评议60%。

　　2. 考评满分为100分，60～74分为及格，75～84分为良好，85分（包括85分）以上为优秀。

　　　　扫码观看关于个税优惠政策的公告及恶意欠薪的案例，并谈谈你的看法。

新政速递8

案例分享6

第九单元 固定资产管理 *09*

任务一 固定资产账套的基础设置

任务描述

固定资产是企业生产运营的重要资产，是企业核算和管理的重要内容之一。本任务主要是根据用户的具体情况，在已经建立会计核算账套的基础上，创建一个适合本单位需要的固定资产账套，并根据企业的实际情况进行固定资产系统的基础设置。

任务目标

能按要求建立固定资产账套；能清楚地了解参数中可以修改的项目和不可修改的项目；掌握各类基础设置的含义及内容；能熟练地设置各种基础数据。

学时安排

2个学时（含教师演示和学生上机练习）。

情景导入

计财部的实习生吴玉新对固定资产管理很感兴趣，提出要向会计陈亚楠了解固定资产模块，陈亚楠非常高兴地答应了她的要求。今天陈亚楠就向吴玉新介绍了固定资产账套的建立及基础数据的设置技巧，我们一起来看看吧！

知识储备

一、建立固定资产账套

在进入固定资产系统之前，必须先启动固定资产模块。如果用户是第一次使用该账套进入固定资产系统，系统将提示进行初始化，内容如下：

1. 约定及说明

约定及说明主要显示固定资产账套的基本信息及资产管理的基本原则。

提示

- 固定资产账的开始使用期间不得大于系统管理中的创建该账套的期间。
- 启用期间一经设置，不得修改。

2. 账套启用月份

账套启用月份用于设置本套固定资产账开始使用的年份和期间。

3. 折旧信息

（1）本账套计提折旧：用户可以根据本单位的行业性质来确定当前使用的账套要不要计提折旧，如果需要计提折旧，则选中此复选框。按照制度规定，行政事业单位的固定资产不计提折旧，而企业的固定资产应计提折旧。一旦不选中"本账套计提折旧"，则本账套内所有资产不能计提折旧，系统内与折旧有关的操作全部无效，并且该选项在初始化设置完成后不能修改。

（2）主要折旧方法：系统提供了六种折旧方法供选择，此时选择的折旧方法只是以后录入固定资产卡片时默认的折旧方法，对具体的固定资产可以重新定义折旧方法。

（3）折旧汇总分配周期：企业在计提折旧时，不一定每月计提一次，如保险业就是每3个月才计提和汇总分配一次折旧。系统在此提供了1、2、3、4、6、12共六种分配周期，以供用户根据具体情况选择。对于1个月以上的周期，系统每个期间均计提折旧，但折旧的汇总分配按设定的周期进行，把该周期内各期间计提的折旧汇总分配。

（4）当（月初已计提月份=可使用月份−1）时，将剩余折旧全部提足（工作量法除外）：当固定资产计提折旧为最后一个月时，将剩余的折旧全部提完。

4. 编码方式

（1）资产类别编码方式设定后，如果某一级的编码在设置类别编码时被使用，则编码方式不能被修改，未使用的类别可以被修改。

（2）固定资产编码可以在输入卡片时手工输入，也可以以自动编码的形式自动生成。系统提供了五种自动编码的形式。每一个账套资产的自动编码方式只能有一种，一经设定，不得修改。如果初始化时选择的是手工输入，则可通过"选项"修改一次，修改后一旦单击"确定"按钮退出选项界面，不能再修改。如果初始化时选择的是自动编码方式，则该编码不能修改。

5. 财务接口

（1）与账务系统对账：选择此项表示本系统要与账务系统对账。对账的含义是将固定资产模块内所有资产的原值、累计折旧和总账模块中的固定资产科目、累计折旧科目的余额核对，看数值是否相等。

（2）固定资产对账科目：因固定资产系统提供要对账的数据是系统内全部资产的原值，所以对账科目应是账务系统内固定资产的一级科目。

（3）累计折旧对账科目：因固定资产系统提供要对账的数据是系统内全部资产的累计折旧，所以对账科目应是账务系统内累计折旧的一级科目。

（4）对账不平允许月末结账：选择此项表示允许两个系统之间存在时间差异，否则表示将执行严格的平衡控制原则，两个系统若有差异，固定资产月末结账将无法进行。

提示

○　建账完成后，要修改账套中的参数时，可在"设置"菜单的"选项"中重设。

○　"本账套是否计提折旧""本账套开始使用期间"是不可修改的选项。

○　如果发现系统中不允许修改的内容错了，但必须改正时，只能通过"维护"菜单中的"重新初始化账套"功能实现，但应注意重新初始化将清空用户对该子账套所做的一切工作。

二、基础设置

系统的各项基础设置中除资产分类必须由用户设置外，其他各部分都有缺省（默认）的内容，当这些内容满足用户的需要时，可不再设置。

1. 选项设置

建账完成后，要修改账套中的参数时，可在"设置"菜单的"选项"中重设（不是所有参数均可修改，建账需慎重）。有些在建账过程中未涉及的参数需要用户在此进行设置。

（1）业务发生后是否立即制单：如果选中此项，则固定资产增加、减少或变动时马上会自动生成凭证，否则待业务积累一定数量后由用户选择时间批量制单。

（2）可纳税调整的增加方式：确定哪些固定资产增加方式可以抵扣进项税额。

（3）固定资产和累计折旧的缺省入账科目：在此录入固定资产和累计折旧的科目代码后，当固定资产增加、减少或变动时，系统自动生成的分录中会带出该代码，而不必逐笔人工输入。

（4）可抵扣税额入账科目：根据税法规定，企业2009年后购入的用于生产经营的机器、机械、运输工具以及其他与生产、经营有关的设备、工具、器具等固定资产可以抵扣增值税进项税额。用户在此输入增值税进项税额的科目代码，当购进了符合抵扣条件的固定资产时，系统会自动在生成的凭证中使用该科目。

2. 部门档案设置

在"部门档案"设置中，可以对各职能部门进行分类和描述，以便确定固定资产的归属。部门档案的设置在各个系统中是共享的，可以在固定资产系统中根据企业实际情况进行增加或修改。

3. 部门对应折旧科目

固定资产折旧要计入成本或费用中，不同使用部门的折旧费用要归集到一个比较固定的会计科目中，所以部门对应折旧科目设置就是给部门折旧费用选择一个折旧科目。在生成部门折旧分配表时，每一部门按折旧科目汇总，生成记账凭证。比如一些管理部门的固定资产折旧费用要计入管理费用科目。这样在录入卡片时，该科目自动填入卡片中，不必一个一个输入。

提示

- 在使用部门对应折旧科目前，必须建立好部门档案。
- 设置部门对应折旧科目时，必须选择末级会计科目。
- 设置上级部门的折旧科目，则下级部门可以自动继承。下级部门也可以选择与上级部门不同的会计科目。

4. 固定资产类别设置

固定资产是企业生产经营的重要物质基础。它种类繁多，不同类别资产价值差异大，价值转移各有特点，折旧方法各异，维护保养方式不同。必须科学地进行固定资产的分类才能强化固定资产管理，做好固定资产核算。

提示

- 资产类别不能重复，同一级上的类别名称不能相同。
- 非明细级类别编码不能修改和删除，明细级类别编码修改时只能修改本级的编码。
- 系统已使用过的类别不能增加或删除下级类别。
- 类别编码、名称、计提属性、卡片样式为必须设置的项目。

5. 增减方式设置

固定资产增减方式包括增加方式或减少方式。增加的方式主要有：直接购入、投资者投入、捐赠、盘盈、在建工程转入、融资租入。减少的方式主要有：出售、盘亏、投资转出、捐赠转出、报废、毁损、融资租出等。

6. 使用状况设置

从固定资产核算和管理的角度，需要明确资产的使用状况。主要的使用状况有：在用、季节性停用、经营性出租、大修理停用、不需用、未使用等。

7. 折旧方法设置

折旧方法设置是系统自动计算折旧的基础。

系统给出了常用的六种方法：不提折旧、平均年限法（一）、平均年限法（二）、工作量法、年数总和法、双倍余额递减法。这几种方法是系统缺省的折旧方法，用户只能选择而不能删除和修改。如果这几种方法不能满足企业的需要，用户可以使用自定义功能，设置适合的折旧方法的名称和计算公式。

教师演示

一、建立固定资产账套

1. 系统启用

以账套主管赵莹莹的身份登录"系统管理"，选择"账套"→"启用"，启用固定资产模块，启用日期为2019年2月1日。

2．建立固定资产账套

（1）以账套主管赵莹莹的身份登录系统主界面，单击"固定资产"，如果是第一次使用该账套进入固定资产模块，系统提示是否进行初始化；单击"是"按钮，系统提示固定资产开始使用的最小月。

（2）单击"是"按钮，系统进入"固定资产初始化向导——约定及说明"对话框，如图9-1所示。

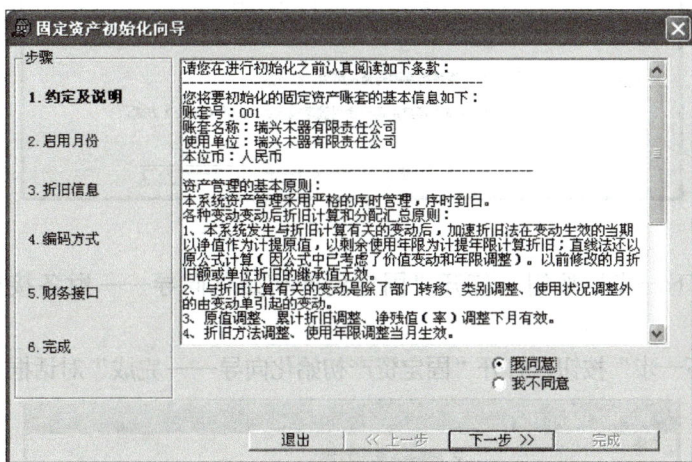

图9-1　"约定及说明"对话框

（3）单击"下一步"按钮，打开"固定资产初始化向导——启用月份"对话框，选择2019年2月。

（4）单击"下一步"按钮，打开"固定资产初始化向导——折旧信息"对话框，如图9-2所示。

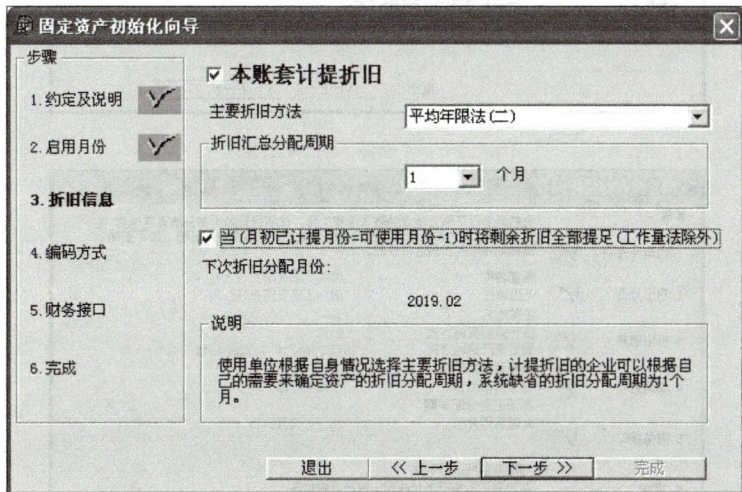

图9-2　"折旧信息"对话框

（5）单击"下一步"按钮，打开"固定资产初始化向导——编码方式"对话框，如图9-3所示。

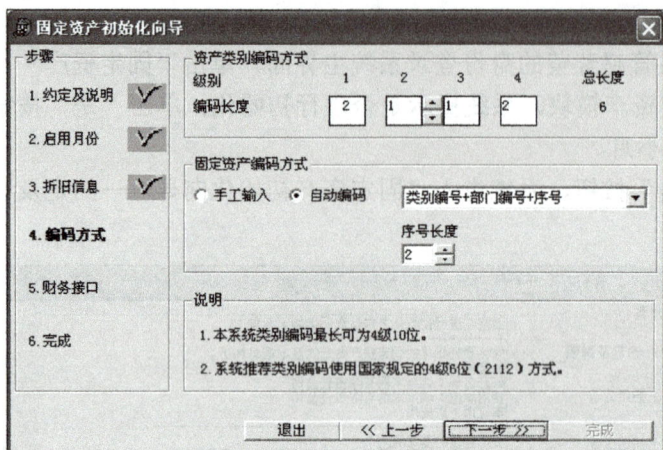

图9-3 "编码方式"对话框

（6）单击"下一步"按钮，打开"固定资产初始化向导——财务接口"对话框，如图9-4所示。

（7）单击"下一步"按钮，打开"固定资产初始化向导——完成"对话框，如图9-5所示。

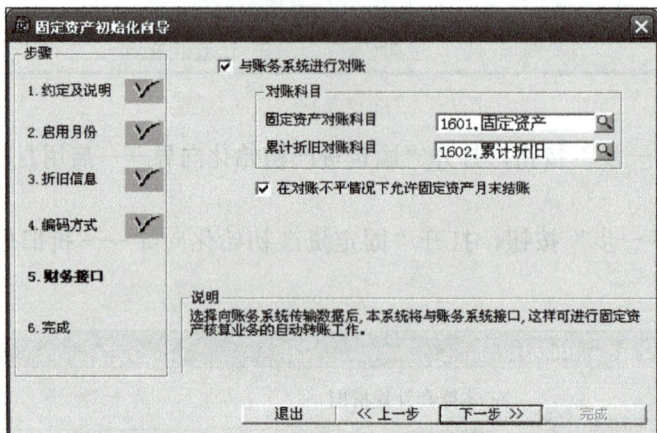

图9-4 "财务接口"对话框

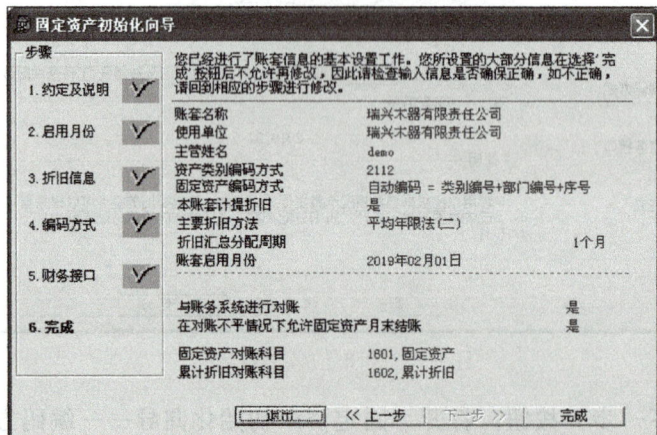

图9-5 初始化"完成"对话框

（8）单击"完成"按钮，系统提示"已经完成了新账套的所有设置工作"。

（9）单击"是"按钮，系统提示"已成功初始化本固定资产账套！"单击"确定"按钮，进入固定资产系统。

二、基础设置

1．部门对应折旧科目设置

（1）选择"设置"菜单中的"部门对应折旧科目"选项，打开"部门编码表——列表视图"对话框。

（2）单击"综合管理部门"所在行，再单击工具栏中的"修改"按钮，录入"660205，管理费用-折旧费"科目。

（3）依次输入其他部门对应的折旧科目，上级部门的折旧科目会根据用户的选择全部设置给下级部门。所有部门折旧科目设置完成后如图9-6所示。

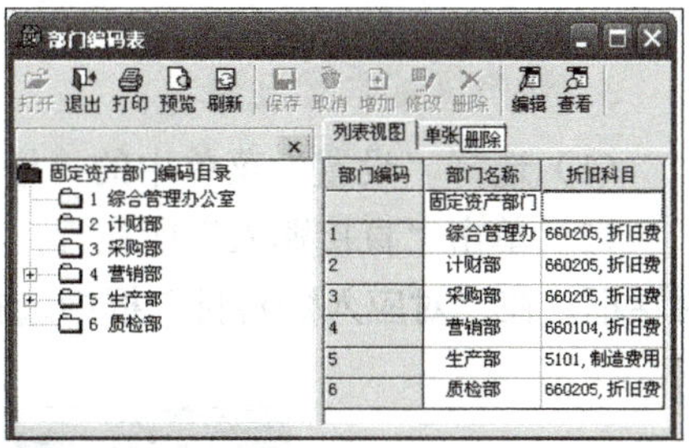

图9-6 部门对应折旧科目

2．资产类别设置

（1）选择"设置"菜单中的"资产类别"选项，打开"固定资产分类编码表"对话框。

（2）单击"增加"按钮，打开"类别编码表——单张视图"窗口，输入类别名称、使用年限、净残值率及折旧方法，如图9-7所示，设置完成后单击"保存"按钮。

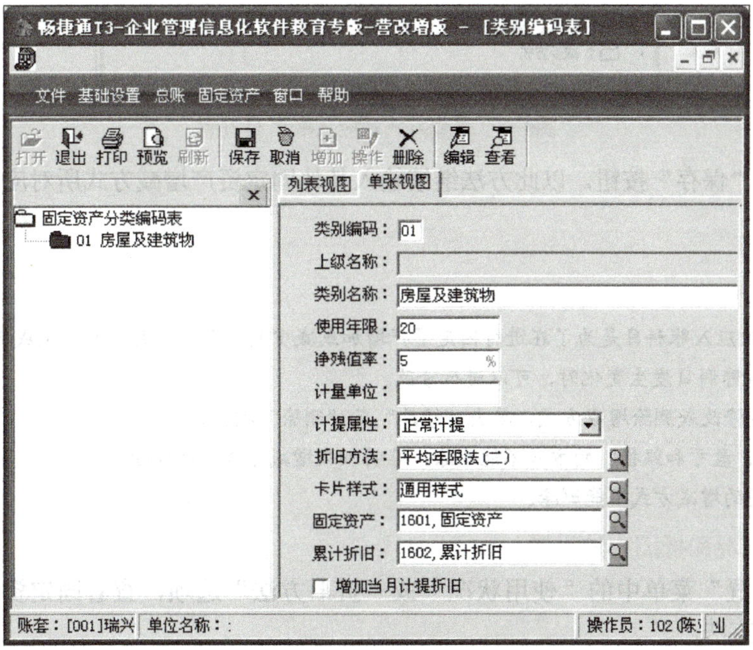

图9-7 固定资产分类编码表单张视图

（3）单击类别编码表左侧的"房屋及建筑物"，单击"增加"按钮，输入下级类别名称"生产用"的各项内容。以此方法继续输入其他的资产类别，如图9-8所示。

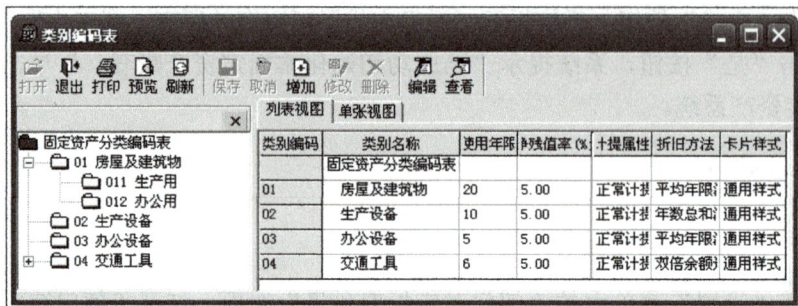

图9-8　固定资产分类设置总表

3．资产增减方式设置

（1）选择"设置"菜单中的"增减方式"选项，打开"固定资产增减方式"对话框。

（2）单击"直接购入"所在行，再单击"修改"按钮，打开"增减方式——单张视图"对话框，在"对应入账科目"框中选择"100201，银行存款-基本存款户"，如图9-9所示。

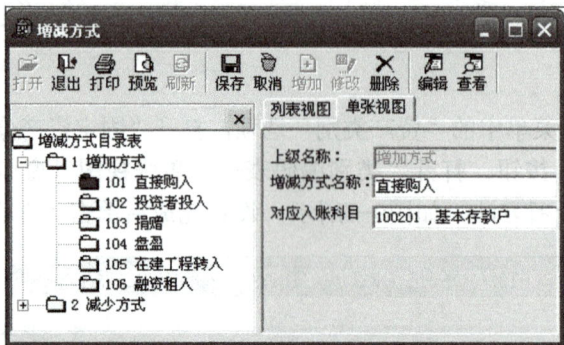

图9-9　增减方式对应入账科目设置

（3）单击"保存"按钮，以此方法继续输入其他固定资产增减方式所对应的会计科目。

提示

❏　设置对应入账科目是为了在进行固定资产增加或减少的业务处理时，直接生成凭证中的会计科目。凭证中的入账科目发生变化时，可以进行修改。

❏　如果要修改或删除增减方式，单击"修改"或"删除"按钮即可。

❏　"盘盈、盘亏和毁损"的方式不能删除，非明细级增减方式不能删除。

❏　已使用的增减方式不能删除。

4．使用状况和折旧方法设置

选择"设置"菜单中的"使用状况"或"折旧方法"选项，查看固定资产使用状况和固定资产折旧方法。

提示

❏　系统提供了基本的使用状况，分为两级，第一级不能增加、修改和删除。

○ 可以在第一级的使用状况下增加第二级使用状况。

○ 可以增加折旧方法，但不能修改和删除。

学生动手

（1）请同学们参照教师演示并结合图9-10的操作流程练习建立固定资产账套。

```
启动固定       进行固定资      建账完成       修改参数
资产系统  →    产初始化   →              →
```

图9-10　建立固定资产账套流程

（2）请同学们按照图9-11的操作流程自行进行固定资产基础设置。

```
进          设置对应折旧科目
入
固          设置资产类别                 基
定                                      础
资   →     设置增减方式          →      设置
产                                      完
系          设置使用状况                 成
统
           设置折旧方法
```

图9-11　固定资产基础设置流程图

举一反三

（1）在教师的指导下，输入教师演示中没有输入的固定资产增减方式的对应科目。

（2）新增折旧方法。名称："自定义折旧方法"；计算公式：月折旧率=1/（使用年限−已计提月份）；月折旧额=月折旧率×（月初原值−月初累计折旧−月初净残值）。

学习评价

固定资产账套的基础设置学习评价表，见表9-1。

表9-1　固定资产账套的基础设置学习评价表

被考评人					
考评地点					
考评内容	能建立固定资产账套；能修改固定资产账套；能熟练地设置各类基础数据				
考评标准	内　　容	分值/分	自我评价/分	小组评议/分	实际得分/分
	快速建立固定资产账套	40			
	能修改固定资产账套	20			
	能熟练地设置各类基础数据	40			
	合　　计	100			

注：1. 实际得分=自我评价40%+小组评议60%。

　　2. 考评满分为100分，60～74分为及格，75～84分为良好，85分（包括85分）以上为优秀。

任务二　原始卡片的录入和管理

任务描述

　　启用固定资产系统时，我们应该把启用日之前的固定资产资料录入到系统中。本任务主要是把系统启用日已存在的固定资产录入固定资产模块中形成固定资产卡片，在使用卡片之前可以根据需要增加、修改卡片项目，定义卡片样式，综合管理固定资产卡片。

任务目标

　　能熟练设置卡片项目；能根据企业要求熟练设计卡片的样式；能熟练录入固定资产卡片；能查询、修改、删除固定资产卡片。

学时安排

　　2个学时（含教师演示和学生上机练习）。

情景导入

　　实习生吴玉新："陈会计，我已经掌握了固定资产的基础设置方法，接下来我们要做什么呢？"

　　陈亚楠："现在我们把企业目前已有的固定资产录入到畅捷通T3软件中，以后管理起来就方便了。简单说就是录入原始固定资产卡片。"

知识储备

　　固定资产卡片是固定资产核算和管理的依据，为了保持会计数据的连续性，在第一次使用固定资产系统前，必须将系统启用日期之前的数据录入到系统中，使固定资产有一套完整的数据资料。

1. 卡片项目定义

　　卡片项目是资产卡片上要显示的用来记录资产资料的栏目，如原值、资产名称、使用年限、折旧方法等是卡片最基本的项目。固定资产系统提供了一些常用卡片必需的项目。（称为系统项目），这些项目只能修改，不能删除。项目一经使用，不得修改和删除。如果这些项目不能满足用户对资产特殊管理的需要，用户可以通过卡片项目定义功能来定义需要的项目（称为自定义项目）。系统项目和自定义项目构成卡片项目目录。用户定义卡片样式时把这些项目选择到样式中，可得到真正属于用户定制的卡片样式。

2. 卡片样式定义

　　卡片样式指卡片的整个外观，包括格式（是否有表格线、对齐形式、字号、字体等）、所包含的项目和项目的位置。不同的企业所设的卡片的样式可能不同，同一企业对不同的资产企业管理的内容和侧重点可能不同，所以系统提供了卡片样式定义功能，增大了灵活性。系统缺省的卡片样式有：通用样式、标签样式。用户可以修改缺省的样式，也可以定义新的卡片样式。

3. 原始卡片录入

原始卡片包括固定资产卡片、附属设备、大修理记录、资产转移记录、停启用记录、原值变动、减少信息。

（1）"固定资产卡片"选项卡：是固定资产的主卡片，卡片上有的项目需要手工输入，有的项目可以参照选择，有的项目是系统自动显示。

1）卡片编号：若选择了自动编号，则系统根据编码方案自动给出编号，且不能修改；若选择了手工编号，则在此需手工录入；若删除了某张卡片（非末张），系统将保留该卡片编号，并且不能再使用。

2）固定资产名称、开始使用日期、原值：手工输入，日期的格式为YYYY-MM-DD。

3）类别编号与类别名称：选择录入其中一项，对应的另一项自动显示。

4）部门名称、使用状况、增加方式、折旧方法：单击参照选择录入。

5）已计提月份：由系统根据开始使用日期自动推算。由于固定资产可能因大修等各种原因停止计提折旧，用户需根据实际情况修改已计提折旧的期间。

6）净残值率、净残值：系统根据资产类别中的设置自动带出净残值率，用户可以修改。净残值根据原值和净残值率自动计算。

7）累计折旧：已计提的折旧额，不包括本期应计提的折旧。

8）月折旧率、月折旧额、净值将根据原值、累计折旧及折旧方法自动计算。

9）对应折旧科目：根据所使用的部门自动带出。

10）项目：资产所服务或从属的项目。

11）可抵扣税额：购进固定资产的增值税进项税额。

（2）"附属设备"选项卡：用来管理资产的附属设备，附属设备的价值已包括在主卡的原值中。附属设备可在资产使用过程中随时添加和减少，其价值不参与折旧计算。

（3）"大修理记录""资产转移记录""停启用记录""原值变动"选项卡：均以列表的形式来显示记录，第一次结账后或第一次做过相关的变动后将根据变动单自动填写，不得手工录入。

（4）"减少信息"选项卡：资产减少后，系统根据输入的清理信息自动生成该页面的内容，该页面中只有清理收入和费用可以手工输入，其他内容不能手工输入。

4. 卡片管理

卡片管理是对固定资产系统中所有卡片进行综合管理的功能操作。通过卡片管理可以完成卡片查询、卡片复制、卡片修改、卡片删除及卡片打印等操作。

（1）卡片查询：系统提供了3种查询方式，即按部门查询、按类别查询、自定义查询。

每一张卡片在固定资产列表显示为一条记录行，通过这条记录行或快捷信息窗口可查看该资产的简要信息；双击该记录行，可查看单张卡片的详细信息。

（2）卡片复制：当要录入的卡片与已录入账套内的卡片非常相似的情况下，可以通过卡片复制功能复制一张完全一样的卡片（卡片编号和资产编号除外）。在购入一批相同或相近的资产的情况下，通过卡片复制可节省工作量。在一张卡片的查看状态下，单击"复制"或单击"编辑"后选择"复制"，按提示即可复制固定资产卡片。

（3）卡片修改：当发现卡片有录入错误或资产在使用过程中有必要修改卡片的一些内容时，可通过卡片修改功能实现。这里所说的修改是无痕迹修改，在变动清单和查看历史状态时不体现，即无痕迹修改前的内容在任何查看状态都不能再看到。

1）原始卡片的原值、使用部门、工作总量、使用状况、累计折旧、净残值（率）、折旧方法、使用年限、资产类别在没有做变动单或评估单的情况下，录入当月可无痕迹修改。如果做过变动单，只有删除变动单才能进行无痕迹修改。

2）通过资产增加录入系统的卡片如果在没有制作凭证和变动单、评估单的情况下，录入当月可进行无痕迹修改。如果做过变动单，只有删除变动单才能进行无痕迹修改。如果已制作凭证，要修改原值或累计折旧，必须删除凭证后才能进行无痕迹修改，

3）原值、使用部门、使用状况、累计折旧、净残值（率）、折旧方法、使用年限、资产类别各项目在做过一次月末结账后，只能通过变动单或评估单调整，不能通过卡片修改功能改变。

4）卡片上的其他项目，任何时候均可进行无痕迹修改。

（4）卡片删除：当发现卡片录入有错误或在资产使用过程中要修改卡片的一些内容时，可以通过卡片修改功能实现，这种修改为无痕迹修改。删除卡片是把卡片从系统中彻底删除，并不是资产清理或减少。该功能只有在下列两种情况下有效：

1）卡片录入当月若发现卡片录入有错误，想删除该卡片，可通过"卡片删除"功能实现，删除后如果该卡片不是最后一张，卡片编号保留空号。

2）通过"资产减少"功能减少的资产的资料，会计档案管理要求必须保留一定的时间，所以系统在账套"选项"中让用户设定删除的年限，对减少的资产的卡片只有在超过了该年限后，才能通过"卡片删除"功能将原始资料从系统中彻底清除，在设定的年限内不允许删除。

教师演示

1. 卡片项目及样式定义

（1）选择"固定资产"→"卡片"→"卡片项目"选项，打开"卡片项目定义"对话框，显示项目列表分为"系统项目"和"自定义项目"。

（2）单击"自定义项目"，单击"增加"按钮，输入名称为"责任人"，数据类型为"字符型"，字符数为"10"，完成后单击"保存"按钮，如图9-12所示。在此还可以删除和修改这些卡片项目。

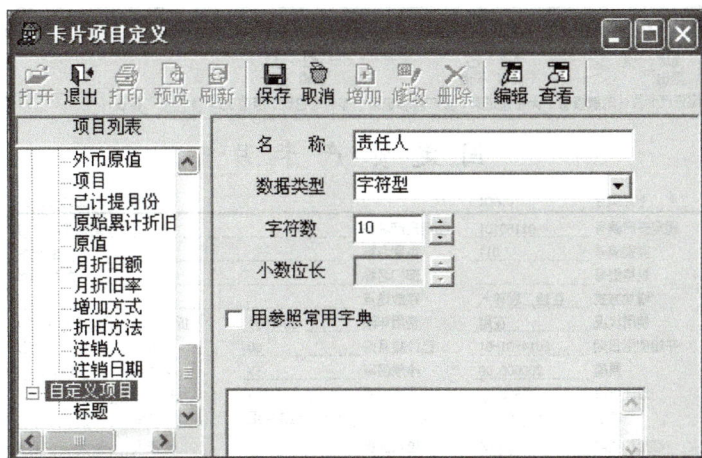

图9-12 "卡片项目定义"对话框

（3）选择"固定资产"→"卡片"→"卡片样式"选项，打开"卡片样式"对话框，单击左侧窗口中的"通用样式"，单击"修改"按钮。

（4）将左侧窗口中显示的卡片项目"建筑面积"和"责任人"拖曳至右侧固定资产卡片底部的适当位置，字号设置为"小五"，对齐方式为"右对齐"，效果如图9-13所示。

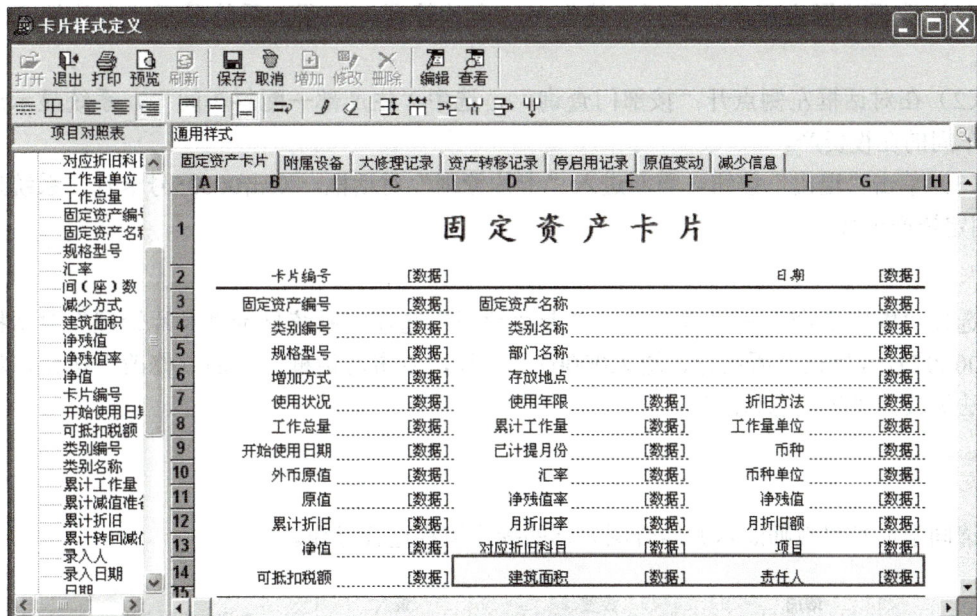

图9-13 固定资产卡片样式设置

2. 原始卡片录入

（1）选择"固定资产"→"卡片"→"录入原始卡片"选项，系统显示"资产类别参照"对话框。

（2）点开"房屋及建筑物"，点中"011生产用"，单击"确认"按钮，打开"录入原始卡片：00001号卡片"窗口，在此录入固定资产卡片的各个项目，录入结果如图9-14所示。

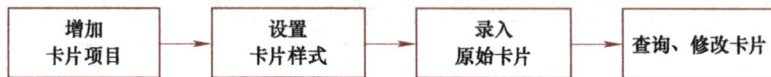

图9-14　第1号原始卡片

（3）单击"保存"按钮，系统提示数据保存成功，并自动显示新卡片以供录入。以此方法继续输入其他固定资产卡片。

3．卡片查询

（1）选择"固定资产"→"卡片"→"卡片管理"选项，系统显示"卡片管理"对话框。

（2）在对话框左侧点开"按部门查询"，选中"生产部—配料车间"，系统显示选中配料车间的在役资产。

（3）单击"退出"按钮，重新进入"卡片管理"对话框，双击00005号卡片，系统显示5号固定资产卡片。

4．卡片修改

选择"固定资产"→"卡片"→"卡片管理"选项，系统显示"卡片管理"对话框，双击00007号卡片记录所在行，进入00007号卡片，单击对话框上方的"修改"按钮，将折旧方法更改为"年数总和法"。

学生动手

请同学们参照教师演示并结合图9-15的操作流程进行操作。

```
增加          设置          录入          查询、修改卡片
卡片项目  →   卡片样式  →   原始卡片  →
```

图9-15　卡片操作流程

举一反三

系统提供了卡片导入的功能，可以将用户原有的固定资产核算系统的资产卡片自动写入到系统中，可以减少手工录入卡片的工作量。有兴趣的同学请尝试进行了解和练习。

学习评价

原始卡片的录入和管理学习评价表，见表9-2。

表9-2 原始卡片的录入和管理学习评价表

被考评人					
考评地点					
考评内容	设置卡片项目；设计卡片的样式；录入固定资产卡片；查询、修改、删除卡片				
考评标准	内　容	分值/分	自我评价/分	小组评议/分	实际得分/分
	设置卡片项目	20			
	设计卡片样式	10			
	录入固定资产卡片	50			
	查询、修改、删除卡片	20			
	合　计	100			

注：1. 实际得分=自我评价40%+小组评议60%。

2. 考评满分为100分，60～74分为及格，75～84分为良好，85分（包括85分）以上为优秀。

任务三　固定资产增减变动管理

任务描述

在企业的生产经营过程中，我们需要经常增加新的固定资产，报废旧的固定资产，还可能会根据实际情况对固定资产的原值、使用寿命、预计净残值、折旧方法等进行调整。本任务主要学习固定资产的增减管理、变动单的制作以及变动单的管理。

任务目标

理解新卡片录入与原始卡片录入的期间区别；能熟练地增加固定资产；熟知固定资产减少的操作；熟知固定资产变动包括的内容；能熟练地生成固定资产变动单；能进行变动单管理。

学时安排

2个学时（含教师演示和学生上机练习）。

情景导入

实习生吴玉新按陈亚楠的讲解录入了固定资产原始卡片，也学会了查询、修改和删除卡片。这个爱思考的小姑娘又向陈会计提出了新的问题："如果企业有新增、报废的固定资产或者固定资产的基本信息发生了变化，应该如何录入系统呢？"陈亚楠说："有办法的，听我给你介绍吧。"下面我们一起听陈亚楠的介绍。

知识储备

一、固定资产增加

在系统日常使用过程中，可能会购进或通过其他方式增加企业资产，该部分资产通过"资产增加"操作录入系统。"资产增加"操作也称"新卡片录入"，与"原始卡片录入"相对应。

提示

❍ 资产是通过"原始卡片录入"还是通过"资产增加"录入，在于资产的开始使用日期，只有当开始使用日期晚于固定资产模块启用的时间时，才能通过"资产增加"录入。如某单位新购入固定资产，2019年2月5日开始使用，固定资产模块启用时间是2019年2月1日，则该卡片只能通过"资产增加"录入。

❍ 新卡片录入的第一个月不提折旧，折旧额为空或零。

二、固定资产减少

资产在使用过程中总会由于各种原因（如毁损、出售、盘亏等）退出企业，该部分操作称为"资产减少"。

如果要减少的资产较少或没有共同点，则通过输入资产编号或卡片号，单击"增加"按钮，将资产添加到资产减少表中。

如果要减少的资产较多并且有共同点，则通过单击"条件"按钮，输入一些查询条件，将符合该条件集合的资产挑选出来进行减少。

资产减少的信息包括减少日期、减少方式、清理收入、清理费用、清理原因。如果当时清理输入和费用是多少还不知道，以后可以在该卡片的附表"清理信息"中输入。

提示

❍ 只有账套开始计提折旧后才可以使用"资产减少"功能，否则资产减少只有通过删除卡片来完成。

❍ 对于误减少的资产，可以使用系统提供的纠错功能来恢复。

❍ 只有当月减少的资产才可以恢复。如果资产减少操作已制作凭证，必须删除凭证后才能恢复。

只要卡片未被删除，就可以通过"卡片管理"中"已减少的资产"来选中要恢复的资产，执行"卡片"→"撤销减少"命令，根据提示即可成功恢复被减少的资产。

要全面记录固定资产减少可能需要编制几个分录，有的分录需要在总账中完成。

（1）将固定资产转入清理：在固定资产模块中完成。

（2）取得清理收入，发生清理费用：在总账中完成。

（3）将清理结果转入营业外收支：在总账中完成。

三、固定资产变动

1. 固定资产变动内容

资产变动操作包括原值变动、部门转移、使用状况变动、使用年限调整、折旧方法调整、净残值（率）调整、工作总量调整、累计折旧调整、资产类别调整、计提固定资产减值准备。

（1）原值变动：企业已经入账的固定资产，一般不得任意变动其入账价值，但发生下列情况可以变动其入账价值。根据国家规定对固定资产价值重新估价；增加补充设备或改良装置；将固定资产的一部分拆除；根据实际价值调整原来的暂估价值；发现原固定资产价值有错误。

（2）部门转移：企业有时会根据需要调整固定资产的使用部门，这时要及时进行资产变动处理，部门转移可能会引起折旧费用科目的变化。

（3）使用状况变动：系统默认的使用状况有使用中、未使用、不需用三类。使用中又包括在用、季节性停用、经营性出租、大修理停用。当固定资产的使用状况变化时要及时作出处理。如原为未使用的设备（不提折旧），现在变为使用中状态，就要提取折旧。这种情况不及时作变动处理会影响折旧金额的准确性。

（4）使用年限调整：固定资产的改良性支出、资产评估、因技术更新换代等因素导致资产使用年限发生变化（可能增加也可能减少），需及时处理。

（5）折旧方法调整：固定资产的折旧方法一旦确定一般不做变更，但如果有充分的理由也是可以变动的，当折旧方法变化时要及时进行变动处理，以便准确计提折旧。

1）所属类别是总提折旧的资产调整后的折旧方法，不能是"不提折旧"。

2）所属类别是总不提折旧的资产折旧方法不能调整。

（6）净残值（率）调整：资产在使用过程中，修改原来预计的净残值或净残值率可通过净残值（率）调整功能实现。调整后的净残值必须小于净值。

（7）工作总量调整：使用工作量法计提折旧的资产在使用过程中发生的工作总量的变动通过工作总量调整功能实现。调整后的工作总量不能小于累计用量。

（8）累计折旧调整：资产在使用过程中，由于补提折旧或多提折旧需要调整已经计提的累计折旧，可通过累计折旧调整功能实现。原值减调整后的累计折旧必须保证大于等于净残值。

（9）资产类别调整：资产在使用过程中，有可能因为企业调整资产分类或其他原因调整该资产所属类别，该操作通过资产类别调整功能实现。调整后的类别和调整前的类别的计提属性必须相同。

（10）计提固定资产减值准备：企业应当在期末，至少在每年年度终了，对固定资产逐项进行检查，如果由于市价持续下跌或技术陈旧等原因导致其可回收金额低于账面价值的，应当将可回收金额低于账面价值的差额作为固定资产减值准备。固定资产减值准备按单项资产计提。减值准备金额可以手工录入，但录入金额必须大于零，且小于等于"原值-累计折旧-累计减值准备+累计转回减值准备"的余额。

减值准备的对方科目为"资产减值损失"。

当固定资产发生变动时，需要录入相应的变动单，详细记录变动原因和各项变动情况。

提示

变动单生成后不能修改，只有当月可删除重做，所以需仔细检查后再保存。

2. 批量变动

为了提高工作效率，系统提供了批量处理固定资产变动的功能。选择批量变动的资产有两种方法，即手工选择和条件选择。

（1）手工选择：如果批量变动的资产没有共同点，则可在"批量变动单"界面内，直接输入卡片编号或资产编号，也可使用参照按钮，将资产一个一个增加到批量变动表内进行变动。

（2）条件选择：通过一些查询条件，将符合该条件集合的资产挑选出来进行批量变动，然后生成变动单。

3．变动单管理

变动单管理用于对系统制作的变动单进行综合管理。该界面风格与卡片管理风格类似，可以进行查询、删除及打印操作。

四、固定资产评估

企业在运营过程中出现合并分立、以固定资产投资等情况时需要对固定资产进行重新评估。

系统将固定资产评估简称为资产评估。资产评估主要完成的功能是：将评估机构的评估数据手工录入或定义公式录入到系统中；根据国家要求手工录入评估结果或根据定义的评估公式生成评估结果。

资产评估功能提供可评估的资产内容包括原值、累计折旧、净值、使用年限、工作总量、净残值率，用户可根据需要选择。

资产评估的步骤包括：选择要评估的项目；选择要评估的资产；制作评估单。

教师演示

一、固定资产增加

（1）选择"固定资产"→"卡片"→"资产增加"选项，系统显示"资产类别参照"对话框，双击"生产设备"。

（2）在图9-16中录入固定资产卡片后单击"保存"按钮，以此法继续输入其他新增固定资产。

微课12　固定资产增减变动管理

固定资产卡片 [新增资产：00018号卡片]

打开　退出　打印　预览　刷新　保存　取消　增加　操作　删除　　编辑　查看

固定资产卡片　附属设备　大修理记录　资产转移记录　停启用记录　原值变动　◀▶　标签 2019-02-05

固定资产卡片

卡片编号	00018			日期	2019-02-05
固定资产编号	0250104	固定资产名称			封边机
类别编号	02	类别名称			生产设备
规格型号		部门名称			配料车间
增加方式	直接购入	存放地点			
使用状况	在用	使用年限	10年0月	折旧方法	年数总和法
开始使用日期	2019-02-05	已计提月份	0	币种	人民币
原值	200000.00	净残值率	5%	净残值	10000.00
累计折旧	0.00	月折旧率	0	月折旧额	0.00
净值	200000.00	对应折旧科目	5101 制造费用	项目	
可抵扣税额	32000.00	建筑面积	0	责任人	
录入人	陈亚楠			录入日期	2019-02-05

图9-16　固定资产增加

二、固定资产减少

完成固定资产折旧后再进行本项处理。

（1）选择"固定资产"→"卡片"→"资产减少"选项，如图9-17所示。

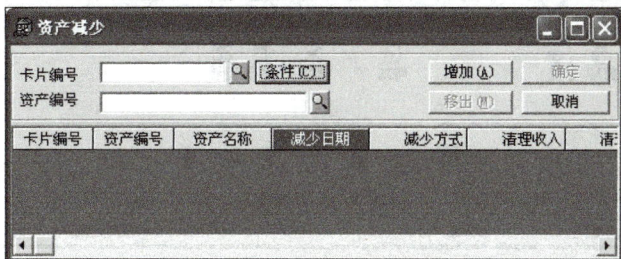

图9-17　"资产减少"对话框

（2）选择要减少的"小轿车"资产，单击"增加"按钮，录入减少方式"出售"。

（3）单击"确定"按钮，完成该（批）资产的减少。

提示

某项资产减少后其对应的卡片并未删除。通过卡片管理中的"已减少资产"，可以查到该卡片内容，当年的明细账中仍有该资产的信息。

三、固定资产变动

1．生成变动单

（1）在系统主界面中选择"固定资产"→"卡片"→"变动单"→"原值增加"选项，系统显示"固定资产变动单"对话框。

（2）在变动单中单击"卡片编号"，选择"00001号"，系统自动显示固定资产编号、开始使用日期、固定资产名称、净残值率以及变动前的原值、净残值，输入增加的金额及变动原因，单击"保存"按钮，生成固定资产变动单，如图9-18所示。

图9-18　固定资产原值增加的变动单

（3）选择"固定资产"→"卡片"→"变动单"→"折旧方法调整"选项，选择固定资产"双切锯"，输入变动后的折旧方法"双倍余额递减法"及变动原因，如图9-19所示。

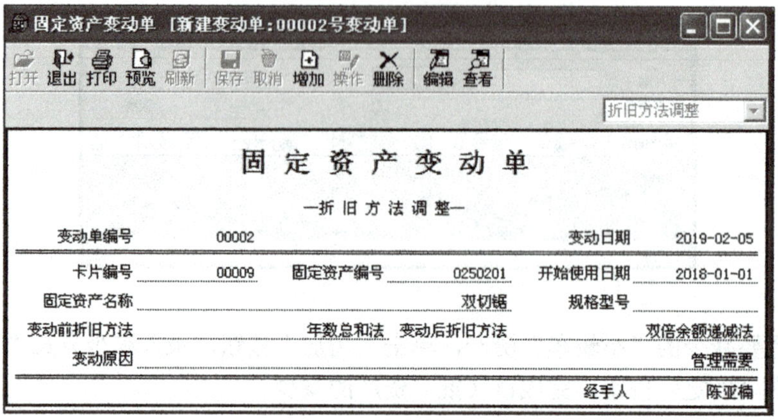

图9-19　折旧方法调整

（4）单击"固定资产"→"卡片"→"变动单"→"部门转移"，选择"局域网及电脑"，输入变动后的部门"网络销售部"和变动原因"网络销售急需"。

提示

请大家在卡片管理中查询发生变动的固定资产卡片。主卡片自动更新为变动后的信息，相关的其他选择卡中已记录了变动的详细情况。

（5）单击"固定资产"→"卡片"→"变动单"→"计提减值准备"，选择"货运卡车"，输入减值准备金额50 000元和原因"长期超负荷行驶"，如图9-20所示。

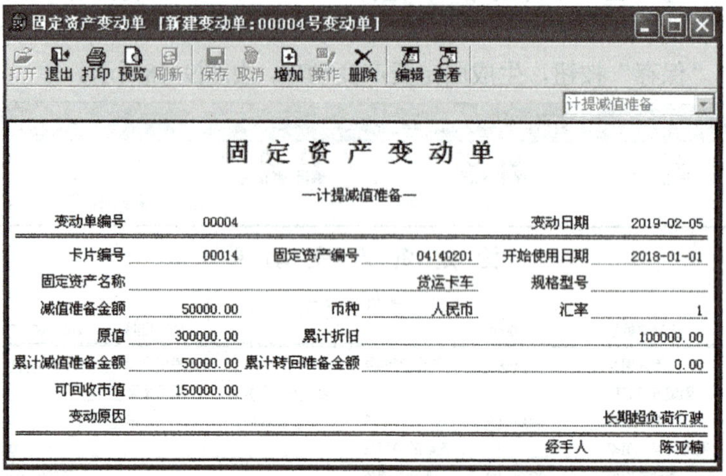

图9-20　计提减值准备

2. 查询变动单

单击"固定资产"→"卡片"→"变动单"→"变动单管理"，系统显示"变动单管理”对话框，双击“00002号”变动单，系统显示00002号变动单的信息。

四、资产评估

（1）单击“固定资产”→“卡片”→“资产评估”，单击“增加”按钮，选择可评估项目“原值”“累计折旧”和“净残值率”，如图9-21所示。

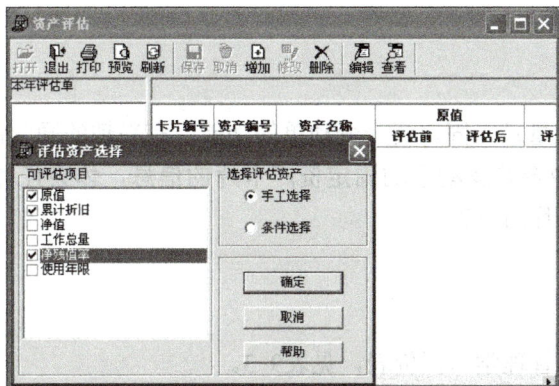

图9-21　资产评估项目选择

（2）选择“白胚加工厂房”进行评估，录入评估后的原值490 000元、累计折旧175 000元和净残值率3%，如图9-22所示。保存后系统提示“是否确认要进行资产评估”，单击“是”按钮。

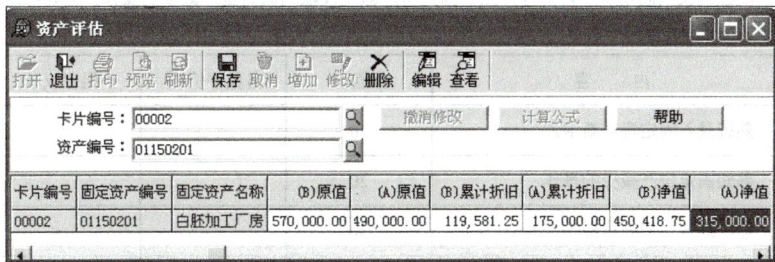

图9-22　资产评估数据录入

提示

每个可评估项目均列示为A和B两项，B项是评估前的数据，在此不能修改，请大家在A项中输入评估后的数据。

学生动手

（1）请同学们参照教师演示并结合图9-23的操作流程自行练习固定资产新卡片的增加操作。

图9-23　固定资产增加的操作流程

（2）请同学们参照教师演示并结合图9-24的操作流程自行练习资产变动的操作。

图9-24　固定资产变动的操作流程

举一反三

（1）系统提供了批量录入固定资产变动单的功能，有兴趣的同学请尝试练习。

（2）在卡片管理中查看变动了的固定资产卡片的信息，体会任务中讲解的关于固定资产主卡片以外的其他卡片的内容。

学习评价

固定资产增减变动管理学习评价表，见表9-3。

表9-3　固定资产增减变动管理学习评价表

被考评人					
考评地点					
考评内容	能熟练录入固定资产新卡片；熟知固定资产减少及撤销固定资产减少的操作；能熟练地生成固定资产变动单；能进行变动单管理				
考评标准	内　　容	分值/分	自我评价/分	小组评议/分	实际得分/分
	熟练录入固定资产新卡片	30			
	熟知固定资产减少的操作	20			
	能熟练地生成固定资产变动单	30			
	能进行固定资产变动单管理	20			
	合　　计	100			

注：1. 实际得分=自我评价40%+小组评议60%。

　　2. 考评满分为100分，60～74分为及格，75～84分为良好，85分（包括85分）以上为优秀。

任务四　固定资产折旧处理

任务描述

完成了固定资产的录入工作，接下来就要根据录入的资料自动计算每项资产的折旧，并自动生成折旧分配表，然后制作记账凭证，将本期的折旧费用自动登账。如果采用的折旧方法是工作量法，还要录入当期工作量。本任务主要是输入工作量，计提固定资产折旧，查看折旧清单和折旧分配表。

任务目标

能正确输入固定资产工作量；能熟练计提固定资产折旧；能快速查询固定资产折旧清单和折旧分配表；能查看账表中的固定资产折旧表。

学时安排

1个学时（含教师演示和学生上机练习）。

情景导入

计财部的实习生吴玉新已经掌握了固定资产的录入工作，包括原始卡片录入、新卡片录入、变动单的录入，她现在就想知道固定资产中最重要的折旧工作该如何处理，吴玉新带着疑问找到了吴亚楠。下面我们一起来学习！

提示

○ 输入的本期工作量必须保证使累计工作量小于或等于工作总量。

知识储备

1. 输入工作量

当账套内的资产使用工作量法计提折旧时，每月计提折旧前必须录入资产当月的工作量。

2. 计提折旧

当开始计提折旧时，系统将自动计提各个资产当期的折旧额，自动生成折旧清单、折旧分配表，从而完成本期折旧费用登账工作。

系统折旧计算和分配的基本原则：

（1）系统提供的直线法计算折旧时总是以净值作为计提原值，以剩余使用年限为计提年限计算折旧，充分体现平均分摊的思想（平均年限法（一）除外）。

（2）系统影响折旧计算的因素包括：原值变动、累计折旧调整、净残值（率）调整、折旧方法调整、使用年限调整、使用状况调整。

（3）系统发生与折旧计算有关的变动后，加速折旧法在变动生效的当期以净值为计提原值，以剩余使用年限为计提年限计算折旧，以前修改的月折旧额或单位折旧的继承值无效；直线法还以原公式计算（因公式中已考虑了价值变动和年限调整）。

（4）当发生原值调整、累计折旧调整、净残值（率）调整时，当月计提的折旧额不变，下月按变化后的值计算折旧。

（5）折旧方法调整、使用年限调整、工作总量调整当月按调整后的值计算折旧。

（6）使用状况调整当月按调整前的数据判断是否计提折旧，即使用状况调整下月有效。

（7）在系统中，如果固定资产发生了各种变动（如折旧年限变动、折旧方法变动），计算折旧时只能采用未来适用法，不能使用追溯调整法，不能自动调整以前的累计折旧。如果企业必须采用追溯适用法，只能手工调整以前年度的累计折旧。

（8）折旧分配：部门转移和类别调整当月计提的折旧分配到变动后的部门和类别。

（9）报表统计：将当月折旧和计提原值汇总到变动后的部门和类别。

（10）如果选项中"当月初使用月份=使用年限*12-1时是否将折旧提足"的判断结果是"是"，则除工作量法外，本月折旧额等于净值减去净残值，并且不能手工修改；如果选项中"当月初使用月份=使用年限*12-1时是否将折旧提足"的判断结果是"否"，则该月不提足，并且可手工修改，但如以后各月按照公式计算的月折旧率或折旧额是负数时，认为公式无效，令月折旧率等于0，月折旧额等于净值减去净残值。

提示

❍　一个期间内可以多次计提折旧，每次计提折旧后，只是将计提的折旧累加到月初的累计折旧，不重复累计。

❍　如果上次计提折旧已制单并把数据传到账务系统，则必须删除该凭证才能重新计提折旧。

❍　计提折旧后又对账套进行了影响折旧计算或分配的操作，必须重新计提折旧，否则系统不允许结账。

❍　采用自定义的折旧方法，月折旧率或月折旧额出现负数，则系统自动中止计提。

3. 折旧清单

折旧清单是显示所有应计提折旧的资产所计提折旧数额的列表，单期的折旧清单中列示了资产名称、计提原值、本月折旧、累计折旧、净残值、折旧率、单位折旧、本月工作量、累计工作量等信息。全年的折旧清单中列出了各资产在12个计提期间中的月折旧额、本年累计折旧等信息。

4. 折旧分配表

折旧分配表是编制记账凭证，把计提折旧额分配到成本和费用中的依据。什么时候生成折旧分配凭证根据用户在初始化或选项中选择的折旧分配汇总周期确定。

微课13　固定资产折旧处理

教师演示

（1）单击"固定资产"→"处理"→"工作量输入"，系统显示"工作量"对话框，此时显示的是登录当月需要计提折旧的，并且折旧方法是工作量法的所有资产的工作量信息。

（2）在"工作量"对话框中输入本月工作量"2000"，单击"保存"按钮，系统提示数据成功保存，单击"确定"按钮，如图9-25所示。

（3）单击"退出"按钮，单击"固定资产"→"处理"→"计提本月折旧"，系统提示如图9-26所示，分别单击"是"按钮。

图9-25　工作量输入信息

a)　　　　　　　　　　　　　　　　b)

图9-26　计提折旧

（4）单击"是"按钮，系统显示折旧清单，如图9-27所示，本月增加的固定资产本月不提折旧。

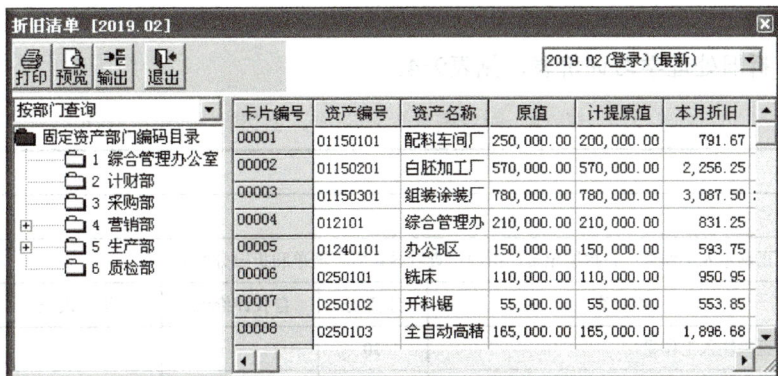

图9-27　"折旧清单"对话框

（5）单击"退出"按钮，显示"折旧分配表"对话框，如图9-28所示。单击"退出"按钮，提示计提折旧完成。

图9-28　"折旧分配表"对话框

提 示

○ 如果折旧分配表未自动弹出，用户可单击"固定资产"→"处理"→"折旧分配表"进行查看操作。

学生动手

请同学们参照教师演示并结合图9-29的操作流程自行练习固定资产计提折旧的操作。

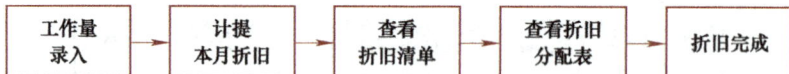

```
┌─────────┐   ┌─────────┐   ┌─────────┐   ┌─────────┐   ┌─────────┐
│ 工作量  │ → │ 计提    │ → │ 查看    │ → │ 查看折旧│ → │ 折旧完成│
│ 录入    │   │ 本月折旧│   │ 折旧清单│   │ 分配表  │   │         │
└─────────┘   └─────────┘   └─────────┘   └─────────┘   └─────────┘
```

图9-29　固定资产计提折旧操作流程

举一反三

请尝试通过"我的账表"来查看固定资产的各类折旧表。

学习评价

固定资产折旧处理学习评价表，见表9-4。

表9-4　固定资产折旧处理学习评价表

被考评人					
考评地点					
考评内容	正确输入工作量；计提固定资产折旧；查看固定资产清单和折旧分配表				
考评标准	内　容	分值/分	自我评价/分	小组评议/分	实际得分/分
	正确输入工作量	30			
	计提固定资产折旧	40			
	查看固定资产清单和折旧分配表	30			
	合　　计	100			

注：1. 实际得分=自我评价40%+小组评议60%。

2. 考评满分为100分，60～74分为及格，75～84分为良好，85分（包括85分）以上为优秀。

任务五　制 单 管 理

任务描述

前面的任务中，我们练习了资产增加（录入新卡片）、资产减少、资产变动及计提折旧的业务。这些业务发生后一方面要进行固定资产卡片的操作，另一方面要生成相关的记账凭证。我们已经对固定资产卡片的处理进行了详细介绍，本任务主要学习如何生成与固定资产有关的记账凭证。

任务目标

理解"立即制单"和"批量制单"的使用条件；能进行制单选择和制单设置；能快速准确地批量生成记账凭证。

学时安排

1个学时（含教师演示和学生上机练习）。

情景导入

计财部的实习生吴玉新在练习了固定资产的折旧业务后又找到陈亚楠说："我们对固定资产进行了这么多的操作，怎么生成凭证呢？"陈亚楠笑着说："是呀，手工账中繁杂的工作咱们几秒钟就可以完成了。"

知识储备

制单即制作记账凭证，固定资产系统与账务系统之间存在着数据的自动传输，该传输通过制作传送到账务的凭证来实现。系统提供了两种制单的方法。

（1）立即制单：如果在"设置"→"选项"→"与财务系统接口"中选择了"业务发生后立即制单"，则需要制单的业务发生后系统会自动生成凭证。

（2）批量制单：如果在"选项"中未选择"业务发生后立即制单"，则可利用系统提供的另一功能——批量制单来完成制单工作。批量制单功能可同时将一批需要制单的业务连续传输到账务系统，避免了多次制单的烦琐。

制单时有些项目未做提前设定，系统无法判断，需要用户根据实际情况补充部分分录的内容。

微课14
批量制单

教师演示

（1）单击"固定资产"→"处理"→"批量制单"，如图9-30所示。

图9-30 "批量制单"对话框

（2）在此可以先进行制单选择，单击"全选"按钮，所有业务"制单"栏显示对勾标志。选中的制单将连续制作凭证，一个制单（图中显示为一行）制作一张凭证。

（3）单击"制单设置"，系统显示"批量制单"对话框。在此可以通过单击"下张"按钮，根据业务情况逐张选择"科目"，如图9-31所示。

（4）单击"制单"按钮，系统将根据设置进行批量制单和汇总制单，系统列示出自动生成的记账凭证，选择凭证类别、日期，输入摘要等，录入现金流量项目，确认无误后单击"保存"按钮，系统在记账凭证左上角标记"已生成"字样，如图9-32所示。

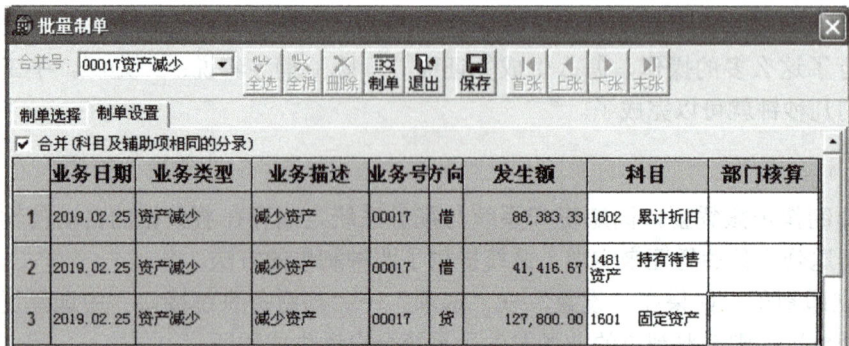

图9-31　制单设置

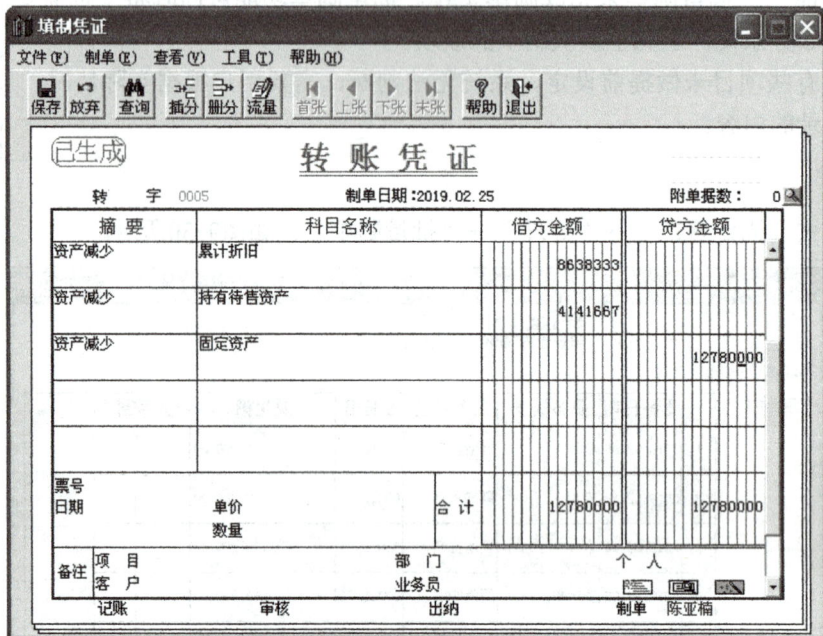

图9-32　生成凭证

（5）单击"下张"按钮，完成其他业务制单。

学生动手

请同学们参照教师演示并结合图9-33的操作流程自行练习制单管理。

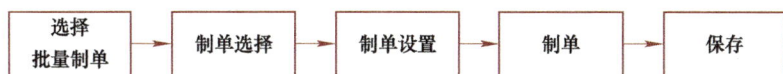

图9-33 制单管理的操作流程

举一反三

如果制单完成了，发现增加的固定资产卡片有错误，从而导致了制单错误，该如何进行更改呢？

学习评价

制单管理学习评价表，见表9-5。

表9-5 制单管理学习评价表

被考评人					
考评地点					
考评内容	理解"立即制单"和"批量制单"的使用条件；能进行制单选择和制单设置；能快速准确地批量生成记账凭证				
考评标准	内　容	分值/分	自我评价/分	小组评议/分	实际得分/分
	理解"立即制单"和"批量制单"的使用条件	20			
	能进行制单选择和制单设置	30			
	能快速准确地批量生成记账凭证	50			
合　计		100			

注：1. 实际得分=自我评价40%+小组评议60%。

2. 考评满分为100分，60～74分为及格，75～84分为良好，85分（包括85分）以上为优秀。

任务六　其他业务处理

任务描述

前面的任务已经把固定资产的各种资料输入系统并生成了凭证，接下来就可以对凭证进行管理，月末还要进行对账、结账。本任务主要学习对凭证的查询、修改和删除以及对账、结账、反结账，并查询固定资产账表。

任务目标

理解固定资产凭证修改和删除的条件；能熟练地进行凭证查询、修改和删除；能熟练地进行对账、结账；能进行反结账；能进行账表管理。

学时安排

1个学时（含教师演示和学生上机练习）。

情景导入

吴玉新在陈亚楠的指导下学会了在固定资产系统中制作记账凭证，于是她想："在这儿能对记账凭证进行修改、查询和删除吗？还需要对账、结账吗？"带着疑问，吴玉新找到了陈亚楠。陈亚楠说："当然可以了，让我们一起做一做吧！"

知识储备

1. 固定资产凭证的查询、修改和删除

系统制作并传输到账务系统的记账凭证，可通过凭证查询功能查看。固定资产模块制作的凭证的修改和删除只能在本模块中完成，总账模块不能删除和修改本模块制作的凭证。

提示

○ 修改系统凭证的内容仅限于摘要、用户自行增加的分录、系统缺省分录的折旧科目；系统默认分录的金额是与原始单据相关的，不能修改。

○ 如果要删除已制作凭证的卡片、变动单、评估单或重新计提、分配折旧，进行资产减少的恢复等操作，必须先删除相应的凭证，否则系统会禁止这些操作。

2. 对账

对账是检查固定资产模块的固定资产数值和账务系统的固定资产科目的数值是否相等。对账操作不限制执行的时间，任何时候均可进行对账。

提示

○ 只有系统初始化中选择了"与账务系统进行对账"，才可使用对账功能。

○ 如果对账不平衡，需要根据初始化中"在对账不平情况下允许固定资产月末结账"的设置情况来判断是否可以进行结账处理。

3. 结账

月末结账每月进行一次，结账后当期的数据不能修改。如果由于某种原因，用户在结账后发现结账前的操作有误，可使用"恢复到结账前状态"功能反结账，再进行相应修改。

提示

○ 12月底结账时系统要求完成本年所有应制单业务才能结账。

○ 如果本期不结账，将不能处理下期的数据；结账前一定要进行数据备份，否则数据丢失，将造成无法挽回的后果。

○ 不能跨年度恢复数据，年末结转后，不能利用结账功能恢复到年末结账前的状态。

○ 一旦成本系统提取了某一期的折旧费用数据，则该期不能反结账。

○ 恢复到某月月末结账前状态后，本账套内对该结账后所做的所有工作都无痕迹删除。

4．账表管理

在固定资产管理过程中，需要及时掌握资产的统计、汇总和其他各方面信息。在固定资产系统中，根据用户对系统的日常操作，自动提供这些信息，以报表的形式提供给财务人员和资产管理人员。系统提供的报表分为4类：账簿、折旧表、统计表、分析表。

教师演示

1．凭证查询

（1）在系统主界面中单击"固定资产"→"处理"→"凭证查询"，系统显示"批量制单"对话框。

（2）选中业务类型为"折旧计提"的选项卡，单击"凭证"按钮，系统显示计提折旧的转账凭证。单击"查询"按钮可以输入查询条件进行查询；单击"编辑"按钮可以修改凭证内容；单击"删除"按钮可以删除凭证；单击"冲销"按钮可以制作红字冲销凭证；单击"查看"按钮可以查看与凭证相关的原始卡片。

2．对账

（1）在系统主界面中单击"固定资产"→"处理"→"对账"，系统显示对账结果。

（2）如果对账结果不平衡，但是在基础设置时选择了"在对账不平情况下允许固定资产月末结账"，仍然可以结账。

3．结账

（1）在系统主界面中单击"固定资产"→"处理"→"月末结账"，系统开始结账。

（2）单击"开始结账"按钮，系统提示"结账成功完成"。

> 答疑解惑：
> 为什么月末固定资产系统不能结账？
> 解答：检查以下几个方面：所有应制单业务是否已制单；对账是否平衡，如果不平衡，在初始化中是否选择了"在对账不平情况下允许固定资产月末结账"；是否本月还未进行过折旧计提；计提完折旧后是否又进行过数据的修改。

学生动手

请同学们参照教师演示并结合图9-34的操作流程自行练习凭证查询、对账和结账。

凭证查询 → 凭证修改、删除、冲销 → 对账 → 结账 → 反结账（必要时）

图9-34　凭证查询、对账和结账的操作流程

举一反三

系统提供了强大的账表管理功能，可以查询4类账表，请同学们根据自己的兴趣查询有关账表。

学习评价

其他业务处理学习评价表，见表9-6。

表9-6　其他业务处理学习评价表

被考评人					
考评地点					
考评内容	凭证查询、修改、删除；对账；月末结账；恢复月末结账前状态；查询我的账表				
考评标准	内　容	分值/分	自我评价/分	小组评议/分	实际得分/分
	凭证查询、修改、删除	30			
	对账	10			
	月末结账	20			
	恢复月末结账前状态	20			
	查询我的账表	20			
合　计		100			

注：1. 实际得分=自我评价40%+小组评议60%。

2. 考评满分为100分，60～74分为及格，75～84分为良好，85分（包括85分）以上为优秀。

扫码观看企业会计准则中关于固定资产会计处理的解释及虚报固定资产投资完成额骗取财政资金的案例，并谈谈你的看法。

新政速递9　　案例分享7

参 考 文 献

[1] 徐仁俊. 会计信息化（用友T3-营改增版）[M]. 上海：立信会计出版社，2017.

[2] 刘国中，彭国永. 会计电算化（畅捷通T3-营改增版）[M]. 2版. 北京：电子工业出版社，2017.